장기 역동정신치료의 이해

Glen O. Gabbard 저　노경선 · 김창기 공역

학지사

Long-Term Psychodynamic Psychotherapy
by Glen O. Gabbard, M.D.

First published in the United States by American Psychiatric Publishing, Inc.,
Washington D.C. and London, UK

역자 서문

정신분석의 창시자인 프로이트(Freud) 이후 전성기를 구가하던 정신치료는 1970년 이후 약물치료와 뇌신경 과학의 눈부신 발전으로 쇠퇴일로를 걸으며 정신치료의 장에서 사라지는 듯 보였다. 그러나 약물치료와 뇌신경 과학의 발달은 1990년에 들어오면서 오히려 정신치료의 위치와 중요성을 부각시키는 결과를 가져왔다.

모든 정신과 질환을 치료하리라고 기대하였던 약물치료는 제한적인 효과와 병의 재발로 기대에 훨씬 못 미친다는 것이 증명되었으며, 정신치료와 약물치료는 서로 각기 다른 기전을 통해 위에서 아래로(Top down) 혹은 아래서 위로(bottom up)의 작용을 통해 서로 중복되는 영역도 있으나 뇌의 다른 영역에 변화를 가져옴으로써 각기 다른 치료 효과를 나타낸다는 것이 입증되었다.

정신치료는 언어를 매개체로 환자의 삶을 조명하고 새로운 해석과 의미를 만들며, 비언어적인 치료자와의 관계를 통해 환자의 뇌세포에 반복적으로 자극을 가함으로써 뇌세포와 신경회로의 변화를 일으킨다. 이것이 환자의 느낌, 생각, 행동을 변화시켜 치료의 효과가 있다는 것을 증명하였다. 즉, 언어를 통한 명시기억체계의 변화와 비언어적인 치료 관계를 통한 교정적 체험의 변화(Corrective Attachment Experience)를 가져옴으로써 암시기억(Implicit Memory) 중 절차기억(Procedural Memory)과 감정기억(Emotional Memory)의 변화를 초래한다는 것이다.

30년간 일리노이대학교, 컬럼비아대학교에서 교수생활을 마치고 1997년 귀국 후 성균관대학교 의과대학, 연세대학교 의과대학 등에서 정신치료를 가르치면서, 역자는 최신 뇌과학의 발전과 정신치료를 아우르는 교과서에 목말라 했었다.

그러던 중 마침 2004년 미국 정신과학회에 참석하여 이 책을 접하게 되었고, 또한 가바드 박사의 특강을 들을 기회도 가졌다. 가바드 박사는 정신분석 및 정신치료의 세계적인 대가로서 한국에서도 그 명성이 널리 알려져 있으며, 그의 저서인 『임상에서의 역동정신치료(Psychodynamic Psychiatry in Clinical Practice)』는 거의 모든 수련기관에서 교과서로 쓰고 있다.

가바드 박사의 최신작인 이 책은 미국 정신과수련위원회에서 수련의가 반드시 획득하여야 할 다섯 개의 정신치료 중 하나인 역동정신치료 교과서의 집필을 의뢰받아 저술한 것이다.

역자는 여러 수련기관에서 이 책을 교재로 정신치료를 가르치며 좋은 반응을 받았고, 그분들의 적극적인 추천으로 이 책을 번역하기에 이르렀다.

성균관대학교 의과대학 강북삼성병원에서 이 책을 공부하며 번역에 도움을 주신 김경미, 김인명, 이근문, 박영환, 신호철, 배승미, 정지영 등 여러분에게 감사의 마음을 전한다.

2007년 10월

역자 일동

저자 서문

장기 역동정신치료 입문서인 이 책은 정신과 수련의 교육위원회의 의뢰를 받아 저술하게 되었다. 이 위원회는 모든 정신과 수련의가 다섯 가지의 정신치료 영역에서 충분한 훈련을 받을 것을 강력히 권고하였다. 그러나 이 책을 저술하면서 보다 많은 독자를 염두에 두었다. 정신과 수련의 외에도 많은 정신건강전문가들—임상심리학자, 사회복지사, 정신상담사, 간호사 등—이 이 분야에서 교육과 훈련을 받고 있으며, 그들에게도 이 책이 유용하게 쓰이리라 믿고 있다. 이 책의 많은 부분은 베일러대학교 정신과 사례회의에서 많은 정신건강전문가들과 매주 사례 경험을 나누는 과정을 통해 쓰게 되었다. 매주 수요일 아침마다 정신과 수련의, 심리학자 혹은 사회복지사 등이 모여 정신치료의 사례를 발표하였고, 이 사례를 통하여 치료기법의 원칙을 가르칠 수 있었다. 어떤 과제를 의논할지 미리

정하지 않고, 수련의들이 씨름하고 있는 그때그때의 문제를 의논하였다. 이 방법을 통하여 초심자들이 겪는 공통적인 어려움과 그들에게 무엇이 필요한지를 배울 수 있었으며, 초심자들이 겪는 이러한 어려움을 염두에 둔 채 이 책을 저술할 수 있었다. 이 책을 읽는 사람들이 이러한 원칙을 그들의 치료 상황에서 직접 사용할 수 있기를 바란다. 또한 이 책의 독자로 수련담당 교수 역시 염두에 두었는데, 그들이 수련의들의 능력을 평가하는 데 이 책에 기술된 논의가 도움이 되기를 바란다.

그러나 이처럼 얇은 교과서가 이와 같은 복잡한 치료를 총망라할 수는 없다. 그러므로 이 책 1장에서 이론적인 원칙(Key Concepts)들의 개관을 간략하게 논의하였는데, 이는 『임상에서의 역동정신치료(Psychodynamic Psychiatry in Clinical Practice)』 제3판(gabbard, 2000)을 참조해 함께 보기를 바란다. 『임상에서의 역동정신치료』에는 역동정신학의 주요 이론 모델과 각 질환에 대한 치료 정보 및 방법이 자세하게 기술되어 있다. 또한 이 책에서는 매주 지도감독과 교실의 강의를 병행해서 사용할 것을 권장하고 있다. 장기 역동정신치료는 철저한 교육과 경험이 요구되는 예술이다. 이러한 방법을 통해서 훌륭한 치료자가 될 수 있기를 바란다. 지면 관계로 정신치료 시 개입되는 보험문제로 말미암은 제반문제에 대해서는 충분히 논의하지 못하였다. 일반적으로 정신치료 시 필요한 비용이 점차 감소되고 있으며, 많은 환자들이 장기 역동정신치료를 받기 원하며, 이러한 전문적인 관계 안에서 이해받고 도움받기를 원한다. 또한 장기 역동정신치료에서 습득한 이런 원칙—공감, 치료동맹, 무의식의 의미, 전이, 저항, 역전이의 영향—들은 정신과의 모든 치료에서 적용할 수 있다.

집단치료, 가족치료, 부부치료, 소아 · 청소년 치료에서도 역동정신치료는 가능하지만 저자는 이 책의 주안점을 성인 개인치료에 두고 있다.

성인 개인치료 시에도 장기 역동정신치료는 여러 적용 방법이 있다. 이는 치료자가 어떤 이론적인 배경을 가지고 있느냐에 따라 환자를 어떻게 이해하고 어떤 치료를 할 것이냐가 결정된다. 또한 치료자의 성격도 치료의 중요한 요인이 된다. 그러나 이 한 권의 책으로 이 모든 문제를 논의한다는 것은 사실 불가능하다. 이 책에 기술된 방법은 여러 이론적인 모델에서 추출한 것으로, 현재 임상에서 시행되고 있는 다원주의와 이러한 여러 개념을 통합하여 반영하였다. 이 책에 기술된 치료는 20여 년에 걸쳐 무수한 시행착오를 거쳐 터득한 저자의 개인적인 스타일도 반영되어 있다. 혹 이러한 방법에 대해 타당한 반론을 제기하는 독자가 있을 수 있으며, 이러한 의견을 저자는 기쁘게 수용할 것이다.

매일매일 환자 치료와 교육의 참여로 저자에게 아낌없이 도움을 주신 베일러대학교 정신과 외래 동료들과 학생들에게 심심한 사의를 표한다. 저자는 서로 협력하여 즐거우면서도 헌신적인 태도로 환자를 돌보는 환경하에 있었음을 대단한 행운으로 여기고 있다. 또한 몇몇 동료들이 이 책의 초고를 읽고 조언을 해 준 점도 매우 고맙게 생각한다. 이들은 린다 앤드류, 크리스틴 캐소, 킴-랜 켈루스타, 제

이슨 가빈 등으로 이들의 협조에 심심한 사의를 표한다. 또한 이 책에 기술된 임상사례를 제공해 준 학생들에게도 사의를 표한다. 이들은 알리 아쉬가-알지, 훼이 브라운, 킴-랜 크젤루스타, 에스텔 클라인, 테레사 라우, 레베카 맥스웰, 대니엘 로저스 등이다. 그리고 이 책의 출판에 지대한 도움을 아낌없이 주신 미국 정신과출판위원회의 편집위원장이신 밥 헤일스 박사와 출판 디렉터 존 맥더위 박사께도 감사하는 마음을 전한다. 이 책은 여러 사람의 노력의 산물이다. 이 책의 원고를 타이핑해 준 다이안 크레이는 저자가 늘 기댈 수 있고, 언제나 쾌활하고 긍정적인 모습을 보여 주었으며, 힘들 때마다 격려를 아끼지 않은 훌륭한 조언자였다.

마지막으로 어떤 교수나 동료보다도 더 많은 것을 가르쳐 준 환자들에게 감사를 표한다. 저자는 장기 역동정신치료의 기술을 배우는 동안 저자가 저지른 모든 잘못들—판단의 잘못, 시간을 잘못 택한 잘못, 해석의 잘못 등—을 참고, 인내해 준 그들에게 심심한 감사를 드린다.

차 례

장기 역동정신치료의 이해

chapter 1

역동정신치료의 핵심 개념

3년간의 역동정신치료를 종료하는 마지막 세션에서 전문직에 종사하는 31세의 남자 환자는 한동안 침묵을 지키고 있다가 치료자를 바라보더니 이렇게 말하였다.

"오늘 제가 느끼고 있는 것을 말로 다 표현하기는 힘들군요. 선생님께서 해 주신 모든 것에 어떻게 감사를 드려야 할지 모르겠습니다. 선생님께 너무 큰 빚을 진 것 같아요. 제가 처음 선생님을 찾아왔을 때가 생각나네요. 그때 저는 제 안에서 도대체 무슨 일이 일어나고 있는지 전혀 알지 못했었죠. 정말 엉망진창인 상태였습니다. 하지만 지금 저는 처음으로 제 인생에서 제가 어떤 사람이며 타인에게 무엇을 바라고 있는지를 알게 되었어요. 선생님께서도 아시다시피 전 그리 쉬운 환자가 아니었죠. 무척 오랫동안 선생님께 제 마음을 열지 않았고, 저의 진짜 모습을 보이지 않으려 선생님과 힘겨루기를 하기도 했습니다. 하지만 선생님은 결국 제 마음의 문을 여셨어요. 선생님께선 정말 큰 인내심을 가지고 저를 붙잡아 주셨어요. 그렇게 해 주신 데 대해 정말 어떻게 감사드려야 할지 모르겠어요. 선생님께선 자기 자신에 대해 별로 말씀하신 게 없으시지만, 저는 선생님과 매우 가깝다고 느끼고 선생님을 잘 알고 있다고 여깁니다. 전 선생님을 결코 잊지 못할 겁니다."

자신의 치료자에 대한 이토록 절절한 감사의 표현은 장기 역동정신치료(long-term psychodynamic psychotherapy)가 지속적인 인기를 유지하고 있는 이유를 짐작하게 해 준다. 의료보험, 빠른 치료를 강요하는 세태, 약물치료의 급진적인 발전에도 불구하고 자신을 이해하고자 하는 갈망은 여전히 존재하고 있는 것이다. 미국 내에서 잘 알려져 있는 환자들에 대한 '소비자 보고(Mental Health, 1995)' 에서도 환자의 치료에 대한 만족도가 치료 기간과 정비례함을 보여 주고 있다. 자신에 대해 좀 더 깊이 있게 이해하고 싶어 하는 환자들은 치료가 몇 년이 걸리더라도 의료보험이 아닌, 자신의 호주머니에서 치료비를 충당한다. 그러나 이렇듯 환자들이 선호하는 치료 방법임에도 불구하고 장기 역동정신치료는 잘못 이해되고 있는 부분이 많이 있다. 가장 흔한 오해들을 소개하면 다음과 같다.

- 역동정신치료사들은 치료 시 말을 별로 하지 않는다.
- 치료의 획기적인 진전(breakthrough)은 억압되어 있던 기억이 떠오를 때 경험하는 극적인 감정적 카타르시스를 통해 일어난다.
- 역동정신치료의 주요 초점은 환자의 성욕(Sexuality)이다.
- 치료자에 대한 환자의 반응은 모두 환자의 과거 관계의 영향을 받은 왜곡된 현재 상황의 표현이다.

- 치료는 결코 끝나지 않으며 효과도 없다(우디 알렌이 만든 영화의 주인공이 받는 정신치료처럼).
- 역동정신치료자는 텅 빈 벽처럼 표정이 없고 환자에 대한 반응을 전혀 드러내지 않는다.
- 역동정신치료자는 환자가 말한 것에 대해 자신의 판단이 내포될 수 있는 그 어떤 말도 하지 말아야 한다.

장기 역동정신치료는 정신분석에서 발달한 것이지만, 프로이트조차도 역동정신치료에 대한 여러 잘못된 개념들과는 전혀 다른 방식으로 치료를 하였다. 현대의 역동정신치료자는 환자들과 더 능동적으로 상호 작용을 하며, 환자의 정서적 상태에 대하여 감정적인 동조를 하고, 무표정하거나 수동적이지 않다. 또한 도움이 된다고 판단될 때에는 말을 많이 할 수도 있고, 치료자에 대한 환자의 인식에 치료자 자신이 어떻게 영향을 주는지에 대하여 세심한 주의를 기울인다. 그리고 현대의 역동정신치료사들이 환자의 숨겨진 과거에서 발견한 사실을 혼자만 알고 지나가는 경우도 매우 드물다. 따라서 현대 장기 역동정신치료에 대한 정의를 내려야 한다면 아마도 다음과 같이 정의하여야 할 것이다.

> 환자-치료자 사이에서 일어나는 상호 작용에 대해 세심한 주의를 기울이고 그 상호 작용에 치료자 자신이 기여하는 바를 잘 이해하며, 치료에서 나타나는 전이와 저항에 대한 시기적절한 해석을 사용하는 치료(Gunderson & Gabbard, 1999: 685)

이러한 치료는 자아심리학(ego psychology), 대상관계이론(object relations theory), 자기심리학(self psychology) 및 애착이론(attachment theory) 등에서 한결같이 다루는 무의식적 갈등에 기초를 두고 있다.

과거의 장기 역동정신치료는 치료의 종결 시점을 정해 놓지 않는 개방된 치료를 의미하였다. 그러나 최근에는 과거의 장기 역동정신치료에서 사용되었던 원칙은 그대로 적용하지만 40~52회기 정도의 세션으로 종결하는 치료를 주로 하고 있다(Barber et al., 1997; Svartberg et al., in press; Winston et al., 1994). 그러므로 정신치료를 최대 8~12회만 허용해 주는 미국 의료보험의 원칙이 적용되는 현실에서 40~52회기 정도의 세션을 하는 장기 역동정신치료는 반드시 예외사항에 포함되어야 한다.

장기 역동정신치료에는 미리 세션의 수를 정하고 시작하는 시간제한적(time-limited) 치료와 자연스럽게 치료가 종결되도록 하는 시간 제한이 없는(open-ended) 치료 두 가지가 있을 수 있다. 잠정적으로나마 정의를 내리기 위하여 이 책에서는 24회기 이상 혹은 6개월 이상 지속되는 치료를 '장기치료'라 정의한다.

역동정신치료의 기초가 되는 기본적인 가설과 원리는 『임상에서의 역동정신치료』 제3판(Gabbard, 2000)에 자세하게 설명해 놓았다. 따라서 이 책에서는 정신치료의 주요 개념과 이들의 이론적 의미에 대해서는 간단하게만 설명하고자 한다(〈표 1-1〉 참조).

표 1-1 역동정신치료의 기본 원리

- 정신 활동의 상당 부분은 무의식적이다.
- 유년기의 경험과 유전적 영향이 함께 모여 성인의 성격을 결정한다.
- 치료자에 대한 환자의 전이가 환자를 이해하는 데 필요한 가장 기초적인 정보를 제공해 준다.
- 치료자의 역전이는 환자가 타인에게서 무엇을 유발하게 하는지를 이해할 수 있게 해 준다.
- 환자의 치료에 대한 저항이 치료의 주요 초점이 된다.
- 증상과 행동은 여러 기능을 수행하며, 주로 복잡하고 무의식적인 힘에 의해 결정된다.
- 역동정신치료사는 환자가 자신을 확실하고 유일무이한 존재로 인식하도록 돕는다.

1. 역동정신치료의 핵심 개념

무의식적 정신 기능

프로이트는 무의식을 발견한 것이 아니었다. 하지만 그는 무의식이 정신의학의 핵심적인 위치를 차지하도록 한 이론과 기술을 개발하였고, 무의식은 지금도 정신분석과 역동정신치료의 핵심을 차지하고 있다.

그러나 무의식적 정신 기능을 바라보는 시각은 초기의 프로이트에서 많은 진화를 거듭하였다. 프로이트는 처음에는 마음을 의식(conscious), 전의식(preconscious), 무의식(unconscious)의 축으로 이루어진 지정학적 모델(topographic model)로 설명하려고 하였다. 그는 무의식에 있는 내용을 쉽게 의식화하기는 힘들지만, 전의식의 내용은 집중하는 초점을 바꿈으로써 쉽게 떠올릴 수 있다고 보았다. 프로이트 연구의 대부분은 '무의식'에 관한 것인데, 이 무의식은 갈등에 의해 억압(repressed)된 내용이 의식 밖에서 저장되는 일종의 창고라 생각하였다. 정신분석에 대한 프로이트의 초기 접근 방법은 억압된 무의식적인 내용을 수면 위로 끌어올려 환자 스스로 그것을 검토해 보고 이해하도록 돕는 것이었다. 그러나 프로이트는 억압되었던 기억을 카타르시스적인 방식으로 정화시켜 억압을 풀어 주는 방법은 꾸준하게 지속되는 변화를 가져다주지 못한다는 사실을 곧 알게 되었다.

그 후 프로이트의 모델은 점진적으로 더 복잡해졌으며, 1923년에는 자아(ego), 원본능(id), 초자아(superego)로 형성된 3부 구조적 가설(tripartite structural theory)을 도입함으로써 그 정점을 이루었다(Freud, 1923/1961). 구조적 모델에서 자아는 공격성과 성적 욕동과는 구분된 개념으로 설명되었다. 자아의 의식적인 측면은 의사 결정, 감각적 정보의 통합, 계산을 포함하고, 무의식적인 측면은 기본적으로 원본능에 의해 일어나는 강력한 본능적 욕동에 대항하기 위해 설계된 방어기제를 포함한다. 성욕과 공격성은 기본적인 욕동으로 이해되었으며, 이들이 개인의 기능에 장애를 초래하지 않도록 하기 위해서는 이들을 저지하려는 자아의 방어적인 노력이 필요하다고 보았다.

[그림 1-1]에서 보여 주듯 원본능은 전적으로 무의식이며, 이는 자아의 무의식적 부분과 초자아에 의해 조절된다. 초자아는 대부분

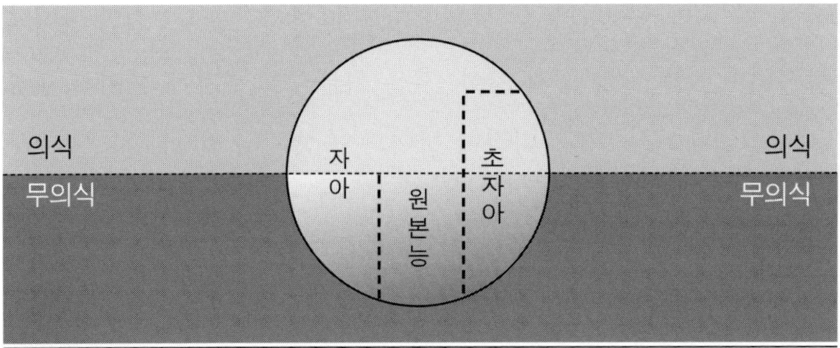

[그림 1-1] 구조적 모델

* 참고: 전의식은 도표의 단순화를 위해 표시하지 않음.
* 출처: Gabbard G. O. (2000). *Psychodynamic Psychiatry in Clinical Pratice*, 3rd. Washington, D.C., American Psychiatric Press.

무의식적이며, 부모와 환경에서 얻은 내재화된 윤리적 가치를 의미한다. 초자아는 때로는 자아 이상(自我理想, ego ideal)과 도덕적 양심(moral conscience)으로 구분되기도 한다. 자아 이상이 개인의 가치체계에 기초를 두고 무엇을 해야 할지를 결정한다면, 엄격한 의미로서 초자아(superego proper)는 개인이 무엇을 하지 말아야지를 결정한다.

구조적 모델은 무의식적 갈등 가설(unconscious conflict theory)을 잘 설명해 준다. 자아, 원본능, 초자아 등의 정신 내적인 힘들은 성욕과 공격성의 표현과 분출을 둘러싸고 항상 서로 갈등하며, 이러한 갈등에 의해 신호 불안(signal anxiety)이 발생한다(Freud, 1926/1959). 신호 불안은 금지된 공격성 혹은 성욕이 표현되는 것을 방지하기 위하여 방어기전을 활성화시켜야 한다고 자아에게 경고를 보낸다. 신경증적 갈등과 관련된 증상들은 모두 이러한 방식으로 형성되는 것이다. 다시 말해서, 갈등은 신호 불안을 발생시키고, 그 결과 방어가 형성되며, 이는 원본능과 자아, 혹은 원본능과 초자아 사이의 협상을 유발한다는 것이다. 따라서 하나의 증상은 소원(wish)을 방어하는 절충안(compromise formation)인 동시에 그 소원을 위장된 형태로 만족시켜 주는 방법으로 이해할 수 있다.

무의식적 갈등은 역동정신치료에서 집중적으로 다루는 현상이다. 그러나 현대의 무의식적 정신 활동에 대한 이해는 프로이트가 처음 그의 가설을 세웠던 100여 년 전과는 매우 달라졌다. 대부분의 정신생활이 무의식적이라는 프로이트의 기본적인 생각은 실험적 심리학에서의 광범위한 연구 결과에서 재차 확인되고 있지만(Westen, 1999). '무의식' 이 무의식적인 내용이 저장되는 장소라는 프로이트의 생각은 현대 정신의학에서는 받아들이지 않고 있다. 오늘날 신경과학적 지식이 있는 역동정신치료사들은 과거의 '무의식' 이라는 낱말을 무의식적 정신 기능, 혹은 무의식적 표상(representation)으로 표

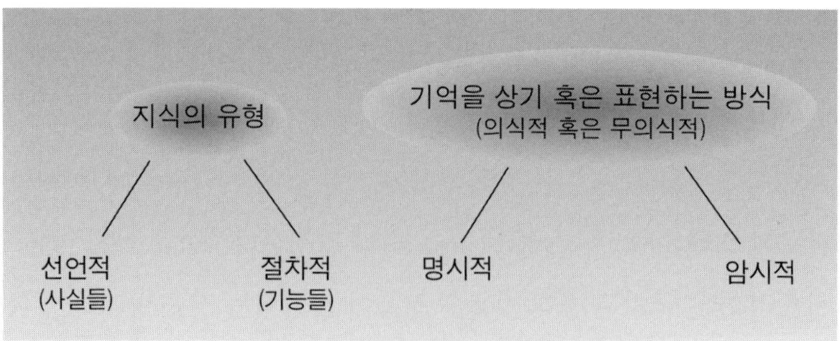

[그림 1-2] 지식의 유형 대 표현 방식

* 출처: Gabbard, G.O. (2000). *Psychodynamic Psychiatry in Clinical Pratice*, 3rd. Washington, D.C., American Psychiatric Press.

현할 것이다. 이는 그 내용에 따라 기억이 각각 뇌의 다른 부위에 저장되기 때문이다.

[그림 1-2]에서 설명하듯이 선언기억(혹은 서술적 기억, declarative memory)은 사실과 일반적인 지식을 다루는 반면, 절차기억(procedural memory)은 여러 기능과 연관된다(Squire, 1987; Westen & Gabbard, 2002a: 2002b). 앞의 두 가지 기억은 상기되는 방법에 의해 구분되는(즉, 의식적인 자각이 있느냐 없느냐에 따라 구분되는) 명시적 기억과 암시적 기억 둘 다에 속할 수 있다(Westen & Gabbard, 2002a). 초등학교 5학년 때의 담임선생님 성함을 기억하는 것은 명시적 선언기억(explicit declarative memory)의 좋은 예인데, 이는 집중하는 초점을 바꾸는 것만으로 사실을 빨리 상기할 수 있기 때문이다. 반면에 라디오에서 흘러나오는 노래를 듣고 눈물을 흘리지만 왜 눈물이 흐르는지 그 이유를 모를 때, 그것은 암시적 선언기억(implicit declarative memory) 때문일 가능성이 크다. 그 노래와 관련된 사건(어쩌면 애인과 헤어졌던)은 그 노래와 영원히 연결되지만, 그 사건과 노래의 정확한 연관관계는 즉각적으로 생각나지 않기 때문이다. 치료적인 탐색은 그러한 연관관계를 기억할 수 있도록 도와줄 수 있다.

절차기억은 '어떻게(how)' 에 대한 지식을 기억하고, 선언기억은 '무엇에 대한(of)' 의 지식을 기억한다(Gabbard, 2000). 관계를 형성한다는 것에 대한 '어떻게' 는 인생의 초기에 내면화된다. 그 초기의 경험에 기초하여 개인이 타인과 관계를 맺는 자동적인 방법이 형성되는 것이다. 절차기억은 환자가 치료실로 걸어 들어와 치료자와 인사를 나누는 등 환자가 자신에게 익숙하고 자연스러운 방법으로 관계를 맺고 있을 때에는 암시적으로 나타나는 것이 일반적이다. 또한 암시적 절차기억은 불쾌한 감정을 자동적으로 개인의 의식 밖으로 몰아내는 방식으로 나타내는 여러 방어기제에서도 사용된다. 그러나 절차기억은 그 표현 방법이 의식적으로 진행될 때에는 명시적일 수도 있다. 이러한 명시적 절차기억의 예로는 억제를 들 수 있다. 한 남자가 자신의 치료자에게 화가 났지만 그 분노를 표현하였다가는 치료자와의 관계가 깨어질 것 같아 두려워한다면, 그는 의식적으로 분노를 억제하고 의식 밖으로 밀어내려 할 것이다. 절차기억과 선언기억은 서로 조화를 이루어 행해지며, 실제 상황에서는 이 두 가지 기억을 구분하기 힘든 경우가 많다.

인간 발달에 대한 이해에 근거를 둔 관점

인간 발달에 대한 이해에 근거를 둔 관점은 정신역동적인 사고의 핵심 전제다. 아동기의 경험은 개인의 유전적 특징과 함께 성인의 인격을 형성하기 때문이다. 유전학과 인지신경과학에 의해 지금까지 알려진 바에 의하면, 유전자에 기반을 둔 아동의 기질이 부모와의 상호 작용에 상당 부분 영향을 준다고 한다. 즉, 아동에게서 나타나는 유전적 특징이 부모에게서 특정한 반응을 유발하는 것이다 (Reiss et al., 1995). 반대로 부모의 행동도 아동의 성격 형성에 기여한다. 이러한 관점에서 볼 때 아동의 문제를 전적으로 부모의 탓으로 돌리는 것은 문제를 지나치게 단순화하는 것이라고 볼 수 있다. 인간 발달에 대한 이해에 근거를 둔 관점을 얻기 위해서는 아동의 선천적인 특성, 부모의 심리적 특성, 그리고 부모와 아동 '상호 간의 조합(fit)' 을 이해하는 것이 매우 중요하다.

정신분석학의 초기 이론은 리비도의 부위(libidinal zone)에 근거를 둔 인간 발달의 이해에서 시작하였다. 아동의 리비도(성적 충동)는 구강, 항문 그리고 남근 등의 신체 부위와 연결되어 이해되었다. 아동은 부모 중 이성인 쪽의 유일한 애정의 대상이 되고자 하는 오이디푸스기에 들어간다고 보았고, 이 시기의 어머니, 아버지 그리고 아동의 복잡한 삼각관계에 대한 민감한 인식이 중요시 되었다. 한편, 부정적 오이디푸스 상황(negative oedipal constellation)이란 아동이 동성 부모를 갈구하면서 이성 부모를 경쟁자로 인식하는 것을 의미하였다. 긍정적 · 부정적 오이디푸스 현상은 발달 과정에서 전형적으로 관찰된다.

남아(男兒)의 경우, 초자아의 발달은 발달상 오이디푸스기의 결과로 나타난다고 생각하였다. 남아는 어머니에 대한 욕망 속에 아버지에 대한 공격이 내재되어 있기 때문에 어머니를 소유할 수 없다는 사실을 받아들이고, 아버지에게 보복당하는 위험을 감수하기보다는 아버지와 자신을 동일시하는 것이 낫다는 것을 마지못해 인정한다는 것이다. 아버지가 자신의 성기를 공격하는 방식으로 보복할지도 모른다고 두려워하는 거세불안은 오이디푸스기의 남아에게 있어 가장 큰 두려움으로 인식되었다. 그리고 그러한 가능성을 피하기 위해 남아는 자신을 아버지와 동일시하고 어머니와 유사한 여성을 찾음으로써 아버지와의 직접 경쟁을 피한다고 생각하였다.

프로이트의 고전적인 개념 정리에서 여아의 오이디푸스적 상황은 남아의 경우만큼 분명하지 않았고, 여아를 남근을 선망하는 '열등한 남아'로 보는 전통적인 시각은 발달에 대한 페미니즘 이론이 대체하게 되었다. 여성의 심리적 발달에 대한 최근의 견해는 여성의 정체성 발달을 해부학적인 차이에서 비롯된 것이라고 보는 단순한 가정보다는 유전자, 문화, 부모와의 동일화, 그리고 내적 대상관계(object relations)가 복잡하게 관련된 것으로 보고 있다(Benjamin, 1990; Chodorow, 1996).

발달 이론의 또 다른 중요한 부분은 어린 시절 타인과의 경험, 그리고 그에 따른 정동(情動, affect) 상태가 내재화되어 대인관계의 표상으로 각인된다는 점이다(Fonagy & Target, 2003). 이러한 내적 대상관계는 생애에 걸쳐서 계속 반복되며, 정신치료에서 드러나는 환자의 대인관계 문제도 일반적으로 환자가 어린 시절에 겪었던 대인관계 문제에서 기인한다. 한 인간이 가진 부모에 대한 내적 표상은 표상의 근거가 되는 실제 인물과는 완전히 일치하지 않을 수 있다. 부모와 자녀 간의 관계에서 일반적으로 나타날 수 있는 경향이 부모에 대한 자녀의 환상에 의해 과장될 수 있으며, 자녀의 뇌 신경망(neural network)에 각인되는 자기(self)와 대상에 대한 표상은 실제 인물의 특성과는 차이가 있을 수 있다.

오늘날 대상관계이론으로 알려진 이론은 영국에서 주로 발달하였다. 멜라니 클라인(Melanie Klein)은 욕동이론(慾動理論, drive theory)과 내적 대상관계를 통합하려 하였으며, 그 후 페어베언(W. R. D. Fairbairn)과 위니코트(D. W. Winnicott) 같은 학자들은 이른바 영국의 독립적인 관점을 만들어 아동의 가장 큰 동기는 욕동의 만족(전통

프로이트적 시각)보다는 대상의 추구라고 주장하였다(Gabbard, 2000).

자아심리학(ego psychology)이 정신 내적 갈등을 주장한 반면, 하인즈 코헛(Heinz Kohut, 1971; 1977; 1984)은 발달의 결핍모델(deficit model)에 근거한 자기심리학(self psychology)을 개발하였다. 코헛은 많은 사람이 어머니에게서 발달에 필요한 공감(empathy)을 충분히 받지 못하기 때문에 내적으로 결핍되어 있다고 하였다. 그는 이렇게 무언가 부족하다는 의식이 이들로 하여금 내적으로 부족한 기능을 대체하기 위해 타인에게서 어떠한 반응을 얻겠끔 만든다고 하였고, 이러한 기능을 자기대상기능(self-object functions)이라고 명명하였다. 그는 자신을 돌봐 주는 사람(caregiver)에게서 얻는 자기대상 반응(self-object response)을 통해 자신이 점차적으로 더 응집력 있게 결합되는 과정을 발달이라고 보았다.

자기심리학적 관점은 다니엘 스턴(Daniel Stern, 1985; 1989)이 유아들을 관찰하여 얻은 결과와 부분적으로 일치한다. 스턴은 어머니나 자신을 돌봐 주는 사람이 인정해 주는, 혹은 긍정해 주는 반응이 유아의 자기의식(sense of self) 발달에 결정적인 영향을 준다고 보았다. 코헛은 이러한 반응이 없을 때 자기가 분열될 수밖에 없으며 임상적으로는 극단적인 자기애적(narcissistic) 취약성으로 나타난다고 하였다.

애착이론은 대상관계이론과 어느 정도 관계가 있지만, 독립적으로 발달되었다. 볼비(Bowlby, 1988)는 아동의 환상보다는 '실제 경험' 의 중요성을 반복해서 강조함으로써 클라인 학파의 입장과 극명한 대조를 이루었다. 볼비는 아동에게 어머니나 자신을 돌봐 주는 사람과의 근접성을 유지하기 위해 발달된 하나의 구체적인 행동 체계가 있다고 믿었다(Fonagy, 2001). 애착이론에서는 아동의 동기를 단순히 대상을 찾는 것이 아니라, 어머니나 자신을 돌봐 주는 사람과의 물리적 근접성에서 나오는 정신생리학적인 위안 상태를 구하고자 하는 것이라고 본다. 애착이론가들은 낯선 상황(Ainsworth et al., 1978)에서의 유아 반응을 관찰함으로써 애착의 상태를 분류하였다. 어머니와 잠시 떨어진 상황에서 유아는 일반적으로 다음 네 가지 중 한 가지 반응을 보인다.

- 안정적 애착
- 불안-회피적 애착
- 불안-양가적 혹은 저항적 애착
- 무질서/혼란된 애착

이러한 애착의 분류는 다음 성인애착의 분류와 상당 부분 일치한다.

- 안정적/자율적인 성인
- 불안하며/자신의 감정을 외면하고 현재와 과거의 애착관계를 이상화, 무시, 부인 또는 평가절하하는 성인
- 집착하는 성인으로 친밀한 관계에 혼란을 느끼거나 압도당하는 경우
- 과거의 상처가 해결되지 않았거나 혼돈된 개인으로, 외상이나 유기의 피해자인 경우

불안정한 애착에 외상이나 유기의 상태가 더해지면 정신화(mentalize)할 수 있는 능력, 즉 자기 자신이나 타인의 마음을 동기로 전환시킬 수 있는 능력의 발달이 저해된다.

대표적인 발달 이론의 일부를 이처럼 피상적으로 살펴보는 것은 현대 정신분석의 여러 이론의 복잡성과 논란을 설명하기에 매우 불충분하다(보다 상세한 내용은 Gabbard, 2000; Fonagy & Target, 2003을 참조). 각각의 모델들은 구체적인 임상 상황에서 유용할 수 있으며, 역동정신치료사의 판단에 따라 환자에게 적용될 수 있다(〈표 1-2〉).

어떤 발달 이론 모델을 선택하든 정신역동학적인 시각은 성인 환자를 항상 어린 시절의 중요한 경험의 결과를 치료자를 포함한 모든 타인과의 관계에서 현재에도 반복적으로 나타내고 있는 사람으로 간주하고 접근한다.

표 1-2 발달 모델

이론적 모델	동 기	발달의 기본 구성	정신병리
자아 심리학	욕동 만족	자아, 원본능, 초자아	갈등/타협 형성
대상관계이론	대상 추구	감정으로 연결된 자신과 타인에 대한 표상	내면화된 대상관계가 외적으로 표현되면서 비적응적인 관계가 반복되는 패턴을 보임
자기 심리학	자기통일감/자신감	자기/자기대상	자기 분열/자기애적 취약성
애착이론	신체적 안전감	내적 작동모델	불안정 애착/정신화의 실패

전 이

유년기의 관계 패턴이 현재 치료자와의 관계에서도 반복되는 것이 정신역동적인 전이의 핵심 개념이다. 환자의 과거 속 인물의 특징이 치료자에게 적용되어 환자는 과거의 인물과 연관된 감정을 다시금 치료자에게서 경험한다. 초기에 프로이트는 전이를 '판박이처럼 똑같이 되풀이되는 것(stereotype plate, Freud, 1912/1958)'으로, 즉 유년기의 리비도나 성적 욕구가 치료자에게 직접적으로 옮겨진다고 생각하였던 것이다. 그러나 클라인 학파와 대상관계 이론가들은 전이의 개념을 투사적 동일시(projective identification, Feldman, 1997; Gabbard, 1995; Joseph, 1989; Ogden, 1979; Spillius, 1992)의 개념을 통해 확장시켰다. 투사적 동일시에서 환자는 무의식적으로 자기나 대상의 표상을 치료자에게 투사한 후 치료자와의 관계 속에서 압력을 가하여 치료자로 하여금 투사된 표상과 유사한 특징을 받아들이도록 '조장'한다. 즉, 환자는 치료자가 짜증이 나서 무의식적으로 환자에게 화를 내던 과거의 대상과 유사한 모습을 보일 때까지 짜증나게 하는 태도를 취할 수 있다.

자기심리학의 자기대상 전이에서는 치료자를 환자의 자기를 완성시키는 존재로 봄으로써 전이의 이해 범위를 한층 더 확장시켰다. 자기심리학자들은 환자의 자기를 근본적으로 결핍상태에 있는 것으로 인식하기 때문에 전이의 대상은 부모의 공감 부족의 결과로 환자가 가질 수 없었던 기능을 채워 주어야 한다고 보았다. 따라서 환자는 치료자를 자신을 칭찬하거나 자신의 존재를 인정해 주는 사람으로 인식함으로써 자기를 완성할 수 있다고 하였다. 스톨로로우(Stolorow, 1995)는 전이가 근본적으로 2차원적이라는 사실을 강조함으로써 자기심리의 이해 폭을 더욱 확장시켰다. 전이에는 프로이트가 설명한 것처럼 반복적 측면도 있지만, 환자가 치유적 경험을 줄 새로운 대상 경험을 추구하는 보상적 측면도 있다는 것이다.

최근에는 현대 정신분석학의 포스트모던적 관점, 예컨대 관계(relational)이론, 구성주의(constructivist) 혹은 대인관계(interpersonal) 이론도 전이를 보는 시각에 영향을 끼쳤다. 전이의 구성주의 모델(Hoffman, 1998)은 치료자의 실제 행동이 항상 치료자에 대한 환자의 경험에 영향을 준다고 본다. 이 관점에서 보면, 치료자의 실제 특성에서 비롯한 환자와 치료자의 관계에서 실제적 측면이 언제나 존재하고, 이는 치료 상황에서 과거의 대상관계에 대한 재현(recreation)과 상호 작용할 수밖에 없다는 것이다. 전이에 대한 현대의 거의 모든 이론은 치료자에 대한 환자의 지각에는 늘 치료자의 실제 특성과 환자의 과거 인물이 지닌 특성이 섞여 있다는 것, 즉 이전의 관계와 새로운 관계가 혼합되어 있다는 점에 동의하고 있다.

역(逆)전이

정신역동적 사고의 주요한 특징 중의 하나는 환자와 치료자 각각의 독립적 주관이 치료 과정에서 의미 있는 방식으로 상호 작용한다는 것이다. 역동정신치료사는 현미경을 통해 표본을 들여다보는 과학자라기보다는 갈등과 감정적 문제를 가지고 있는 한 인간이다.

환자가 치료자를 자신의 과거 속에 존재하는 한 인물로 경험하는 것과 동시에 치료자 역시 환자를 자신의 과거 속에 존재하는 인물로 경험한다. 따라서 치료자의 역전이는 환자의 전이와 유사하다.

그러나 시간이 지나면서 한정된 혹은 프로이트 학파의 역전이에 대한 이론은 역전이를 환자에 대한 치료자의 총체적인 감정 반응으로 보는 광의의 이론으로 확장되었다. 이렇게 범주가 넓어진 역전이에 대한 정의는 역전이의 개념을 긍정적으로 변화시켜, 역전이를 환자를 돕는 데 방해가 되는 걸림돌이 아니라 환자에 대한 중요한 정보를 얻을 수 있는 원천으로 인식하게 하였다. 오늘날 역전이는 치료자에게 환자의 내부세계에 대한 많은 정보를 알려 주는 주요한 치료 및 진단 도구로 인정받고 있다. 또한 오늘날 대부분의 이론적 관점은 역전이를 치료자와 환자가 공동으로 만들어 낸 치료자의 반응이라고 본다. 다시 말해서, 환자에 대한 치료자의 어떤 반응은 전이에서와 마찬가지로 치료자의 과거 속의 대인관계를 현재로 가져온 것에서 비롯된다는 것이다. 그러나 치료자가 느끼는 감정의 다른 측면은 환자의 태도에서 유발된다. 투사적 동일시를 통해 환자는 치료자가 환자 자신의 과거에 존재하였던 중요한 인물 역할을 하도록 과거의 대상관계를 재현한다는 것이다(Gabbard, 1995). 예를 들어, 환자가 치료자를 화나게 할 때에는 치료자의 분노가 치료자의 내부세계의 과거 관계에서 비롯되는 동시에 치료자가 환자의 과거 속 대상과 비슷한 반응을 보이도록 하는 환자의 실제 행동에서 나오기도 한다는 것이다.

저 항

환자가 변화에 대해 양가적인 태도를 갖는다는 것은 역동정신치료의 중요한 축이 되는 원칙이다. 환자는 고통스러운 정동을 피하기 위해 수년간 여러 방어기제를 활용한 후에 비로소 정신내적(intrapsychic)인 평형 상태를 얻었다. 치료 과정에 돌입한다는 것은 그 평형 상태를 위협하는 것이기에, 환자는 자신에게 자신의 문제를 인식시키고 변화를 가져오려는 치료자의 노력에 무의식적으로 반발할 수 있다. 이러한 불쾌한 감정을 다루기 위해 발달된 환자의 성격적인 방어기제는 치료 과정에 의해 저항의 형태로 활성화된다(Greenson, 1967). 저항과 방어기제의 차이는 전자는 치료자가 관찰할 수 있지만 후자는 짐작해야만 한다는 것이다(Thoma & Kachele, 1987).

저항은 침묵, 할 말이 없는 상태, 치료 비용을 지불하는 것을 잊는 것, 치료와 관련이 없는 피상적인 이야기를 늘어놓는 것, 치료 목표를 설정하기를 거부하는 것, 약속 시간에 늦는 것, 투약을 잊는 것, 치료자가 하는 말을 잊어버리는 것, 혹은 치료자가 개입할 때 조롱하는 것 등의 다양한 형태로 나타날 수 있다.

대부분의 경우, 저항은 '전이저항'이다. 환자들은 치료자가 자신을 어떤 방식으로 판단하고 있다는 환상 때문에 치료에 반발할 수 있다. 자신이 비밀을 드러내면 치료자가 창피를 주거나 비난할 것이라는 확신 때문에 가장 수치스러운 비밀을 치료자에게 말하지 않는 경우도 있다. 환자의 저항은 대개의 경우 현재의 여러 관계에도 계속 영향을 주고 있는 과거의 관계가 재현되는 방식으로 표현된다.

따라서 저항은 단순히 치료 과정에서 없애야 할 장애물이 아니다. 오히려 현재 치료자와 상호 작용을 하는 순간으로 옮겨진, 환자의 과거 속에서 대단히 중요한 내적 대상관계를 드러내는 단서라고 할 수 있다(Friedman, 1991). 치료자는 환자가 무엇을 재현하고 있으며, 그것이 치료 과정에서 나타나는 환자의 문제 해결 능력에 어떠한 영향을 주고 있는지를 환자가 이해할 수 있도록 도와주어야 한다.

정신결정론

정신결정론(psychic determinism)의 근본적인 정신분석학적 개념은 우리가 자신의 인생을 어떻게 하는지는 서로 역동적 관계에 있는 무의식의 힘에 의해 결정되며, 우리가 이해하지 못하는 무의식적인 원인에 의한 각각의 증상이나 행동은 여러 기능을 수행하고 많은 문제를 해결한다는 것이다. 셰어우드(Sherwood, 1969)는 '프로이트는 행동의 원인이 복잡한(과잉 결정되어 있는, overdetermined) 동시에 다양하다(즉, 충분조건의 집합이 여러 가지다)고 설명하였다.' 고 하였다. 다시 말해, 행동이나 증상은 때로는 정신내적 요인이 상호 작용하여 하나의 구체적인 상태를 형성한 결과이기도 하고, 또 때로는 다른 원인적 요인에 의해 형성되기도 한다는 것이다. 즐거운 욕구나 안전과 연관된 무의식적인 환상은 우리가 타인을 대하는 방식, 고통스러운 감정을 통제하는 방식, 그리고 우리가 삶을 살아가는 방식을 결정하는 동기가 되곤 한다(Fonagy & Target, 2003).

정신과 의사들은 유전적, 생물학적, 사회적 그리고 외상의 요인도 행동을 형성하는 데 기여한다는 것을 알고 있다. 뇌 손상을 입은 환자는 역동적인 원인보다는 특정한 뇌 부위의 손상 때문에 망각 증상을 보일 수 있다. 역동정신치료사는 이런 예외적인 경우를 제외한 대부분의 경우 유전적인 혹은 사회적인 요인에 의해 기인하는 증상이나 행동의 결과에는 어떤 '의미'가 있다고 믿는다. 그리고 치료자는 오래된 무의식적인 신념, 생각 그리고 감정과 연관되어 있는 이러한 '의미'를 환자를 위해 환자와 함께 탐색하는 것이다.

환자의 고유한 주관

정신역동적 사고의 마지막 원칙은 우리가 사실 자기 자신을 잘 모른다는 것이다. 다양한 갈등, 금기, 불안 그리고 방어기제 때문에 우리는 자기 자신에게서 숨는 경향이 있으며, 역동정신치료사가 할 일은 이러한 환자의 진정한 자기를 찾아내는 것이다.

위니코트(Winnicott, 1960)는 유아가 자발적으로 무언가를 하려는 것에 대해 부모가 계속 그것을 받아들이지 않거나 충족시켜 주지 못하는 방식으로 방해를 하게 되면, 그 유아는 부모와 소통할 수 있는 다른 통로를 찾아낸다는 점에 주목하였다. 이러한 전략은 보통 부모가 인정하고 이해해 주는 거짓자기(false self)를 만드는 것을 수반한다. 그러나 진정한 자기는 수치심에 휩싸이게 되며, 진정성 또한 어느 정도 상실된다. 역동정신치료에서 치료자는 각 환자의 고유한 주관적 진실을 찾아내려 한다. 치료자는 환자의 진정한 자기를 알아보고 확인(recognize)해 주고 인정(validate)해 주는 것이다. 그러나 진정한 자기가 단일한 성질을 갖는 경우는 흔치 않다. 대부분의 환자는 상호 작용의 상황에 따라 달라지는 다면적인 자기 구조를 가지고 있다. 이렇게 환자의 숨어 있는 면을 찾아내기 위해서는 환자의 자기 기만을 들추어 내고, 환자의 가장 수치스러운 환상, 두려움 그리고 욕망을 일관되고 꾸준하게 파헤치는 작업이 필요할 수 있다. 역동정신치료의 과정에서 환자가 자신의 참모습을 알리고 확인받고 인정받고자 하는 것은, 자신의 참모습을 이해하고자 하는 것만큼이나 치료의 근본적인 동기가 될 수 있다.

2. 연구를 통해 알 수 있는 사실

정신분석가들과 역동정신치료사들은 수년간 제자리에 안주해 왔다. 환자들이 줄지어 찾아왔기에 연구는 실제적인 치료보다 덜 중요한 것으로 간주되었다. 그 결과 정신분석과 역동정신치료의 결과에 대한 심도 있는 연구는 인지행동치료와 같은 다른 치료의 방대한 연구에 비해 상대적으로 적다. 물론, 장기 역동정신치료에 대한 연구를 수행하는 데는 상당한 장애물이 있다(Gabbard et al., 2002). 우선 1년에서 5년이 걸리는 치료의 결과를 평가하는 프로젝트의 비용은 단기 치료의 16주간 실험평가에 비하면 아주 막대하다. 또한 적절한 비교 통제군을 찾는 것 역시 문제가 된다. 정신분석 및 역동정신치료의 기본 원칙 중 하나는 종종 고통스러울 수 있는 내적 탐색에 참여할 동기가 필요하기 때문에 환자 스스로가 치료 방식을 선택해야 한다는 점이다. 따라서 무작위로 환자를 배정해서 두 가지의 치료 방식을 비교하는 것은 연구자들에게 여러 장애 요인을 가져다준다. 이와 유사하게 다년간 치료에서는 실험군이나 통제군에서 낙오되는 사람의 수가 의미 있는 통계 분석에 심각한 장애를 가져올 수 있다(Gunderson & Gabbard, 1999).

단기 역동정신치료에 대해 진행된 상당한 양의 연구 결과는 이 치료 방식의 원칙이 유효하다는 사실을 증명하고 있다. 앤더슨과 램버트(Anderson & Lambert, 1995)는 26개 연구에 대한 메타분석을 통해 후속 관찰 시에 단기 역동정신치료가 다른 치료 방식과 동등한 효과를 보인다는 결론을 얻었다. 또한 핵심 갈등에 대한 정확한 해석이 세션 중의 결과나 치료 전체의 결과에서 더 나은 치료 결과를 가져온다는 것이 세 개의 개별적인 연구 결과를 통해 밝혀졌다(Crits-Chistoph et al., 1988; Joyce & Piper, 1993; Silbershatz et al., 1986).

장기 역동정신치료를 보면 무작위와 통제라는 과학적 정밀성의 황금률을 지킨 연구는 몇 개밖에 되지 않는다. 윈스턴 등(Winston et al., 1994)은 평균 40.3회의 세션에서 역동적 치료를 받은 C군(Cluster C) 성격장애 환자 25명에 대한 통제실험을 수행하였다. 표본은 치료 대기 중인 통제군 환자에 비해 모든 기준에서 상당히 호전되었다. 1년 6개월 후에 실시된 후속 관찰에서도 환자는 지속적인 개선의 효과를 보였다.

스바트버그 등(Svartberg et al., in press)은 C군 성격장애의 요건을 충족하는 50명의 환자를 역동정신치료나 인지치료에 무작위로 배정하였다. 치료자들은 모두 매뉴얼에 따른 교육과 임상적인 경험이 충분한 전문가들이었다. 그리고 치료 결과는 증상에 의한 고통, 대인관계의 문제 그리고 핵심 성격 병리 측면에서 평가되었다. 표본 집단의 모든 환자는 치료 기간과 2년간의 후속 기간 동안 통계적으로 의미 있는 증상 개선 효과를 보였다. 인지치료를 받은 환자는 치료 '후' 에는 증상에 의한 고통 측면에서 의미 있는 변화를 보이지 않은 반면에 역동적 치료를 받은 환자는 치료 후에도 의미 있는 변화를 보였다. 그리고 치료 후 2년 뒤에, 역동적 치료 환자의 54%와 인지치료 환자의 42%가 증상이 회복되었다. 이에 따라 연구자들은 역동적 치료가 종결된 후에도 증상 개선 효과가 지속된다고 볼 수 있는 근거가 있는 것으로 결론지었다.

보스턴 정신치료연구(Stanton et al., 1984)에서는 정신분열증 환자 중 지지요법(supportive therapy) 치료를 받은 이들과 정신분석 지향적(psychoanalytically oriented) 치료를 하는 경험 있는 치료자들에게서 주 2회 이상의 정신분석적 치료를 받은 환자를 비교하였다. 각 집단에 따라 개선되는 증상이 일부 다르게 나타나는 듯 보였으나, 정신분석적 치료를 받은 환자에게서는 전반적으로 특별히 의미 있는 이점이 나타나지는 않았다(Gunderson et al., 1984). 하이니케와 램지-클레(Heinicke & Ramsey-Klee, 1986)는 학습에 문제가 있는 어린이 중 집중적(주 4회)으로 역동정신치료를 받은 집단과 주 1회 세션 치료를 받은 집단을 비교하였다. 이 실험에는 1년이 넘게 지속된 치료만 포함시켰다. 그 결과 주 1회 세션을 갖는 어린이들은 주 4회씩 받는 어린이들보다 회복의 속도가 빨랐다. 그러나 후속 관찰 기간에는 주 4회 세션을 가졌던 어린이들이 더 높은 회복률을 보였다.

베이트먼과 포나기(Bateman & Fonagy, 1999)는 경계선 인격장애(borderline personality disorder)가 있는 환자 38명을 정신분석 지향적인 부분적 입원 치료나 통제군으로 표준화된 정신과적 치료(standard psychiatric care)에 무작위로 배정하였다. 부분적 입원 치료를 받는 집단이 주로 받은 치료는 주 1회의 정신분석적 개인정신치료와 주 3회의 정신분석적 집단정신치료였다. 그러나 통제군은 정신치료를 받지 않았다. 18개월의 치료 과정이 끝났을 때, 정신분석 지향적 치료를 받은 환자가 우울 증세, 사회 및 대인관계 기능, 입원의 필요 그리고 자살 및 자해 행위의 측면에서 통제군에 비해 훨씬 더 의미 있는 발전을 보인 것으로 밝혀졌다. 이러한 차이는 매 6개월마다 실시된 평가와 치료 종결 후 18개월째의 후속 관찰에서도 지속되었다(Bateman & Fonagy, 2001). 더욱이 치료를 받은 실험군은 18개월의 후속 관찰 기간 동안 더욱 더 상태가 호전된 것으로 드러났다.

무작위(randomized), 통제(controlled)하지 않은 다른 연구에서도 정신분석과 역동정신치료의 긍정적인 효과가 나타났다(Monsen et al., 1995a; 1995b; Sandell et al., 2000; Stevenson & Meares, 1992; Target & Fonagy, 1994a; 1994b). 이와 같이 역동정신치료에 대한 연구에서 반복적으로 나타나는 고무적인 발견은 치료 종결 후의 후속 관찰에서 지속적인 회복이 관찰된다는 점이다. 이는 환자가 자신의 경험에 대해 생각하는 특별한 방법을 배워서 치료 종료 후에도 계속 그것을 스스로 적용하고 있다는 사실을 보여 준다.

요약

장기 역동정신치료는 전이와 저항의 해석 시기를 사려 깊게 선정하는 것과 치료자가 환자와의 상호 작용에 어떻게 기여하는지를 민감하게 고려하는 것에 초점을 맞춘 치료라 할 수 있다. 이 책에서 장기적이란 24회 이상의 세션이나 6개월 이상의 기간을 말한다.

역동정신치료에는 일련의 기본 이론 모델이 필수적이다. 여기에는 자아(ego)심리학, 대상관계이론, 자기(self)심리학 그리고 애착이론이 있다. 이러한 이론 모델뿐만이 아니라 역동정신치료사는 다음과 같은 일련의 핵심 개념을 따른다.

- 정신생활의 대부분은 무의식에서 이루어진다.
- 유년기의 경험은 유전적 요인과 함께 성인의 성격을 형성한다.
- 치료자에 대한 환자의 전이는 환자를 이해하는 데 주요한 원천이 된다.
- 치료자의 역전이는 환자가 타인에게서 무엇을 유도해 내는지에 대한 중요한 정보를 알려 준다.
- 치료 과정에 대한 환자의 저항은 치료의 중요한 초점 중 하나다.
- 증상과 행동은 복잡하게, 또 많은 경우 무의식적인 힘에 의해 결정되며, 다양한 기능을 한다.
- 역동정신치료사는 환자가 진정성과 자신만의 고유성을 찾도록 돕는다. 장기 역동정신치료에 대한 연구는 완만한 속도로 발전되고 있지만, 현재까지 나온 연구 결과는 매우 고무적이다.

chapter 2

평가, 적응증, 정신역동의 도식화

치료는 언제나 환자에게 맞추어져야 하지만 역동정신치료의 성공 여부는 치료에 잘 맞는 환자를 선택하는 데 달려 있다. 치료의 적합성을 판단하는 과정은 환자가 자신의 이야기를 스스로 말하게 되는 그 순간부터 시작된다. 치료의 적합성을 평가할 때는 크게 다음 두 가지를 고려하여야 한다.

- 환자의 임상적 증상이 장기 역동정신치료에 반응할 것으로 생각되는가?
- 환자의 심리적 특성이 정신역동적 접근에 적합한가?

하지만 환자가 치료에 적절한지 결정하는 것은 복잡한 문제며, 어떤 경우는 직접 치료를 시도해 보기 전까지 알기 어려운 경우도 있다. 사실 임상가들은 초기 과정에서는 치료보다는 정확한 정신역동적 진단을 내리려는 경향이 있다. 그러나 환자의 관점에서는 누군가가 자신의 이야기를 들어주며, 있는 그대로 받아준다는 것이 매우 도움이 될 수 있다. 그러므로 좋은 정신역동적 면담법인 '비판하지 않으며 들어주는 것' 이 정신치료적인 관계를 형성하는 데 훌륭한 밑거름이 된다.

환자와 처음 만났을 때, 치료자는 환자에게 평가의 목적을 알려준다. 어떤 치료를 시작하기 전에 진단 과정에 대해 설명을 해 주는 것은 바람직한 일이며, 환자에게는 그러기 위해서 한 번 이상의 면담이 필요하다는 점을 설명해 주어야 한다.

1. 평 가

정신역동적 면담

정신과 레지던트로서 정신역동적 면담법(Psychodynamic Interviewing)을 배운다는 것은 어떤 의미에서는 수년간 의대 교육에서 배웠던 의학적 면담법을 지워 버리는 것일 수 있다. 면담 과정에서 환자들은 불안감 때문에 증상에서 진단으로 가는 명확한 경과를 피할 수 있다. 따라서 현명한 면담자는 환자가 자신의 방식대로 스스로에 대해 말하도록 둠으로써 환자가 어떤 사람이며, 환자에게 중요한 것이 무엇인지를 알아낸다. 면담자는 환자의 증상과 과거력에 기초하여 기술적인 진단을 할 수 있는 정보를 알아내어 진단을 해야 하며, 그 결과는 다양할 수 있다. 또한 환자의 저항 방식이 환자를 괴롭히는 주요 갈등에 대한 유용한 정보를 제공할 수도 있다.

협력자로서의 환자와 치료자 어떤 경우든지 정신역동적 치료자는 기술적인 진단을 넘어서서 인간으로서 환자의 모습을 알길 원한다. 그러므로 환자는 정신역동적 면담에서 '협력자'가 되어야 한다(Gabbard, 2000; Peebles-Kleiger, 2002; shevrin & shectman, 1973). 치료자는 환자를 역동정신치료에 준비시키고 환자의 치료에 대한 적합성을 평가하기 위해서, 환자가 과거의 경험이나 현재의 상황에서 자신의 어려움이 어떻게 생겨난 것인지 스스로 이해할 수 있는지를 파악해야 한다. 그러기 위해서 치료자는 "당신은 죽음에 대한 불안감이 지난 1월부터 시작되었다고 말씀하셨는데, 당시에 그런 걱정의 계기가 될 만한 어떤 일이 있었나요?"라고 물어볼 수 있다. 데이트 하는 여자들과 언제나 갈등을 겪는 남자 환자의 경우 자신을 여자들에게 늘 당하는 남자로, 혹은 여자와의 관계에서 늘 문제를 일으키는 사람으로 볼 수 있다. 이때 치료자는 어느 쪽이 원인인지를 알아보기 위해 환자에게 "만나는 여자마다 계속 이런 어려움이 생기는 것 같은데, 당신이 그 갈등에 어떤 역할을 하고 있다고 생각해 보지는 않았나요? 혹시 당신이 특정한 타입의 여자만 선택한다는 생각은 해 보지 않았나요?"라고 물어볼 수 있다.

역동정신치료는 외과적인 치료와는 다르다. 환자는 치료자의 적극적 개입을 받는 수동적인 수용자가 아니라, 오히려 치료자와 함께 탐험을 하는 동반자라고 보는 것이 더 적절하다. 치료자는 초기부터 환자에게 이런 의도를 명확히 설명해 주어야 한다. 신경과학의 발달은 정신치료적 평가를 할 때 비언어적 의사소통에 대한 평가가 얼마나 중요한지를 거듭해서 밝혀 준다. 따라서 정신역동치료자는 환자가 치료자와 어떻게 관계를 맺는지를 주의 깊게 관찰하여 환자의 어린 시절에 발생한 애착관계의 경험이 절차기억(procedural memory)에 어떻게 각인되어 있는지를 예측할 수 있어야 한다. 어떤 환자는 눈 맞춤을 피하고 고개를 숙여 인사를 하고, 존중하는 태도를 취하면서 부드러운 목소리로 말할 수 있다. 또 어떤 환자는 눈 깜박임 없이 뚫어지게 면담자를 쳐다보고, 면담자의 시선을 조명처럼 즐길 수 있다. 어떤 환자는 자신의 성에 대해 이야기하게 될 때마다 부끄러운 듯 눈 맞춤을 피할 수 있다.

1914년에 프로이트는 환자가 기억하지 못하거나 말로는 표현하지 못하는 것들이 진료실에서는 행동으로 나타날 수 있다고 하였다(Freud, 1914/1958). 무의식의 표현, 다시 말해 암시적 절차기억은 면담 시 환자의 몸짓, 목소리의 톤, 호흡, 말하는 방식으로 분명하게 드러나게 된다.

전이나 역전이는 면담이 시작되기 전부터 만들어지고, 실제 면담을 해 나가는 과정에서 점점 확실하게 된다. 의사나 환자 둘 다 진료를 의뢰받으면서, 전화통화를 하면서, 그리고 진료 접수를 하면서 들은 정보에 바탕을 둔, 서로에 대한 기대가 있다. 성격에 대한 평가는 늘 정신치료에 적합성을 판단하는 데 가장 중요한 부분이다. 면담상에서 드러나는 전이나 역전이에 대한 정보를 통해 환자 성격의 많은 부분을 알 수 있다.

현대 정신의학에서는 성격에 기본적으로 다음 네 가지 요소가 있다고 본다(Gabbard, 2001).

- 생물학적인 요소인 기질(temperament)
- 감정 상태와 연결되어 대인관계 속에서 표현되는 자신(self)과 다른 사람(other)에 대한 내적 표상(internal representation)
- 특징적인 방어기제(defense mechanism)
- 관련된 인지 양식(cognitive style)

역동정신치료자는 다음과 같은 방식으로 환자의 성격에 대해 생각하는 것이 가치 있다는 사실을 알게 될 것이다.

환자는 무의식적으로 어떤 대인관계 방식을 행동화하려는 시도를 하며, 이것은 거의 무의식적이거나 완전히 의식 밖에 있는 소망을 반영하는 것이다. 각각의 환자는 미묘한 방식으로 자신의 반응 양식과 경험 방식을 치료자에게 강요한다. 이런 방식으로 치료자와의 전이-역전이의 상호 작용 속에서 환자의 성격 특성이 내적 대상관계를 드러내는 데 중요한 역할을 한다(Gabbard, 2001; Sandler, 1981). 역동정신치료자는 환자의 내적인 세계와 다른 관계에서의 특정한 관계 양상을 파악하기 위해 임상현장에서의 경험, 즉 '지금-여기' 에서의 경험을 중요시 해야 한다. 그러면 다음에 제시된 남성 환자와 여성 정신과 의사의 예를 살펴보자.

환 자: 저는 미혼에다 서른세 살이나 되었는데, 저에게 잘 해 주는 여자를 아직 한 번도 만나 본 적이 없어요. 첫 번째 여자 친구는

몰래 딴 남자를 만나다가 저를 차 버렸어요. 저의 전처는 제 신용카드를 한도까지 다 써 버리고는 이혼소송을 했죠. 제가 만나는 여자마다 저를 이용만 하고 아무도 인간으로 대해 주지 않았어요.

치료자: 여자들에 대한 믿음이 사라졌군요.

환 자: 선생님 말씀이 맞는 거 같아요. 저는 그냥 혼자 사는 게 더 나은 거 같아요. 하지만 선생님은 이 근방에서 유명하시다고 해서 저를 버린 다른 여자들과는 달리 선생님은 믿을 수 있지 않을까 해서 온 거예요.

치료자: 제가 할 수 있는 일은 당신이 스스로를 이해하도록 돕는 일입니다. 저를 믿고 의지할 수 있을 겁니다. 분명히 여자에 대한 신뢰를 회복하실 수 있을 거예요.

환자가 여성 치료자와 상호 작용을 하며 그 자신을 드러내는 방식은 지금-여기 상황에서 환자의 내적 대상관계를 명확히 보여 주고 있다. 환자는 자신의 인생에서 여자들이 자신에게 못되게 굴었음을 밝히면서 치료자로 하여금 특별한 반응을 하도록 유도하였고, 여성 치료자가 환자의 삶 속에 존재하였던 못 믿을 여자들과는 다른 사람이 되도록 결심하게 만들었다. 환자는 치료자를 이상화시켰고, 치료자는 즉각적으로 상처 입은 피해자인 환자의 이상적인 구조자의 역할을 받아들이게 되었다. 이처럼 환자와 관계를 맺는 방식은 치료자를 환자의 마음속에 있는 강력한 내적 대상으로 행동하게 하는 역전이 반응을 유발한다.

이 예에서 치료자는 환자에게 믿을 만한 존재가 되는 역할을 받아들였다. 다른 치료자라면 그런 역할을 받아들이지 않았을 수도 있다. 예를 들어, 다른 여성 치료자는 환자의 태도상 문제점을 슬쩍 건드리면서 환자가 피해자로 여기는 것에 의문을 제기하여 환자로 하여금 또 다시 피해자 입장이 된 느낌이 들게 할 수도 있다. 또 다른 치료자는 무의식적으로 자신을 환자를 버렸던 다른 여자들과 동일시하여 환자에게서 벗어나고 싶은 마음을 느끼고, 방어적으로 환자에게 지나치게 공감적이며 친절하게 대할 수도 있다. 이렇듯 치료자들은 자신의 내적 대상관계나 환자가 과거의 경험에서 누구를 연상시키는가에 따라 환자에 대해 여러 가지 태도를 취하게 될 것이다. 이런 반응은 유용한 탐색거리가 된다. 그러므로 평가자는 모든 반응을 열린 자세로 수용하고 환자를 대하는 데 있어 어떤 특정한 태도가 옳다고 주장해서는 안 된다.

방어기제 역동정신치료사는 환자의 성격을 특징짓는, 환자가 잘 쓰는 방어기제가 어떤 것인지에 관심을 갖는다. 구조적 모델(structural model)에서 방어기제란 무의식 속의 성적, 공격적 소망을 인식하지 못하도도록 하는 역할을 담당하였으나, 최근에는 방어기제를 이처럼 단순히 욕동을 억누르는 역할만 하는 것으로 보지는 않는다. 오늘날에는 방어기제가 수치심을 느끼거나 자존심이 위협(narcissistic vulnerability)당하였을 때 자존감을 유지하는 기능을 하며, 외적인 위험에서 모멸감을 느낄 때 안정감을 찾기 위한 수단으로 작용한다고 여기고 있다(예를 들면, 부인이나 최소화 같은 방식으로).

방어기제는 단순히 감정이나 받아들일 수 없는 생각을 방어할 뿐만 아니라 자신과 대상 간의 관계도 변화시킨다(Vaillant & Vaillant, 1998). 또한 환자의 과거 내적 대상관계나 혹은 현재 중요한 사람과의 관계에서 해결되지 않은 갈등을 다룰 수 있도록 해 준다. 방어기제는 어떤 사람의 성격을 평가할 때 거의 대부분 관계 속에서 드러나게 되는데, 특정한 방어기제는 특정 성격, 어떤 경우 특정 인격장애와 결부되어 있다. 편집성 인격장애 환자는 일차적인 방어기제로 '투사(projection)' 를 사용하는데, 이는 받아들이기 힘든 불쾌한 감정을 다른 사람에게로 돌릴 수 있기 때문이다. 그러므로 이런 환자들은 사실 스스로에게 하는 비난을 치료자에게 돌려 스스로에 대한 비난을 잠시 회피한다.

반면에 분열성 환자는 대인관계에서 늘 동반될 수 밖에 없는 불안에 대한 방어기제로서 '판타지(fantasy)'를 자주 사용한다. 치료자는 분열성 환자들에게 접근하기가 힘들다는 느낌을 갖게 되는데, 이러한 환자에 대한 역전이 반응 때문에 치료자는 환자와의 감정적인 접촉이 불가능한 것처럼 여기곤 한다. 이렇듯 방어기제는 환자의 내적 대상관계와 함께 작용하여 역동정신치료 중에 특정한 형태의 전이와 역전이를 불러일으킨다.

이러한 방어기제는 가장 원초적인 형태에서 성숙된 형태까지 순차적으로 볼 수 있다(〈표 2-1〉). 원초적인 방어기제인 분열(splitting)과 투사적 동일시는 원초적으로 조직된 인격인 경계선 인격장애 환자들에게서 흔히 찾아볼 수 있다. 분열(splitting)은 자신과 타인에 대한 모순된 입장을 통합되지 않은 채로 유지하면서 모순된 입장들이 서로 갈등을 유발하지 않는 방식으로 구획화(Compartmentalize)해 놓는 것이다. 그러므로 방어기제로 '분열'을 사용하는 사람은 갈등 없이 반대의 행동을 할 수 있다. 예를 들어, 스물아홉 살의 경계선 인격장애 여성 환자는 남자들이 자신을 마치 '고깃덩어리'나 '성적 대상'인 듯 벌거벗은 것처럼 쳐다본다고 반복해서 불평하면서도 플레이보이 잡지에 자신의 비키니 사진을 보내서 모델을 시켜 달라고 할 수도 있다. 이에 환자의 치료자는 남자들이 자신을 성적 대상으로 본다고 불평하면서 플레이보이에 사진을 보내는 것은 모순 아니냐고 지적할 수 있는데, 이에 대해 환자는 아무렇지도 않게 "아니에요. 플레이보이는 굉장히 예술적인 사진을 찍어요."라고 대답할 수 있다.

분열은 서로 반대되는 소망과 자기 표상, 대상 표상 사이에서 내적인 갈등을 경험하는 신경증(neurotically organized)적 환자들에게

표 2-1 방어기제의 위계

방어기제	설명
원시적 방어기제 (Primitive Defenses)	
분열 (Splitting)	자신과 다른 사람에 대한 경험을 구획화하여 통합이 불가능함. 행동, 사고 혹은 감정의 모순에 직면하게 되면 그 차이를 부인하거나 무심하게 여김. 이를 통해 자신과 남을 양극화시킴으로써 발생하는 불일치 때문에 갈등을 일어나지 못하게 함.
투사적 동일시 (Projective identification)	정신내적 방어기제와 대인관계상의 의사소통 양쪽에서 관찰되는데, 자신의 특징이나 내적 대상을 투사하여 상대방으로 하여금 받아들이도록 미묘한 압력을 가함. 투사의 대상이 된 사람은 투사받은 대로 행동하고 생각하고 느끼게 됨.

투사 (Projection)	받아들일 수 없는 내적 충동과 그 부산물들을 마치 자신의 밖에 존재하는 것처럼 받아들이고 반응하는 것. 투사의 대상이 변하지 않는다는 점에서 투사적 동일시와는 다름.
부인 (Denial)	감각적 정보를 무시함으로써 직면하기 어려운 외부 현실에 대한 자각을 회피하는 것.
해리 (Dissociation)	무기력하거나 조절감을 상실한 상황에서 정체성, 기억, 의식, 지각의 영역에서 자신의 연속성을 중단시키는 방식으로 심리적 조절을 하고 있다는 환영(illusion)을 얻는 것. 분열과 유사하지만, 자신과 사건 간에 연결이 끊어져서 사건 기억의 변화가 발생하는 극단적인 경우도 있을 수 있음.
이상화 (Idealization)	모욕, 시기, 분노와 같은 부정적인 감정이나 불안을 피하기 위해 다른 사람을 완벽 혹은 거의 완벽에 가까운 존재로 여기는 것.
행동화 (Acting out)	고통스러운 감정을 회피하기 위해 무의식적인 소망이나 환상을 충동적 행동으로 표현하는 것.
신체화 (Somatization)	감각적인 고통 혹은 다른 감정 상태를 신체적인 증상들로 전환시켜 주의를 신체적 (정신내적인 것보다) 걱정으로 집중함.
퇴행 (Regression)	현재의 발달 단계와 연관된 갈등이나 긴장을 회피하기 위해 어린 시절로 돌아가거나 어린애같이 행동하는 것.
분열성 환상 (Schizoid fantasy)	대인관계 상황에서의 불안을 회피하기 위해 혼자만의 내적 세계로 몰입하는 것.
높은 단계(신경증적)의 방어기제(Higher-level(neurotic) Defrenses)	
내재화 (Introjection)	중요한 사람의 상실을 다루기 위해 그 사람의 일면을 내재화함. 대상에 대한 조정감을 얻기 위해 적대적이거나 나쁜 대상을 내재화할 수도 있음. 내재화는 정상 발달의 일부로 비방어적으로도 형성됨.
동일시 (Identification)	다른 사람처럼 됨으로써 그 사람의 성질을 내재화하는 것. 내재화는 내재화한 대상 표상이 '다른 사람' 으로 경험되는 데 반해, 동일시는 자신의 일부로 경험됨. 이 역시 정상 발달에서 비방어적 기능을 함.
전치 (Displacement)	어떤 대상과 연관된 생각이나 느낌을 비슷한 다른 대상으로 옮김.

이지화 (Intellectualization)	다루기 어려운 감정을 회피하기 위해 과장되며 추상적인 사고를 사용함.
감정의 분리 (Isolation of affect)	감정적 동요를 회피하기 위해 연관된 감정 상태에서 사고를 분리함.
합리화 (Rationalization)	받아들일 수 없는 태도, 신념, 행동을 받아들일 만한 것으로 정당화함.
성애화 (Sexualization)	부정적인 경험을 즐겁고 자극적인 것으로 바꾸거나 대상과 연관된 불안을 없애기 위해 대상이나 행동에 성적인 중요성을 부여함.
반동 형성 (Reaction formation)	받아들일 수 없는 소망 혹은 충동을 그 반대로 변형시킴.
억압 (Repression)	받아들일 수 없는 사고나 충동을 의식에서 몰아내거나 의식 속으로 들어오지 못하게 막음. 억압은 내적 상태(inner-states)와 연관된 개념으로 외부의 감각자극을 다루는 부정(denial)과는 다름.
취소 (Undoing)	이전의 말이나 행동에 내포되었던 성적, 공격적 혹은 수치스러운 의미를 부인하기 위해 반대 의견을 장황하게 피력하거나 반대되는 행동을 하는 것.
성숙한 방어기제(Mature Defenses)	
유머 (Humor)	어려운 상황에서 불쾌한 감정이나 불편한 마음을 줄이기 위해 재미있거나 아이러니한 요소를 찾아냄. 이 방어기제는 사건으로부터 어느 정도 거리감과 객관성을 주어 개인으로 하여금 무슨 일이 일어나는지 생각해 볼 수 있게 함.
억제 (Suppression)	의식적으로 특정 느낌, 상태, 충동에 집중하지 않는 것.이 방어기제는 의식적인 것으로 무의식적인 억압, 부정과는 다름.
금욕주의 (Asceticism)	즐거움으로 유발되는 내적인 갈등 때문에 경험의 즐거운 측면을 없애려고 함. 이 방어기제는 종교적 독신 생활 같은, 초월이나 영적인 목적을 위해 사용될 수 있음.
이타주의 (Altruism)	다른 사람의 필요를 위해 자신을 희생함. 이타적 행동은 자기애적 문제에서 발생할 수도 있지만, 위대한 업적이나 사회를 위한 건설적 기여의 원천이 되기도 함.

예견 (Anticipation)	미래의 성공과 성취를 고려하고 계획하기 위하여 당장의 만족을 지연시키는 것.
승화 (Sublimation)	사회적으로 혹은 개인 내적으로 용납될 수 없는 목표들을 사회적으로 용납될 수 있는 것으로 변화시키는 것.

는 그리 흔하지 않다. 강박성 인격장애 환자는 감정의 분리, 반동 형성, 이지화 같은 방어기제를 더 자주 사용한다(Gabbard, 2000). 이런 방어기제는 감정을 가라앉히고 인지를 강화하는 기능을 한다. 강박성 인격장애 환자가 화나는 상황에 부딪히게 되면, 이런 강력한 감정을 피하기 위해 사실이나 정보에 집중하며, 자신의 적대감을 표현하지 않기 위해 과하게 친절하거나 사려 깊게 행동한다. 이런 방어기제는 환자의 내적 대상관계와 짝을 이루어 평가 과정에서 특정하게 '바라던 상호 작용(wished-for interaction)'을 드러낸다. 환자는 부모 같은 대상인 치료자에게서 책임감 있고 착실한 사람이라는 인정을 받고 싶어 할 수 있다. 이렇듯 '바라던 상호 작용' 그 자체는 치료자가 환자의 가혹하고 비판적인 초자아처럼 행동할지 모른다는 환자 자신의 두려움에 대한 방어기제로 작용하는 것으로 생각된다(Gabbard, 2001).

성찰 기능과 정신화*

성찰 기능(reflective function)과 정신화(mentalization)란 개념은 애

* Mentalization(정신화): 인간의 행동이 의도적인 마음의 상태와 연결되어 있다고 지각하고 해석하는 것으로 다음과 같은 점을 고려해야 한다.

착이론에서 유래한 것으로, 환자의 성격 수준을 규명하는 또 하나의 정신역동적 평가의 기준이 되고 있다. 유아적인 성격 구조와 불안정한 애착 사이에는 강한 연관이 있다. 경계선 인격장애와 같은 미발달된 성격장애 환자들은 흔히 과거의 외상을 해결하지 못한 채로 있는데, 이는 외상을 극복할 만한 정신 구조가 없기 때문이다.

포나기 등(Fonagy et al., 1996)은 어린 시절의 방임이나 외상을 처리하는 문제에 관해 연구하면서 성찰 기능이란 개념을 만들었는데, 이는 '아이가 자라면서 얻게 되는 다른 사람들의 행동에 대한 반응만이 아니라, 다른 사람의 신념이나 느낌, 소망, 계획 등의 개념에 대해 반응할 수 있는 기능' 을 의미한다. 성찰 기능은 정신화하는 능력에 달려 있으며, 두 단어가 혼용되어 사용되기도 한다. 애착이 안정적이면, 절차기억(procedural memory)에 자전거 타기나 피아노 치기가 저장되어 있는 것처럼 자동적이며 무의식적으로 정신화가 이루어진다. 애착이 안정적으로 형성된 경우 아이들은 사람들의 느낌, 욕구, 신념, 기대를 통합해서 다른 사람을 이해할 수 있게 된다. 그러므로 정신화란 아이로 하여금 자신과 남에게 동기를 제공하여 어떤 방향으로 행동을 이끄는 내적 세계가 있다는 사실을 받아들일 수 있

- 정신화는 마음의 상태가 행동에 영향을 미친다고 추정한다.
- 정신화 시에는 행동 시의 상황을 조심스럽게 분석하여야 한다.
- 정신화 시에는 행동의 전 패턴(prior patterns)을 주의깊게 분석하여야 한다.
- 정신화 시에는 체험한 경험을 분석해야 한다.
- 정신화는 복잡한 인지작업이나 대체로 전의식(preconcious)에서 일어난다.
- 마음의 상태(예, 믿음 등)는 대단히 가변적이다.
- 눈에 보이지 않는 정신화는 오류를 범하기 쉽다.
- 정신화는 상상적인 마음의 활동이다(정신화, 공감, 마음읽기 등과 유사한 개념-역자주).

는 능력이다. 이는 또한 아이로 하여금 어떤 사람에 대해 인식할 때 사람들이 실제적으로 하는 행동만으로 이해하는 것이 아니라 그 행동 속에 내재된 표상들을 통합하여야 한다는 것을 알게 해 준다.

발달적인 관점에서 정신화를 살펴보면, 세 살 미만의 아이는 '실제의 사물이 어떠한가'와 '인식되는 사물이 어떠한가'를 구분하지 않고 자신의 생각이 곧 사실이라는 방식으로 사고한다. 그러나 세 살에서 여섯 살의 아이는 점차적으로 기존의 이러한 사고 방식에 부모나 양육자와의 안정된 애착에 의해 형성되는 '~인 척하는 방식(pretend mode)'을 통합해 나간다. 그렇게 되면 표상(representation)과 현실은 서로 구분이 된다. 네 살 아이가 여덟 살 누나에게 '엄마놀이'를 하자고 했을 때 사실 동생은 누나가 엄마가 아니라는 것을 알고, 자신도 사실은 아기가 아니라는 점을 알고 있는 것이다. 아이는 자신과 누나는 단순히 그런 놀이를 하고 있을 뿐임을 인지하고 있는데, 그것은 정신화하는 능력을 갖고 있기 때문이다. 역동정신치료에서는 환자로 하여금 전이 감정으로 말미암아 인식하는 치료자와 실제 치료자 자체의 구분을 가능하도록 해 주는 이런 '~인 척' 할 수 있는 능력이 중요하다. 진단평가 과정에서도 사실과 인식 혹은 신념을 구분할 수 있는 환자의 능력을 알아보는 것이 중요하다. 예를 들어, "직장상사가 진짜로 당신을 미워하는건가요, 아니면 당신이 그렇다고 오해를 하고 있을 가능성도 있는 건가요?"라고 물어볼 수 있다.

성격 구조의 수준

역동정신치료사는 방어기제, 내적 대상관계, 자아의 강점과 약점, 성찰 기능을 모두 고려하여 환자의 성격 구조의 수준을 결정해야 한다(〈표 2-2〉 참조). 이는 DSM-IV 범주에 의한 평가와는 다르다(American Psychiatric Association, 2000). 이는 진단이라기보다는 사람에 대한 진단적 이해의 문제며, 정신치료를 위한 정보를 제공하는 역할을 한다.

신경증 환자들은 그들 자신과 다른 사람 모두 나쁜 점과 좋은 점이 공존하는 것으로 여기며, 사람들이 완전히 나쁘기만 하다거나 완전히 좋기만 하다고 생각하지 않는다. 또한 이들은 시시때때로 달라지는 모습을 보이며, 정체성의 혼란을 보이는 경계선 인격장애 환

표 2-2 조직화 단계(Level of Organization)

신경증적 단계(neurotic level)	경계선적 단계(borderline level)
초자아는 잘 통합되어 있으나 가혹함	초자아의 통합 정도는 미미함. 걱정과 죄책감 능력은 기복이 심함
억압, 반동 형성, 지식화, 취소, 전치 등의 높은 단계의 방어기제 사용	분열, 투사적 동일시, 이상화, 평가절하 등의 원시적 방어기제 사용
상당히 안정적인 정체감을 갖고 있고 내적 대상관계는 대상에 대해 양가적인 잠재 모습을 보이고 갈등이 있으나 분열되지 않은 하나의 대상으로 간주함	모호한 정체감, 그리고 전체보다는 부분에 집착하는 대상관계 모두 나쁘거나 모두 좋다는 식으로 분열시킴
자아의 강점이 있음 양호한 충동 조절 능력, 건전한 판단력, 현실 판단력과 일을 지속할 능력	자아에 불특정한 약점이 있음 충동성, 손상된 판단력, 일시적 현실 판단력 붕괴, 지속적으로 일을 하기 어려움
갈등에서 기인한 병리	갈등과 함께 중요한 결함들이 있음
성찰 기능이 유지됨	성찰 기능이 손상됨

자와는 달리 비교적 안정적인 성격을 가진다(Kernberg, 1976). 신경증 환자는 꽤 부드럽게 기능하지만 가혹하고 비판적인 초자아 때문에 많은 시간 동안 죄책감과 자기비하감에 시달린다. 그들은 한순간 죄책감 없이 남에게 피해를 줄 수 있으나 어느 순간에는 지나치게 죄스러워 하고 자신들이 한 행동 때문에 자살까지 생각하기도 한다. 경계선 인격장애 환자는 분열, 투사적 동일시, 이상화, 평가절하와 같은 원초적인 방어기제를 사용하는 반면에 신경증 환자들은 반동 형성, 이지화, 전치, 억압 같은 신경증적 방어기제를 사용한다.

신경증 환자는 엄청난 내적 갈등(intrapsychic conflict)을 경험하지만, 성찰 기능은 잘 기능하여 사람이나 사건에 대한 표상이 실존하는 사람 혹은 사건과 꼭 일치하는 것은 아니라는 점을 알고 있다. 또한 그들은 자신들의 행동이 내적인 신념이나 감정 상태에 따른 행동일 수 있음을 이해할 수 있다. 반면, 경계선 인격장애 환자는 갈등을 다룰 수 있는 자기 구조(self-structure)에 결함이 있고, 성찰 기능이 잘 발달되지 못하였다. 그래서 그들은 때로 어떤 현상이 자신의 내적 상태에 영향을 받은 것이라는 것을 이해하지 못하고, 그냥 자신에게 일어난 현상 자체라고 이해하곤 한다. 신경증 환자는 충동 조절, 판단력, 일을 할 수 있는 능력, 현실 판단력 등이 잘 유지되는 자아 능력(ego strength)이 있으나, 경계선 인격장애 환자는 충동적이고 판단력이 손상되어 있으며, 일을 유지하기 어렵고, 일시적인 현실 판단력에 문제가 있는 등 자아의 약점을 지니고 있다. 일시적인 현실 판단력의 손상 때문에 스트레스를 받았을 때는 일시적인 편집증적 사고, 비구조화된 상황에서 경도의 연상 이완이 발생한다.

환자의 정신적 수준을 평가하는 것은 역동정신치료에 대한 적합성을 파악하는 데 매우 중요하다. 이런 평가를 바탕으로 치료자는 고도의 탐색과 표현에서 지지와 억제에 이르는 연속선상에서 환자에게 적합한 방법을 선택하게 된다. 신경증 환자에게는 고도의 표현방식이 적합하지만, 경계선 인격장애 환자는 성찰 기능을 호전시키고 자아의 약점을 보충하여 자신과 남과의 확연히 구분된 관점을 통합하기 위해서는 지지적인 접근과 교육적인 접근이 필요하다. 탐색방법을 사용하여 좋은 효과를 보기 위해서는 그 외에도 자신을 이해하려는 강한 동기, 자신의 문제로 말미암은 어려움이 있으며, 인내력(rustration tolerance)과 사고할 마음자세가 있으며, 유추와 비유 등을 이해할 수 있는 능력 등이 필요하다.

환자를 평가할 때 어느 정도의 해석을 해 주어 환자가 통찰력을 가질 수 있는 능력이 있는지 심리적 자세를 평가해 볼 수 있다. 예를 들어 보자. 직장에서 자기 또래의 동료는 CEO 혹은 부사장으로 승진하는데 자신은 중간관리직에 머물러 있으며, 다른 사람들보다 능력이 없다고 느끼는 마흔한 살의 남성 환자가 있다. 그 환자는 자신의 이야기를 하는 것을 힘들어 하면서 "이런 이야기를 한다는 것이 무척 창피하게 느껴지네요."라고 말하였다. 이때 치료자가 "당신은 벌써 자신을 저와 비교하시면서, 자신이 저보다 능력이 떨어지는 사람이라고 판단하신 것 같네요."라고 반응하였다. 환자는 잠깐 생각하다가 "선생님은 공부를 많이 하신 정신과 의사고, 저는 선생님하고 비교할 만한 업적이 없죠. 저는 아무것도 아니에요."라고 말하였다. 이에 의사는 직장에서 남들과 비교하는 행동이 치료 상황에도 재현되고 있음을 일깨우려고 하였다. 이때 환자는 치료자의 이야기를 듣고 평가 상황에서 일어나고 있는 일을 잘 이해하는 통찰력을 보여 주었다. 이러한 반응은 환자가 탐색치료(explorative therapy)에 적절한 사람임을 보여 준 것이었다.

경계선 인격장애 환자뿐 아니라 다른 경우에도 역동정신치료를 하는 동안에 지지적인 접근이 필요할 때가 있는데, 다음과 같은 경우들이다(Gabbard, 2000).

- 환자가 심각한 위기 상황에 있을 때
- 좌절 혹은 불안을 감내할 수 있는 능력이 약할 때
- 사고가 너무 경직되어 있어 심리적 사고 자세가 부족할 때
- 지능이 낮을 때
- 자기 관찰을 할 수 있는 능력이 모자랄 때
- 평가자와 신뢰하는 관계를 형성하는 데 어려움이 있을 때

평가의 다른 측면

이 장의 목적은 장기 역동정신치료의 적합성을 판단하는 것이지만, 좋은 평가는 그 이상의 의미를 지녀야 하며 치료자는 올바른 진단을 내려야 한다. 환자에게 스스로 자신의 이야기를 하도록 한 후에는 치료자가 환자의 증상, 경과, 가족력, 약물에 대한 반응 등에 대한 충분한 임상적 평가를 하여야 한다. 진단과 치료에 있어 진정한 생물심리사회 모델(biopsychosocial model)은 진단 과정 자체가

전체적인 치료 계획 속에 잘 맞아 들어가는 것이다.

평가 시에는 또한 일반 의사가 신체적인 평가를 하여 환자의 신체적 질병의 유무를 밝혀야 한다. 어떤 경우는 혈액검사나 방사선검사 등이 필요할 수도 있으며, 심리평가가 진단에 유용하기도 하다. 어떤 환자들은 절대적인 비밀을 요구하기도 하지만, 어떤 환자들은 가족이나 중요한 다른 사람을 만나서 정보를 얻는 것에 반대하지 않기도 한다. 이렇게 다른 사람에게서 얻은 정보는 중요할 수 있다. 가족이나 배우자를 만나는 일은 정신치료에 대한 교육의 기회로 활용할 수 있으나 신뢰 문제는 명확히 해야 한다. 또한 가족과의 만남을 통해 환자의 증상에 대한 문화적이고 사회적인 요소를 알 수 있게 될 수도 있다.

2. 적응증

앞에서 계속 언급하였듯이 정신역동적 평가는 환자가 역동정신치료에 적합한지뿐만 아니라 환자의 증상이나 질환이 역동정신치료에 반응할 것인지를 결정하는 환자의 성격 구조를 알아보는 것이다. 체계적인 연구의 어려움 때문에 장기 역동정신치료의 대상이 되는 명백한 적응증이 밝혀지지는 못했다. 하지만 단기 역동정신치료나 특정 약물에 잘 반응하거나 환자가 자신에 대한 깊은 이해에 관심이 없다면 장기 역동정신치료가 적합하지 않은 반면 단기 역동정신치료나 약물치료 모두 효과가 없다면 장기 역동정신치료가 필요할 수 있다. 강박적(obsessive-compulsive), 회피적(avoidant), 의존적(dependent), 자기파괴적(self-defeating), 히스테릭(hysterical: higher-level histrionic) 인격장애와 같은 신경증적 인격장애 환자의 경우 장기 역동정신치료나 정신분석이 유용할 수 있다(Gunderson & Gabbard, 1999). 불안장애(generalized anxiety disorder) 환자와 같은 경우도 불안의 이유를 탐색하고 이를 견디기 위해서 장기 역동정신치료가 유용할 수 있다. 공황장애, 사회공포증, 외상 후 스트레스성 장애와 같은 불안장애 환자들은 단기치료에 반응하지 않을 수 있다. 이럴 경우 변화를 위해, 그리고 증상의 역동적 기원을 이해하기 위해 환자가 보이는 저항을 탐구하는 장기 역동정신치료가 필요할 수 있다. 신경성 식욕부전증과 같은 일부 식이장애 환자도 장기 역동정신치료가 필요하다(Dare, 2001).

B군(Cluster B) 인격장애 중 자기애성 인격장애와 경계선 인격장애, 연극성 인격장애 환자들은 단기치료에는 잘 반응하지 않으므로 좀 더 오랜 기간의 역동치료가 필요하다(Gabbard, 1999). 그러나 이런 경우 자기 구조(self-structure)의 결함이나 성찰 기능의 장애를 다루기 위해 지지적인 개입이 종종 필요하다. 환자에 따라 약한 자아로 말미암은 문제 때문에 지지중심 치료에 통찰적 요소를 포함시키는 것이 더 효과적일 수 있다. 주요 우울증, 기분 부전증, 우울성 성격 환자는 최상의 효과를 얻기 위해 장기 역동정신치료와 약물치료를 병행하는 것이 필요하다(Blatt, 2004; Gabbarcl, 2000).

이번에는 장기 역동정신치료 금기증에 대해 살펴보자. 강박증에서 직접적인 증상 치료를 위해 장기 역동정신치료를 하는 것은 바람직하지 않다. 아무리 강박증 증상이 분명하다고 하더라도 역동정신치료만으로 강박증 증상이 호전되었다는 보고는 없다. 그러므로 강박증 환자에게는 행동치료와 항우울제(SSRI)를 병행하는 것이 가장 좋다. 그러나 약물 순응과 연관되거나 대인관계상의 어려움과 관련되는 문제는 역동정신치료를 함으로써 부가적인 효과를 볼 수 있다. 알코올이나 약물을 남용하는 환자들도 남용 문제가 조절되지 않으면 장기 역동정신치료가 효과를 볼 수 없다. 또한 반사회성 인격장애 환자는 제1축 질환(an Axis I diagnosis)으로 우울증이나 죄책감이 동반되지 않는다면 어떤 종류의 치료도 효과적이지 않다(Woody et al., 1985).

일반적으로 정신분열증 환자들에게는 약물치료, 입원치료, 인지행동치료, 지지치료 모두가 필요하다. 또한 인지적 교정치료, 작업치료도 필요하다. 그렇지만 역동정신치료도 전체적으로 봤을 때는 상당히 도움이 될 수 있는데, 다른 치료가 더 중요하긴 하지만 정신병적 환자를 역동적으로 이해하는 것은 환자의 치료에 대한 저항과 치료자의 역전이와 관련된 어려움을 평가하고 이해하는 데 도움이 된다. 어떤 양극성 장애 환자들은 조증이나 울증이 없는 상태에 있을 때 약물치료와 병합하여 역동정신치료를 받는 것이 도움이 되기도 한다(Gabbard, 2000).

3. 정신역동의 도식화

환자의 대상관계의 수준, 자아의 강점과 약점, 자기 통일감(self-cohesion), 성찰 기능, 결핍과 갈등 등이 대략 평가되고 나면 정신역동의 도식화(psychodynamic formulation)를 하는 것이 치료 계획에 도움이 된다. 정신과 레지던트들을 포함한 수련자들은 종종 너무 많은 것을 생각하기 때문에 정신역동의 도식화를 어려워한다. 좋은 정신역동의 도식화는 생물심리사회의 측면을 모두 다루며, 환자의 임상적 증상을 설명할 수 있는 환자에 대한 이해를 포함하며, 치료에 도움이 될 만한 정보를 갖추고 있는 것이다.

정신역동 도식화에는 세 가지 중요한 요소가 있는데, 첫째는 하나 혹은 두 문장으로 간략히 요약하여 환자의 전반적인 임상 양상과 이와 관련된 스트레스 요인을 밝히는 것이다. 둘째는 초심자에게는 가장 어렵겠지만, 환자를 이해할 수 있는 설명적 가설이 있어야 한다. 환자의 증상에 기여하는 생물학적, 정신내적 그리고 사회문화적 요소로는 무엇이 있는가? 또한 이들 세 요소가 서로 어떻게 영향을 미쳤는가다. 셋째는 앞의 두 가지 요소가 치료와 예후에 어떤 의미가 있는가를 설명할 수 있어야 한다.

정신치료를 배우는 수련의들에게는 이 세 가지 요소를 규명하고 표현하는 것이 만만찮은 일일 것이다. 그러나 중요한 원칙을 마음속에 새기고 있으면 그리 어려운 일이라고 볼 수는 없다. 다음은 카소(Kassaw)와 가바드(Gabbard)가 권고한 꼭 알고 있어야 할 중요한 원칙들이다(Kassaw & Gabbard, 2002).

- 모든 것을 포함하려고 하지 마라. 환자의 어려움을 전부 설명하는 것은 누구에게나 불가능한 일이다. 환자의 문제 중 가장 중요한 한두 가지 정도의 주제에 집중하라.
- 환자가 들려주는 자신의 과거력은 환자가 생각하고 있는 자신의 병인에 대한 가설에 많은 정보를 제공한다는 사실을 명심하라. 환자가 자신의 삶과 문제를 개념화하는 방식을 통해 환자가 누구인지 상당 부분 알 수 있다.
- 언제나 환자의 증상을 유발하는 스트레스와 환자가 도움을 찾도록 만든 불쾌한 감정적 상태에 관심을 두어야 한다.
- 환자가 말하는 내용만 듣지 말고 환자가 말하는 방식과 말할 때 사용하는 비언어적 의사소통이 주는 정보를 놓치지 마라.
- 당신과 환자 사이에서 현재 벌어지고 있는 전이와 역전이 문제를 가지고 환자의 성격적인 문제나 과거 그리고 현재 대인관계상의 어려움을 이해하라.
- 환자의 방어기제를 알아보기 위한 가장 좋은 방법은 평가면담 시 환자가 보이는 저항을 살피는 것이다.
- 환자의 대인관계 양상이 정신치료 상황에서 어떻게 나타날 것이며, 그것이 치료에 어떤 영향을 줄 것인지를 예상해 보라.
- 정신역동의 도식화는 늘 가설일 뿐이라는 사실을 명심하라. 이는 계속적으로 새로운 정보를 통해 고쳐야 하며, 그렇게 함으로써 치료자도 환자를 더 잘 이해할 수 있게 된다.

다음의 예가 앞의 원칙을 잘 설명해 줄 것이다.

A는 38세 된 이혼녀로 새로운 애인이 생긴 후 우울 증상이 발생하여 병원을 찾게 되었다. 그녀는 새 애인이 문제라고 하였다. 10대 후반부터 늘 우울한 생각과 느낌에 사로잡혀 있었던 그녀는 그런 생각을 떨쳐버릴 수가 없었다고 했다. 그녀는 가라앉는 느낌과 모든 것에 대한 무관심, 의욕 상실, 너무 많은 잠과 집중이 안 되는 고민 등으로 힘들어하였다. 또한 절망감과 무가치함에 대해서도 토로하였다.

그녀의 부모는 그녀가 12세 때 이혼하였고, 8세부터 부모가 이혼에 이르는 전 과정을 겪어야 했고, 19세에 결혼하여 5년 뒤에 아이를 낳았다. 그러나 아이를 돌보는 것이 벅차게 느껴졌기에 아이를 낳은 후부터 7년 정도 매우 우울한 상태로 지냈다. 그녀는 자신이 자랄 때 좋은 역할모델이 없었기에 엄마가 되는 것이 굉장히 힘들었다고 하였다. 남편은 그녀가 일하길 원하였으나, 그녀는 그것도 할 수가 없었다.

A씨는 병원에 오기 4년 전에 이혼을 하였고, 현재는 혼자 살고 있었다. 그녀는 대부분의 여가 시간을 전 남편과 살고 있는 아들과 함께 보냈다. 최근에는 두 명의 남자와 데이트를 하였고, 상점에서 점원으로 일하고 있으며, 야간대학에 입학하려고 노력하고 있는 중이었다.

그녀는 자신을 평가 중인 남자 전공의 Dr. B에게 자신이 성관계(sex)와 알코올에 중독되어 있다고 고백하였다. 어려서부터 같은 아파트에 살던 아저씨들이 그녀에게 술을 사다 주어 13세부터 술을 마셨고, 술을 사 주던 아저씨 중 한 명과 성관계를 맺기 시작하였다고 하였다. 그녀는 10대 초반부터 나이 많은 아저씨들에게 매력을 느꼈으며 그들을 유혹하기도 하였다고 하였다. 그러다 코카인, 암페타민 및 다른 약물을 복용하게 되었고, 여러 남자와 난잡한 성생활을 즐겼다고 말하였다. 그녀의 어머니는 한 번도 그녀를 제대로 돌봐 준 적이 없으며, 감정적으로 불안정하고 늘 화가 나 있었다고 하였다. 어머니는 자주 아버지에게 소리를 질렀고, A는 어머니가 미친 것이 아닐까 생각하기도 하였다고 말하였다.

A는 결혼생활 내내 바람을 피웠던 알코올 중독 아버지에 대해서는 특히 경멸하는 태도로 말하였다. 아버지는 그녀에게 별로 관심을 보이지 않았고, 유일하게 긍정적인 말을 하였던 것은 그녀의 외모에 대해서였다고 하였다. 아버지를 비롯해서 거의 모든 가족이 그녀를 마치 인형처럼 대했으며, 그녀가 관심을 받는 유일한 방법은 '귀엽게 보이는 것' 뿐이었다고 하였다. 대학 때 아버지가 방문하였을 때 그녀가 옷을 너무 헤퍼 보이게 입는다고 말하였던 기억이 있다고 하였다.

그녀는 알코올 자조 모임에 나가는데, 그곳에서 그녀의 스폰서는 그녀가 남자를 만나지 못하도록 여자들로만 구성된 모임에 참여하도록 하였다. 그녀는 동성애자 남자들의 모임에 갔을 때 자신이 아무에게도 매력적이지 않게 느꼈던 것이 굉장히 속상한 경험이었다고 하였다. 그녀에게는 가까운 동성 친구가 없으며, 12세 이전에도 동성과의 의미 있는 관계 경험이 없다고 하였다.

B는 자신이 A에게 매력을 느끼고 있다는 것을 깨달았다. 그는 그녀와의 약속 시간을 위해 자신의 스케줄을 기꺼이 조정하기도 하였고, A를 기쁘게 해 주려 노력하고, 때로는 그녀가 화낼 만한 주제를 피하기도 한다는 것을 알아차렸다. B는 그녀에게 지나치게 공감적으로 대

> 하였는데, 예를 들면 그녀가 자신에게 잘하지 못하는 남자만 골라서 문제가 생긴다는 그런 자책감을 덜어 주려고 A가 만났던 남자도 A만큼 문제가 있었다고 확신시켜 주려 하였다. B는 A를 만나는 날 자신의 옷차림에 신경을 썼으며, 그녀의 옷차림에도 관심을 가졌다. A는 몸매가 잘 드러나는 옷을 입어서 B를 당황하게 만들었다. B는 A와의 치료 시간을 마칠 때 특히 힘들었고, 가끔 시간을 더 할애하기도 하였다. B는 자신이 그녀에게 성적 매력을 느낌과 동시에, 그녀를 대할 때 마치 아버지처럼 행동하고 싶어 한다는 것도 깨달았다.

앞의 도식화(formulation)의 첫 부분은 임상 양상과 스트레스에 대한 간략한 언급으로 이루어진다. A는 38세의 이혼한 백인 여자로 우울증과 알코올 남용의 과거력이 있으며, 살면서 지속적으로 이성 및 동성과의 관계에 어려움을 느끼고 있었다. 가장 최근의 스트레스 요인은 그녀가 어려움이 있다고 느끼는 남자들과의 관계다.

두 번째 부분은 환자의 임상 양상을 설명하기 위한 생물심리사회적인(biopsychosocial aspect) 면을 보여 주는데, 여기에는 환자의 유전적 · 생물학적 취약성과 환자의 사회문화적인 환경이 포함되어 있다. 환자의 문제에 기여하는 생물학적 요인으로는 정신병일 수도 있는 어머니와 알코올 중독인 아버지를 통해서도 알 수 있는 물질남용에 대한 유전적 취약성이다. 심리적인 가설은 다음과 같을 수 있다. A는 어머니에게 방치되는 등 열악한 환경에서 자라, 아버지에게 관심을 받기 위해 자신의 신체를 이용하게 되었다. 이런 관계 양상은 현재의 Dr. B와의 관계나 알코올 자조 모임에서도 드러나게 된다. 투사적 동일시를 통해 A는 Dr. B를 그녀에게 성적으로 끌려서 그녀가 원하는 대로 이용할 수 있는 아버지상으로 변환시켰다. A는 Dr. B를 유혹할 만한 옷차림을 하여 그녀가 원하는 관계를 만들어 냈고, Dr. B에게 자신을 '완전히 나쁜' 남자에게서 구해 줄 '완전히 좋은' 아버지의 표상을 투사하여 Dr. B가 그것에 동일시되도록 일종의 압력을 행사하였다.

그녀에게 영향을 준 두 가지의 사회문화적인 요인으로는 일생 동안 자신을 도와줄 남자를 찾도록 만든 재정적인 어려움과 중년으로 가는 A를 불안하게 만든 젊음과 미(美)를 중시하는 사회풍조라고 볼 수 있다.

마지막 부분은 앞의 두 가지 정보에 기초한 치료의 경과에 대한 예측이다. A는 정신치료를 어렵게 하는 물질남용 증상을 치료하기 위해 12단계의 치료가 필요할 것이다. 아마 A는 정신치료 동안 Dr. B를 아버지처럼 유혹하려고 할 것이라는 점을 쉽게 예상할 수 있다. Dr. B가 그녀를 도와 자신에 대해 반추해 보도록 하고, 자신의 내부세계를 알 수 있도록 노력할수록 그녀는 거절당하였다고 느끼게 될 것이고, Dr. B를 '나쁜 사람'으로 여기게 될 것이다. 그러면 화가 나게 되고 자신의 욕구를 만족시켜 줄 다른 남자를 찾게 될 것이다.

이렇게 함으로써 정신역동 도식화는 생물심리사회적인 측면을 설명할 수 있게 되고, 주요 문제에 대한 가설을 만들 수 있게 된다. 12단계의 치료와 더불어, 제1축 질환으로 기분부전증(dysthymia)도 있는 듯 보이므로 항우울제도 치료 계획에 중요하다고 볼 수 있다. 제2축 질환으로는 A의 치료를 진행하면서 더 자세히 살펴봐야 할 필요는 있지만, 연극성(histrionic)과 경계선 인격장애 양상을 보인다. 그녀가 사용하는 원초적인 방어기제와 대상을 분리해 보는 점으로 보아 경계선 인격장애의 수준(borderline level of organization)이 의심된다. 그러므로 그녀의 성찰 기능은 제대로 작동하지 않을 것이며, 정신치료에서는 자신을 돌아보는 능력을 향상시키려는 시도가 필요할 것이다.

역동정신치료 시 환자를 평가할 때는 환자에게 정신역동적 접근을 할 수 있는 능력이 있는지를 포함하는 환자의 심리적인 특성을 평가해야 한다. 더불어 임상적 증상들이 장기 역동정신치료에 적합한지도 평가해야 한다. 그리고 역동적 면담을 할 때에는 환자의 성격뿐 아니라 자신에 대한 깊은 이해 과정에 협력할 능력이 있는지의 여부도 파악해야 한다. 역동정신치료에 환자가 적합한지에 대한 결론을 내릴 때는 다음의 요소를 고려해야 한다.

- 환자의 초자아 기능의 본질
- 환자가 흔히 사용하는 방어기제
- 환자의 내적인 세계를 반영해 주는 특징적인 대상관계
- 자아의 강점과 약점
- 갈등으로 인한 병리가 있는지 아니면 중요한 결손이 있는지의 여부
- 환자의 성찰 기능 능력

신경증 환자들은 장기 역동치료에 잘 맞는 반면 경계선 인격장애 환자에게 역동치료가 가능하기 위해서는 어느 정도의 지지치료가 필요하다.

환자를 주의 깊게 평가한 후, 정신역동 도식화를 세워 환자의 치료를 시작하여야 한다. 이때 중요한 것은 먼저 환자를 치료로 이끌 수 있도록 임상 양상과 스트레스 요인에 대한 간략한 기술이 있어야 하며, 다음으로는 생물학적 · 심리적 · 사회문화적인 요인을 포함하는 설명 가설을 세우고, 마지막으로 환자의 임상 양상에 기여하는 요인을 바탕으로 치료와 예후가 어떠할지를 예상해 보는 것이다. 정신역동 도식화는 언제나 생물심리사회적이어야 하며, 치료 과정에서 새로운 정보를 얻을 때마다 그 가설은 수정되어야 한다.

chapter 3

정신치료의 기본 요소

-시작하기

어떤 환자는 자신을 평가한 치료자와 정신치료를 시작하고, 또 어떤 환자는 새로운 치료자를 소개받아 정신치료를 시작하기도 한다. 만약 환자가 새로운 치료자에게 의뢰되었다면, 그 의뢰 과정에서 환자에 대한 중요한 정보를 제공해 주어야 한다.

어떤 환자가 다음과 같은 의뢰서와 함께 의뢰되었다.

> 본 환자는 특별한 정신과 진단이나 정서적 어려움이 없으나 정신치료를 통해서 그 자신에 대해서 알고 싶어 합니다.

정신치료자의 개인적인 반응은 다음과 같았다.

> 정말 그래? 그럼 뭐하러 치료를 받고 있는 거지? 의사와 환자가 공모해서 환자의 갈등이나 정서적 고통을 감추고 부인하고 있는 것은 아닐까? 환자가 수치심 때문에 문제를 인정하지 못하고 있는 것은 아닐까?

치료자는 이런 의문점을 환자와의 첫 번째 회기에서 다루었다. 치료자는 환자에게 치료의 목표를 어떻게 생각하는지 물어보았다. 그러자 환자는 더욱 '완전한 사람' 이 되고 싶다고 하였다. 곧 환자가 자기애성 성격장애가 있다는 사실이 밝혀졌으며, 자신이 가진 정서적 문제에 대한 이해보다는 자기가 얼마나 정신적으로 완벽하게 건강한지를 확인받고 싶어 한다는 것도 밝혀졌다.

또 다른 경우에 의뢰하는 의사는 새로운 치료자가 될 정신과 수련의에게 다음과 같이 이야기하였다.

> 본 환자는 아마도 정신치료에 가장 좋은 케이스이며, 내가 지금까지 본 환자 중에서 가장 동기가 강합니다. 내가 치료하지 않는 유일한 이유는 그녀가 나의 비용을 지불할 수 없기 때문입니다. 그녀를 매우 조심스럽게 대하는 것이 중요합니다. 그녀는 힘든 인생을 살아왔기 때문에 상처가 되는 말을 절대 하지 마십시오.

의뢰서에 환자에 대해 '가장' 또는 '가장 좋은' 같은 수식어가 붙는다면 치료자는 주의를 요할 필요가 있다. 환자를 특별하게 포장하는 것은 치료자의 역전이 현상으로 환자를 이상화하고 있기 때문이다. 환자는 치료자를 이상화하였고, 치료자는 이를 받아들여 환자를 이상화한 것이다. 이러한 전이-역전이 현상은 둘 사이에 있는 공격적이고 부정적인 감정을 없는 것처럼 여기자는 무의식적인 합의에 의한 것이다. 이러한 현상은 의뢰하는 치료자와 의뢰받는 치료자 사이를 갈라놓는 함정이다. 의뢰받은 치료자는 이러한 기대를 충족시키기 어렵고, 이 때문에 환자를 실망시키기 쉽다.

새로운 치료자와의 첫 만남에서 다루어야 할 사항 중 하나는 평가와 의뢰 과정에 대한 환자의 생각과 감정이다. 환자가 초기 치료자에게 버림받았다고 느끼고 있는가? 초기 치료자가 치료하지 않는 이유에 대한 궁금증은 없는가? 환자는 새로운 치료자에 대해서 어떤 느낌을 갖고 있는가? 혹 지나친 수치심 때문에 중요한 문제나 정보를 숨기지는 않았는지 물어보아야 한다.

환자가 다른 치료자에게 의뢰되었거나 정신치료자에 의해서 평가되었거나 간에 환자와 치료자는 서로 알아가는 과정을 겪게 되며, 이는 궁극적으로 그들이 함께 치료를 할 수 있을지의 여부를 결정하게 해 준다. 환자와 치료자가 치료하기로 결정하였다면, 이는 두 사람 사이에 자세히 설명하기 힘든 좋은 조건(therapist · patient match)이라는 모호한 조건이 성립되었을 가능성이 많다.

하지만 치료자와 환자가 치료의 여정을 떠나기로 결정하는 것에는 행운보다 더한 요소가 작용한다. 즉, 환자와 라포를 형성하는 것인데, 이는 하나의 기술이며 배울 수 있는 것이다. 진지하게 받아들이는 태도로 환자의 이야기를 듣는 치료자는 환자가 자신의 인생이 의미와 가치가 있다고 인정받고 있다고 느끼게 해 준다. 어쩌면 환자는 난생처음 이해받았다는 느낌을 받을지도 모른다. 정신치료자의 역할 중 하나는 환자의 인생을 관찰하고 의미를 평가하는 것이다. 환자가 장기 역동정신치료나 정신분석을 하고자 하는 이유 중 하나는 그들의 삶이 아무에게도 의미가 없다는 두려움에 쫓기기 때문이다. 그들은 그들의 경험에 증인이 되어 주고, 그들의 이야기를 들어 줄 상담을 갈구한다. 폴란드(Poland, 2000)는 증인의 역할을 "순간순간 환자가 스스로를 탐색할 때 감정적인 영향을 알아차리고 이해하는 사람, 그러나 아는 체하거나 불필요하게 간섭하지 않고 지켜보는 사람"(p.18) 이라고 기술하였다. 정신치료사의 역할 중 하나는 환자의 매일매일의 생활을 관찰하면서 그 의미를 이해하는 것이다.

공감과 관심을 가지고 환자의 말을 경청하는 것 또한 환자와 치료자 사이에 치료동맹을 증진시킨다. 치료동맹은 가장 기본적인 개념으로서 모든 종류의 정신치료에 사용되며, 약물 사용 시에도 마찬가지다. 이러한 치료동맹은 여러 가지로 정의할 수 있지만, 연구에 의하면 정신치료의 결과에 결정적으로 중요한 요소라 할 수 있다(Horvath & Symonds, 1991; Martin et al., 2000). 미국 국립정신연구소에서 시행한 우울증 연구에서 이 치료동맹의 역할을 분석하는데, 크루프닉 등(Krupnick et al., 1996)은 네 가지의 각기 다른 방법의 정신치료 결과를 조사하였다. 즉, 단기 대인정신치료, 단기 인지행동치료, 약물과 임상적 처치, 위약과 임상적 처치 등의 결과를 조사하였다. 그들은 치료동맹이 치료 결과를 결정하는 데 있어서 가장 중요한 요소임을 밝혔다. 긍정적인 치료동맹은 증상의 변화를 가져오는 중요한 매개체며, 무의식적인 갈등을 효과적으로 해석할 때 필요한 근원이 된다(Luborsky, 1984). 즉, 치료동맹의 효과는 21%로 다른 어떤 요인보다 높은 것으로 나타났다. 그러므로 좋은 대인관계와 긍정적인 기대는 좋은 치료동맹을 예측하게 한다(Gibbons et al., 2003).

환자가 치료자에게 어떻게 반응하는지는 치료적 동맹이 이루어졌는지의 여부를 알 수 있는 좋은 지표가 된다. 환자가 치료자에 의해서 도움을 받았다고 느낀다면 동맹은 형성된 것이다. 특히, 환자가 공동의 치료 목표를 추구하기 위해 치료자가 협력하고 있다고 느낀다면 치료동맹은 형성된 것이다(Frieswyck et al., 1986; Horwitz et al., 1996). 치료자는 치료동맹의 증진을 위해 처음 회기부터 환자의 도움을 구체적으로 요구해야 한다.

치료 과정 동안 환자는 자신에 대한 이해와 숙고에 관심을 가지고 치료자의 노력에 동조하도록 요구받는다. 치료자들은 반드시 환자에게 호기심을 제공해 주어야 한다. 처음 한두 회기의 중요한 부분은 양자가 공히 인정하는 적당한 치료 목표를 확인하기 위한 협동적인 노력이다. 이러한 목표에 대한 체계적인 논의는 치료적 동맹을 굳건하게 만들어 준다.

몇몇 환자는 치료를 시작하는 것을 꺼린다. 그들은 그들을 고칠 수 있는 마법의 약이 존재하지 않는다는 것을 유감스럽게 여길 수 있으며, 치료자에 대한 기본적인 믿음이 부족할 수도 있다. 『타임』지에서 '프로이트는 죽었다.'는 기사를 읽었을 수도 있다(그는 대중정보매체에 의해 수년에 한 번씩 죽음을 당하고, 곧 부활하곤 한다). 그들은 역동정신치료의 이점은 증명되지 않았다고 들었을 수도 있으며, 정신치료사들이 환자와 성관계를 하였다거나 다른 착취 행위를 하였다는 선정적인 기사를 읽었을 수도 있다. 이렇듯 정신과적 평가를 정신치료 과정으로 전환하는데는 장애물들이 많다.

정신치료사들은 정신치료가 무엇인지에 대해서 환자들과 논의할 준비가 되어 있어야 한다. 그들은 무의식의 존재를 설명하고 환자의 많은 문제가 환자가 의식하지 못하는 여러 가지 요인에 의해 발생한다는 점을 설명할 필요가 있다. 정신치료사는 인간의 마음이 어떻게 움직이는가에 대한 전문적인 지식이 있어야 하며, 이를 이용하여 환자가 알지 못하고 있던 요소들을 이해할 수 있도록 도와주어야 한다. 특히, 인간 행동에 대한 기본적인 원리는 누구도 자기 자신을 직시하기는 어려우나 타인들은 그들을 볼 수 있다는 것이다. 정신치료사의 역할은 환자의 행동을 관찰하고 이것을 의논하는 것이다. 다른 사람들은 환자의 행동을 관찰하더라도 이것을 환자와 의논하기는 쉽지 않다. 치료자의 주된 목표는 이러한 의논을 통하여 환자가 자신에 대해 이해하도록 도와주는 것이다. 어떤 환자에게는 치료자의 역할이 부모나 친구, 연인의 역할과 어떻게 다른가를 말해 주는 것이 도움이 된다. 몇몇 환자는 치료가 왜 오래 걸리는지 물어볼 수도 있다. 인간의 행동은 매우 복잡하다. 일생에 걸쳐 형성된 방어기제는 쉽게 모습을 드러내지 않으며 그것을 분석하는 것을 완강하게 거부하곤 한다. 따라서 방어기제가 없어지는 데에는 그만큼 오랜 시간이 걸린다. 환자들은 이러한 과정에 저항할 것이고, 한동안은 전에 사용하였던 방법에 끈질기게 매달릴 것이다. 그런 이후에야 변화가 가능해진다.

치료에 회의적인 환자들에게는 3개월 정도 치료를 받아 보도록 제안하고, 3개월이 끝나는 시점에 다시 평가해 볼 수 있다. 이 시험기간 동안 환자는 그동안 갈등을 일으켰던 방법이 치료자와의 사이에서도 일어나며, 이 치료 관계를 주시, 탐색하는 것이 중요하다는 사실을 알게 된다.

신화는 없어져야 한다. 치료자는 언제나 침묵하지 않는다. 치료자는 마음을 읽을 수 없다. 치료는 영원히 지속되지 않는다. 치료자는 당신의 성적 정체성을 바꾸는 데 관심이 없다. 환자는 꼭 소파에 누워서 자유연상을 할 필요가 없다. 이 과정은 최면이나 다른 방법을 통해 과거에 묻힌 유적을 찾는 고고학적 발굴이 아니다.

이러한 논의 중에 치료자는 환자에게 정신치료의 협력적인 요소들을 명확하게 설명해야 한다. 환자는 목표를 설정해야 하고, 적절한 자료를 가져와야 하며, 환자의 현재 행동 양상이 어떻게 과거의 것과 비슷한지를 치료자가 이해할 수 있도록 도움을 주어야 한다. 치료자는 환자를 중간 지점에서 만날 수 있으며, 그 이상은 다가갈 수 없기 때문이다. 수동적인 환자에게 "당신은 전문가잖아요. 무엇이 이런 갈등을 일으켰는지 당신이 말해 주어야 하지 않나요?"라는 질문을 받았을 때, 치료자는 방어적이지 않고 개방적이어야 한다. 이러한 질문에는 '나 혼자서 모든 것을 알아낼 수는 없습니다. 당신과 내가 함께 원인을 찾아야 합니다. 나 혼자서는 할 수 없습니다.'라는 대답이 적절할 것이다.

정신치료의 개시에 대해 매우 양가적인 환자들에게 치료의 필요성을 끈질기게 설득하는 것은 별로 도움이 되지 않는다. 지나친 압력은 회의적인 환자들을 더욱 주저하게 만들 수 있다. 치료자가 수련의인 경우, 환자들은 환자 자신의 욕구보다는 수련의의 욕구가 앞선다고 느낄 수도 있다.

그러한 환자들에는 '티파니(Tiffany)의 접근법' 이 적절할 수 있다. 수년간 뉴욕의 이 유명한 보석상점은 보석을 파는 것을 별로 내켜하지 않는 것 같다는 세평을 받아왔다. 만약 고객이 특정 목걸이를 요구하면, 상점 주인은 별로 내키지 않은 표정으로 "그 목걸이와 함께 무슨 옷을 입으실 건데요?"라고 묻는다. 그러면 고객은 상점 주인이 그 목걸이를 팔도록 설득해야 하였다. 이와 같은 비유는 정신치료를 환자에게 팔려고 할 때 분명해진다.

환자가 양가적일 때는 치료자가 치료를 시작하려고 너무 열정적인 태도를 보이지 않는 것이 우왕좌왕하는 환자에게는 더 효과적일 수 있다. 다음과 같이 이야기하는 것이 도움이 될 수 있다.

> 지금 치료를 시작하시는 것에 주저하고 계신 것 같군요. 치료의 성공은 환자의 동기에 달려 있습니다. 따라서 지금이 시작하는 데 가장 좋은 시점인지에 대해서는 잘 모르겠습니다. 당신이 생각해 보십시오. 정신치료는 길고 어려운 과정입니다. 당신이 준비되지 않았다면 결코 서둘러서는 안 됩니다.

이 방법은 환자가 느끼고 있는 불안을 배려하는 듯한 태도로 어떤 환자는 치료자의 이러한 세심함을 고마워한다. 환자가 치료를 시작하기 원하면, 치료자는 여전히 주의를 기울여야 하며 환자와는 치료의 현실적인 목표에 대해서 논의하는 데 많은 시간을 할애해야 한다. 앞에서 언급한 바와 같이 시험적 치료를 시작하고 6~8주 후 재평가를 해 보는 것에 동의하는 것이 바람직할 수 있다.

1. 실용적인 고려

많은 초심자는 교과서에 나오지 않는 현실적인 문제에 부딪히게 된다. 예를 들어, 대기실에서 환자에게 무슨 말을 해야 하나? 대부분의 환자는 정신치료를 받고 있음을 매우 수치스럽게 생각하고 있고, 병원에서 그들의 이름이 크게 불리는 것을 원하지 않을 수도 있다. 환자가 누구인가를 확인한 후 "당신이 윌슨 씨 입니까?"라고 묻는 대신, "안녕하세요. 전 닥터 스미스 입니다."라고 자신의 이름을 소개할 수도 있다.

대부분의 역동정신치료자들은 환자들이 먼저 그들의 마음속에 있는 이야기를 시작하도록 도와준다. 그런데 만약 환자가 공식적으로 회기를 시작하기 전에 미리 말을 시작한다면 어떠한가? 환자와 치료자가 진료실로 들어갈 때 몇몇 환자들은 침묵하길 선호하며, 어떤 환자들은 날씨나 현재 이벤트 등에 대해서 이야기할 수 있다. 또 몇몇 환자들은 치료자에게 '여기서 일한 지는 얼마나 됐나요?', '지금 수련의이십니까?', '발음을 들어 보니 유럽에서 온 것 같은데, 어느 나라에서 왔어요?', '정신과 의사로 보기에는 너무 어려 보여요.', '당신은 치료자라기보다는 모델같이 보여요.' 와 같은 개인적인 질문을 할 수도 있다. 그러나 이에 대처하기 위한 설명서는 없다.

다만, '잘 모르면, 인간적으로 행동하라.' 는 것이 유용한 방법이다. 초심자들은 이러한 환자의 질문에 아무 대답도 하지 않는 비인간적인 잘못을 쉽게 범할 수 있다. 진료실로 향하는 동안의 짧은 잡

담은 환자를 편안하게 해 줄 수 있고, 환자가 치료자에게 마음을 열 수 있도록 하기도 한다. 만약 복도에서 개인적인 문제를 이야기하려고 하면 "진료실 안에서 이야기합시다."라고 말함으로써 복도에서는 비밀을 유지할 수 없다는 것을 암시해 줄 수도 있다.

개인적인 질문에 대해서 치료자들은 각기 다른 태도를 보인다. 어떤 치료자는 거의 말을 안 하고, 어떤 치료자는 환자에게 부담이 안 되는 관계 내에서 그들의 생활의 일부를 나눌 수도 있다. 기억해 두어야 할 점은 새로운 치료 회기를 시작할 때 환자가 알아야 할 것들도 있다는 것이다. 여기에는 치료자가 수련을 받고 있는지 또는 지도감독자가 있는지의 여부, 비용은 얼마인지, 언제 치료자가 수련을 끝내고 다른 곳으로 갈지, 치료 기간, 결석에 대해서는 어떻게 하는지 등이 포함된다.

간단히 대답하기 어려운 애매한 질문들도 있는데, 여기에는 치료자의 결혼 상태, 종교, 나이, 성적 정체성 등이 포함된다. 도움이 된다면 몇몇 치료자들은 그들 자신이 동성애자라는 사실을 동성애 환자들에게 밝힐 수도 있다. 또한 몇몇 치료자들은 그들의 사생활을 밝히지 않기를 원할 수도 있다. 만약 환자의 질문에 답변하는 데 느끼는 의문점이 있다면 치료자는 환자에게 왜 그러한 정보가 중요한지를 알아볼 수 있다. 종교를 밝히는 것은 정신치료에서 거의 도움이 되지 않는다. 만약 환자와 치료자의 종교가 다르면, 어떤 환자는 치료자가 자신을 전혀 이해하지 못한다고 느낄 수 있다. 또한 종교가 같다면 환자가 치료자의 믿음에 대한 여러 가지 잘못된 추정을 할 수 있다. 이러한 추정은 환자들이 치료자가 믿는 것을 그들이 확실히 알고 있다는 생각 때문에 치료 시 이야기되지 않아 문제를 일으킬 수도 있다.

나이와 결혼 상태는 여러 가지 의미가 내포되어 있는 문제고, 이러한 질문을 환자가 한 이유에 대해 치료자는 탐색해 보아야 한다. 치료자에게는 사생활에 대한 권리가 있다. 그러므로 궁금해하는 환자에게 "무례를 범하고 싶은 생각은 없습니다만 저는 제 사생활이 치료에 영향을 끼치게 하고 싶지는 않습니다. 이 과정은 당신을 위한 것이고, 제가 당신을 어떻게 도울 수 있는지에 대해 초점을 맞추어야 합니다."라고 말할 수 있다.

개인적이지 않은 질문들도 많이 있다. 치료자들에게 특정 영화나 텔레비전 프로그램을 보았는지 물어볼 수 있다. 또한 어떤 유명인을 말하면서 그들을 아느냐고 물을 수도 있다. 대부분의 치료자는 그러한 질문에 자유롭게 대답한다. 그러나 몇몇 질문들은 대답하기에 너무 개인적인 것일 수 있다. 하지만 너무 딱딱하거나 완고한 접근은 조심해야 한다. '당신은 그것에 대해서 어떻게 생각하십니까?' 와 같은 판에 박힌 질문은 환자가 치료 과정에서 마음을 열고 자신의 이야기를 하는 데 장애가 될 수 있다.

한편, 진료실의 의자 배열은 어떠해야 하는가? 두 개의 의자가 서로 마주보고 있는 배열은 환자와 치료자 모두에게 최적은 아니다. 서로 마주보고 있는 상태는 의무적인 눈 맞춤을 수반하며, 이는 양쪽 모두를 괴롭힐 수 있다. 만약 두 개의 의자가 벽에 45도 각도로 배열되면 환자는 치료자를 쳐다보거나 다른 곳을 쳐다볼 수 있다. 이러한 배열은 눈 맞춤을 덜 의무적으로 할 수 있다. 어떤 문제는 너

[그림 3-1] 좌석 배치도(우측이 치료자의 의자)

무 부끄러워서 치료자가 쳐다보지 않는 상황에서 더욱 쉽게 이야기할 수 있기 때문이다.

이 배열은 회기 동안 시간을 모니터링하는 데도 용이하다. 많은 치료자가 회기 중 시계를 보는 것을 불편해하기에, 환자의 눈에 띄지 않게 시계를 보려고 한다. 이런 방법은 최선이 아니며, 환자들의 기분이 나빠질 수도 있다. 회기 중 시계를 보는 것을 전혀 개의치 않는 치료자도 있으나, 어떤 환자들은 마음에 상처를 받거나 무시당하였다는 느낌을 가질 수 있다. 그들은 치료자들이 그들을 무시하거나 지루해한다고 느낄 수 있다. 이러한 문제는 환자와 탐색할 수 있고, 환자가 무시되었다고 느끼는 비슷한 경우에도 유용하게 사용할 수 있다.

치료자의 건너편 벽에 시계를 놓음으로써 주변 시야로 시간을 모니터링할 수 있다. 몇몇 치료자들은 테이블 위에 시계를 놓아서 (휴지와 함께) 양쪽이 다 같이 볼 수 있도록 하는 방법을 선호한다.

2. 경계선과 기본적인 틀

역동정신치료는 전문적인 경계를 가진 틀 내에서 일어난다. 회기의 장소, 회기의 기간, 치료비, 신체 접촉의 부재(몇몇 케이스에서의 악수는 제외), 치료자 자신에 대한 노출의 제한, 비밀보장, 치료 밖의 관계 부재, 즉 재정적 관계, 친교모임, 남녀문제 등이 있다. 환자와 의사는 동등한 관계가 아니며, 이러한 불평등의 분명한 목적은 환자의 문제를 도와주자는 것이다.

초심자들은 종종 경계가 고정되어 있다고 오해한다. '경계' 의 개념은 유연성이 없는 것으로 생각되기 때문에 문제가 될 수 있다. 권투링의 유연한 로프를 생각하면 좋을 것이다. 치료의 기본적인 틀은 여러 가지 이유 때문에 연장되거나 변경될 수 있다. 경계는 치료자가 공감적이고, 따뜻할 수 있는 공간을 창조하고, 환자가 이해되고 인정되는 환경을 만들기 위해서 디자인되었다. 그랜드캐니언에 가면 추락하는 것을 방지하는 가드레일이 있으며, 이 가드레일 덕분에 사람들은 두려움 없이 그랜드캐니언의 경치를 마음껏 즐길 수가 있다.

이와 유사하게 치료에서의 경계는 안전하고 안정된 환경을 만들며, 이 환경하에서 치료자와 환자는 감정, 지각, 생각 그리고 기억 등을 다루고 탐색할 수 있는 '놀이공간' 에 들어갈 수 있다. 경계의 물리적인 면은 공감, 투사적 동일화, 그리고 함입(introjection)을 통해서 심리학적으로 그 경계를 넘을 수 있도록 한다(Gabbard & Lester, 2003).

더욱이 경계는 환자의 편의를 도모하기 위해서 종종 늘어나거나 침범할 수 있으며, 때로는 치료자의 역전이가 나타날 때도 그렇다. 예를 들어, 나이 든 환자가 진료실에 들어오다가 다리가 걸려 바닥으로 넘어지면 치료자는 벌떡 일어나서 환자를 일으켜 세우면서 환자에게 다치지 않았는지 물어볼 수 있다. 보통 치료자는 환자를 만지지 않으나 이 경우 그냥 앉아 반응을 보이지 않으면 심각한 잘못을 범한 것이 된다. 환자는 아마 다시는 오지 않을 것이다.

역전이 반응의 예는 치료자가 치료가 끝난 후에도 환자를 15분 이상 머물게 하는 것이다. 치료자는 환자가 안됐다는 생각을 하였고, 그 환자를 밖으로 내쫓기 싫었기 때문이다. 치료자는 이것을 지도감독 시간에 의논하였고, 이러한 예외가 환자에게 어떤 영향을 미쳤는지를 다음 시간에 이야기하였다. 환자는 치료자가 그를 '특별하게' 대해 준다고 느꼈고, 환자의 어머니는 어떤 경우에도 예외를 허락하지 않았다는 이야기를 하기 시작하였다. 이 경우 시간을 연장함으로써 해로운 것은 없었으며, 치료 시 이러한 이야기는 매우 생산적이었다.

제시된 앞의 두 가지 예는 경계위반(boundary violations)에 반대되는 경계침범(boundary crossings)을 보여 준다(Gabbard, 2000; Gutheil & Gabbard, 1993; 1998, 〈표 3-1〉 참조). 경계침범은 경계를 벗어났지만 악성의 경우는 아니고, 어떤 면에서 보면 오히려 도움이 된 경우다. 경계침범은 경미하고, 산발적으로 일어나며, 치료 시 의논이 가능하다. 이에 비하여, 경계위반은 (대단히) 환자를 착취하는 행위로써 대체로 반복해서 일어나고, 의논하기 어렵다. 예를 들면, 성적 관계(sex) 등이다. 치료자의 포옹이나 입맞춤에 대해 환자가 언급하려고

표 3-1 경계침범과 경계위반

경계침범(boundary crossings)	경계위반(boundary violations)
그리 나쁘지 않고 도움이 될 때도 있음	착취적
대체로 산발적	대체로 반복적
대체로 경미	막중하고 막심(예, 성적 비행)
치료 시 의논할 수 있음	치료자가 의논을 못하도록 함
궁극적으로 환자에게 해롭지 않음	일반적으로 환자와 치료에 해를 끼침

하면 치료자는 이를 실질적 관계(Real Relationship)의 일부라는 말로써 관심을 돌리려고 하고 의논이 필요하지 않다고 할 것이다(Gabbard & Lester, 2003).

경계를 유연하게 유지하기 위해서 치료자들은 각각의 치료자-환자 관계에서 두 사람에게만 적용되는 경계를 점진적으로 만든다는 사실을 반드시 인식해야 한다. 이러한 상호 작용 관계는 환자의 요구와 치료자의 개인적인 특성 사이의 타협을 포함한다. 몇몇 환자는 치료자의 좀 더 많은 감정의 표현, 좀 더 많은 언어 표현 그리고 좀 더 많은 유머의 사용 등을 요구할 수 있다. 치료자가 환자로 하여금 편안함을 느끼게 할 수 없다면 몇몇 환자는 매우 당황스러움을 느낄 수 있다. 몇몇 환자는 치료자가 뉴스나 영화에 대해서 이야기하기를 바란다. 어떤 치료자들은 그렇게 하는 것을 편안하게 느낄 수도 있지만, 어떤 치료자들은 개인적 의견을 제시하는 것을 꺼릴 수도 있다. 치료자와 환자 두 사람의 관계는 진료실에서의 두 주체 사이의 타협이나 균형을 이루면서 발전하게 된다.

치료자의 개인적 선호가 도전을 받는 경우도 있다. 중년의 환자가 울면서 치료실로 들어와서 외국에 있는 그녀의 아들이 죽었다는 소식을 들었다고 이야기하였다. 그녀는 치료자에게 팔을 뻗어서 포옹하려고 하였다. 이때 치료자는 순간적으로 그녀의 포옹을 거절하면 안 될 것 같다는 생각을 하였다. 그래서 그녀가 우는 동안 잠시 그녀를 안고 있었다. 그리고 그녀를 의자에 앉히고 그녀가 어떻게 느꼈는지 들었다. 치료자는 환자를 포옹한 것에 대해서 불편함을 느꼈으나 그 상황에서는 두 개의 해악(害惡) 중 덜한 것이었다고 생각하였다. 포옹은 전체 치료 기간 중 단 한 번 있었고, 후에 환자의 슬픔이 가신 후 논의할 수 있었다.

많은 환자는 포옹을 요구한다. 몇몇은 포옹이 이전 치료의 한 부분이었기 때문에 포옹받기를 기대한다. 어떤 환자들은 치료자가 포옹을 하지 않았다는 이유로 치료자를 차갑고 무정하게 볼 수도 있다. 하지만 치료자는 포옹이 나중에 어떤 효과를 미칠지 알 수 없다는 것 때문에 고민하게 된다. 치료자가 좋은 의도를 가졌다고 하더라도 환자에게는 의도와 다른 영향을 줄 수 있기 때문이다(Gutheil & Gabbard, 1998). 치료자는 포옹이 성적이 아니라고 느끼지만, 환자는 어렸을 때 성적 학대의 과거력이 있어 이에 대해 과도하게 예민할 수 있다. 그녀는 치료자의 의도와는 달리 포옹에 의해서 성희롱을 당하였다고 느낄 수도 있다. 더욱이 치료자들은 환자와의 관계에서 무의식이 드러날 수 있으며, 치료자 자신이 스스로를 기만하고 있음을 깨닫지 못할 수도 있다. 치료자는 환자가 어렸을 때 사랑을 박탈당하였기 때문에 현재 이를 보상해 주기 위해서 환자를 포옹한다고 생각할 수 있다. 하지만 치료자는 무의식적으로 자신의 성적 욕구에 의해서 행동할 수도 있다.

악수 외에 다른 신체적 접촉 시 유용한 몇 개의 지침이 있는데, 치료자가 먼저 포옹하는 것은 좋지 않다. 만약 환자가 먼저 포옹을 하고 치료자가 반응을 하면, 이는 특수한 경우에나 일어나는 매우 특별한 것이다. 이에 대해서 환자 그리고 지도감독자와 논의할 수 있어야 한다. 습관적인 포옹은 점점 더 커져가는 경계위반의 시초임을 알리는 적신호다(Gutheil & Gabbard, 1993).

성관계와 같은 가장 악성인 경계위반도 처음에는 양성적으로 시작될 수 있다. 그러나 치료자가 이는 환자를 돕기 위한 치료의 일부라고 스스로에게 말하면 눈덩이처럼 불어날 수 있다. 가끔 이런 사태의 첫 시작은 치료자가 자기 개인적인 문제를 노출하고, 역할 전도가 따르는 것에서 시작된다. 치료자는 자신의 이혼, 아픈 아이, 또는 개인 질환으로 힘들어한다는 사실을 이야기하고, 환자는 동정심을 갖고 청취하게 된다. 환자의 반응은 매우 긍정적이어서 치료자는 환자가 환자 자신을 개방하는 데 더욱 도움을 준다고 생각하게 된다. 곧 환자가 치료자를 위로해 주고 가볍게 포옹하게 된다. 포옹은 키스로 이어질 수 있고, 키스는 애무로 이어질 수 있으며, 곧 치료자와 환자는 밀회를 하게 된다. 이러한 이탈을 막기 위해서는 경계선을 감시해야 한다. 치료자는 지도감독 시간에 이에 대하여 언급해야 하며, 왜 이런 일이 일어났는가 하는 이유가 전체적인 치료계획 안에서 정당화되어야 한다. 역전이는 정신치료 시 항존한다.

역전이는 주로 무의식이므로 우리는 우리의 행동을 통해 이를 알게 되고 놀라게 된다. 이것은 지도감독자와 의논하여야 하고 또한 환자와도 이야기하여 서로에게 끼치는 의미를 찾아야 한다.

정신치료의 기본 요소는 치료자는 환자를 위해 존재한다는 사실이다. 치료자는 회기 동안 전화를 받거나 호출에 응하지 말아야 한다. 왜냐하면 45분 또는 50분은 온전히 환자의 소유이기 때문이다. 그러나 응급 상황의 경우는 예외다. 하지만 이러한 응급 상황은 자주 있어서는 안 되며, 환자와 논의하여야 한다. 이런 응급 상황의 경우, 전화를 받은 시간을 보상하기 위해서 회기 끝에 추가 시간을 낼 수 있다. 만약 응급 상황이 회기 전체를 방해하였다면 다시 스케줄을 잡을 수 있으며, 방해받은 시간에 대해서는 치료비를 청구하지 않는다.

환자를 평가하는 동안 노트에 필기하는 것은 도움이 된다. 하지만 정신치료 시간 동안 노트에 필기하는 것은 라포와 공감 형성을 저해할 수 있다. 이는 또한 환자에 의하여 유발된 역전이 속으로 침잠하는 것을 방해하여 치료의 중요한 정보가 애매해질 수 있다. 치료자는 지도감독 시 의논하고 싶은 중요한 것을 몇 자 적을 수 있다. 그러나 이것들도 치료가 끝난 후, 혹은 하루 일과가 끝난 후에 하는 것이 좋다.

회기에 대한 기록은 정신치료 경과기록(psychotherapy process notes)이라 부르며, 환자의 차트나 기록과는 별도로 보관해야 한다. 환자가 의료기록을 요구하거나 법정에서 기록을 소환할 경우 이 경과기록이 따로 보관되었다면 이들이 발견되지 않을 것이다. 정신치료 경과기록은 치료자의 것으로 간주되며 정신치료사들은 그들의 역전이나 환자에 대한 인상 등을 적을 수 있다. 반면에 공식적인 경과기록은 환자나 다른 사람들이, 혹은 법이 요구하면 제출하여야 하기 때문에 짧아야 하고 환자의 비밀을 존중해야 한다. 이런 기록에는 치료에 관한 일반적인 것들이 기술되어 있다. 즉, '환자가 복잡한 여자 관계를 이야기하였고, 이것이 전이와 어떻게 연관되었는가를 의논하였다.' 등이다. 그리고 환자의 약물 기록, 자살 사고, 치료 시 중요한 결정 등 병적인 문제와 연결 가능한 중요한 문제들은 기록으로 남겨 두어야 한다.

3. 치료비

치료비는 처음 시작하는 치료자들에게 가장 어려운 문제 중 하나다. 대부분의 초심자들은 자신이 치료비를 받을 자격이 없다고 생각한다. 왜냐하면 그들은 경험이 많지 않고 아직 배우는 입장이라는 생각 때문이다. 하지만 치료는 힘든 작업이고, 그들은 치료비를 받을 자격이 있다. 그러나 치료비 문제를 끄집어 내는 것을 꺼려하기 때문에 청구서가 쌓이게 되는 경우도 있다. 치료자가 가지고 있는 두려움 중 하나는 치료비를 내지 않는 것에 대해 말을 하면 환자가 치료를 그만두거나 치료자가 자신을 위하고 있지 않다고 생각할 것이라는 것이다.

분노와 공격성이 치료비의 쟁점 뒤에 숨어 있는 경우도 있다. 초심자들은 치료적 관계란 우정이나 가족관계, 로맨틱 관계가 아니라는 사실을 치료비가 항상 상기시켜 준다는 점을 반드시 기억해야 한다. 위니코트(Winnicott, 1954)는 사랑과 미움이 둘 다 치료적 관계 속에 내재되어 있다고 지적하였다. 환자는 좋은 관계 안에서 공감적 이해를 받는다는 것을 사랑과 돌봄의 경험으로 느끼게 된다. 그러나 환자는 치료비를 내고 시간에 제약이 있다는 점을 분노와 공격적인 것으로 해석할 수도 있다.

많은 환자는 치료자가 그들이 어려서 가지지 못하였던 완벽한 부모가 되기를 소망한다. 만약 치료자가 치료비를 부과하지 않는다면 환자는 이러한 이상화된 환상 속의 사람을 결국 발견하게 되었다고 여기게 될 것이다. 그러다가 치료비 문제에 직면하게 되면 환자들은 화가 나게 된다. 그러나 치료자에 대한 기대와 치료비에 관련된 감정에 대한 탐구는 치료에 매우 생산적일 수 있다. 이러한 논의를 통해 치료자는 환자가 잘 의식하지 못하였던, (치료비 지불에 대한) 책임감 없이 무조건 돌봄을 받고 싶다는 환상을 보여 줄 수 있다.

초심 치료자들은 '지불한 만큼 얻는다.' 는 격언을 기억해야 한다. 무료로 하는 치료는 환자에게 '거저 얻은 것은 쓸모없는 것' 이라는 메시지를 전달할 수도 있다. 즉, 치료자가 역전이 문제로 돈 문제를 꺼내지 않는다면, 환자는 이를 어떻게 볼 것인가? 치료자는 스스로를 너무 비하하여 치료비는 불필요하다는 것인가? 정신치료는 어느 정도 환자의 희생을 수반해야 한다. 만약 희생이 필요하지 않다면, 환자는 이 과정이 평생 지속되기를 원하게 되고 목표 달성을 위해서 노력하지 않을 것이다. 많은 수련병원에서는 치료비에 차등을 둔다. 그러나 치료자가 이를 따르지 않으려면, 그 이유가 분명해야 하며, 지도감독자와 충분히 의논해야 한다.

수련의가 수련을 마치고 개업을 하게 되면 너무 낮은 치료비가 치료자 역할에 분노를 가져다줄 수 있다는 사실을 깨닫게 된다. 치료자가 재정적 문제로 불만을 가지면 환자는 최적의 치료를 받지 못한다. 이러한 원망은 다음에 제시된 수련 상황에서도 나타날 수 있다.

> 레지던트 3년 차는 외래에서 의료보호 환자에게 무료로 정신치료를 해 주었다. 하지만 치료자는 치료를 할 때마다 주차료로 5달러씩

지불해야 했다. 그녀는 치료가 환자보다는 치료자 자신에게 비용이 들게 한다는 것을 느끼게 되었다. 그녀는 환자가 아니라 자신이 희생을 감수한다고 느꼈다. 그녀는 이러한 역전이 반응을 인지하였으며, 이 문제를 그녀의 지도감독자와 논의하였다.

환자들은 초심자들이 적절한 치료비와 지불을 요구하는 것을 꺼려 한다는 것을 감지할 수 있다. 그들은 이를 이용하여 낮은 치료비를 지불하면서 다른 것에는 불필요하게 많은 돈을 사용할 수 있다. 일례로 어느 초심 치료자는 수련병원 차등 치료비의 예외를 요구하였다. 그 치료자가 치료하던 환자는 치료비로 단지 20달러를 지불하였는데, 그 돈도 지불하기 힘들다고 불평하였다. 그러나 후에 환자가 하와이로 여행을 갔다온 사실을 알게 된 치료자는 섭섭한 생각이 들었다. 환자는 치료자에게 여행이 얼마나 즐거웠는지 자랑하였던 것이다.

4. 선 물

환자들은 종종 그들의 치료자에게 선물을 가져오고 싶어 한다. 선물은 한때 역동정신치료와 정신분석에서 철저히 금지하였으나, 시간이 지나면서 생각이 바뀌었다. 이제 비싸지 않은 선물이나 환자가 직접 만든 것일 경우 치료자는 환자의 선물을 고맙게 받는 것이 좋다는 의견이 보편적이다. 이러한 선물을 거절하는 것은 종종 치료적 동맹을 파괴하고 환자의 자존심에 상처를 줄 수 있다. 몇몇 환자는 치료자에게 무언가를 보상할 수 있다는 느낌을 가지기를 바라며, 선물의 거절은 어떤 환자에게는 극복하기 어려운 부끄러운 경험이 될 수 있다.

다른 한편으로는 치료자의 환심을 사거나 치료 시 어려운 문제를 피하기 위하여 치료자와 야합을 꾀하거나 치료자의 분노와 공격성을 피하기 위하여 무의식적인 뇌물로 사용될 수도 있다. 따라서 선물을 받더라도 선물에 감추어진 의미는 평가되어야 한다.

가끔 어떤 판단이 옳은 것인지 불확실할 때도 있는데, 이는 선물의 값을 모를 수도 있고, 선물을 안 받을 경우 환자가 마음에 상처를 받게 될까 봐 걱정되기 때문이다. 또 다른 애매한 상황은 선물에 대한 문화적 의미다. 예를 들어, 한 수련의가 중동지방에서 온 환자가 준 현금 선물을 거절하였을 때 환자는 그의 나라에서는 '나의 선물을 거절하는 사람은 적이다.' 라는 격언이 있음을 알려 주었다. 이런 애매한 상황에서 치료자는 선물에 대한 결정을 연기할 수 있다. 환자에게는 선물에 대해서 지도감독자와 상의하거나 병원의 정책을 확인한 후 결정하겠다고 이야기할 수 있다. 이러한 경우, 치료자는 선물을 진료실에 놓아두거나 환자로 하여금 다음 시간에 다시 가져오도록 할 수 있다.

5. 비밀의 문제

비밀은 치료 경계의 중요한 부분이다. 환자는 비밀이 지켜지지 않는 한 그들의 감추어진 어두운 비밀과 가장 수치스러운 공상을 이야기하지 않을 것이다.

초심자들도 이 원칙은 이해한다. 그러나 그들은 치료의 내용을 지도감독자에게 말하고, 임상치료회의에서 발표해야 하는 경우도 있다. 이런 경우 환자의 문제는 공개적으로 논의될 수 밖에 없다. 이러한 상황들이 비밀보장의 문제를 이상하게 생각하도록 만들 수 있고, 이는 큰 문제로 발전할 수도 있다.

수련을 받는 정신치료사들은 어떠한 상황에서도 비밀을 가볍게 다루면 안 된다는 사실을 명심해야 한다. 치료자들은 그들의 배우자나 가족에게 환자들에 대한 이야기를 해서는 안 된다. 만약 식당이나 공공장소에서 환자를 보면, 환자가 먼저 이야기를 하거나 손을 흔들지 않는 이상, 아는 척을 해서도 안 된다. 환자를 진료한다는 것조차도 비밀이어야 할 경우도 있기 때문이다. 따라서 누군가 "제인 스미스 씨를 진료합니까?"라고 질문하면 "환자의 비밀을 보장해야 할 의무 때문에 내가 누구를 진료하고 진료하지 않는지 밝힐 수 없습니다."라고 대답하는 것이 가장 좋은 답변이다.

치료 시 들은 말도 물론 비밀보장이 되어야 한다. 예를 들어, 환자를 통해 친구나 가까운 사람의 소문을 들었을 때 당연히 그 소문을 다른 사람에게 전해서는 안 된다.

강의실에서 발표하기 위해서 자료가 사용된다면 환자의 신원이 밝혀지지 않도록 해야 한다. 만약 수련의가 환자가 누구인지 알 것 같으면 그 수련의는 회의에 참석시키지 말아야 한다.

초심자들은 환자의 가족이 전화할 때 딜레마에 빠지게 된다. 가족들은 환자의 치료가 어떻게 진행되고 있는지 알기를 원할 수 있다. 어떤 사람은 치료자에게 환자의 행동에 대해서 이야기하기를 원할 수 있다. 그러한 상황에서 치료자는 그들의 이야기를 경청하고, 가족에게 정신치료 동안 일어나는 것은 비밀이기 때문에 그 무엇도 이야기할 수 없다고 설명해야 할 의무가 있다. 만약 가족과 이야기하였다는 사실을 환자가 알게 되면 치료적 동맹에 손상이 갈 수 있기 때문이다. 따라서 치료자는 다음 정신치료 시간에 환자에게 가족과 통화를 하였다는 이야기를 할 것이라고 가족에게 이야기해 주어야 한다.

요약

정신치료 시 선결 문제는 환자의 문제들을 공감을 가지고 경청함으로써 치료동맹을 맺는 것이다.

치료 초기에 환자들이 묻는 질문에 대해 대부분의 경우는 직설적으로 대답해 주어야 되지만, 애매한 질문의 경우에는 적절한 반응을 위해 심사숙고해야 할 경우도 있다. 장기 역동정신치료는 전문적인 경계를 가진 틀 안에서 이루어져야 한다. 이러한 경계들—즉, 치료비, 치료실 내의 배치, 신체 접촉 금지, 환자와의 이중관계 금지, 치료 시간, 치료자의 개인 노출의 한계—은 환자들에게 안전하고 안정된 환경을 제공함으로써 환자가 어떤 보복이나 불안에서 벗어나 스스로의 생각과 느낌을 자유롭게 말할 수 있는 분위기를 만들기 위한 것이다.

경계침범은 이러한 틀을 가볍게 어기는 것으로써, 이는 경계위반과 구별되어야 한다. 전자는 경미한 사건이고, 반복되지 않으며 환자와 의논이 가능한 사건들로서 치료에 도움이 될 수 있다. 하지만 경계위반은 대체적으로 반복되고, 치료 상황에서 의논하기 어려우며, 환자에게 해로움을 초래한다.

치료 중 환자와의 라포 형성과 환자의 경험을 깊이 느끼기 위하여 기록은 피해야 한다. 초심자들은 치료비를 요구하는 것을 힘들어 할 수 있는데, 이때는 문제를 피하기보다는 지도감독자와 의논하여야 한다. 비밀보장은 일종의 성역으로 치료자는 치료의 비밀이 의도하지 않았으나 새어 나갈 수 있다는 점에 각별히 주의하여야 한다.

chapter 4

치료적 중재

-치료자는 무슨 말을 하고, 무엇을 할 것인가?

타고난 능력이 있다면 정신치료를 처음 배우는 대부분의 초심자들은 치료자에 대한 라포(rapport)를 형성하고, 공감을 해서 환자의 이야기를 들을 수 있다. 그러나 이렇게 라포를 형성하고 감정이입을 하게 된 후에 초심자들은 두 가지 기본적인 의문을 갖게 된다. 즉, 스스로에게 '무슨 말을 할까?'와 '무엇을 해야 할까?'라는 질문을 하게 되는 것이다. 대부분의 초심자들은 너무 즉각적으로 반응하거나 너무 많이 이야기하거나 환자와의 약속을 지키기 위해 너무 적극적으로 행동하는 것이 아닐까 걱정하는 경향이 있다. 물론 그럴 수도 있지만 대부분의 경우에는 젊은 치료자—치료에서 치료자의 자발성, 인간관계, 자연적 반응 등에 대한 두려움을 가지고 있는—들은 지나치게 딱딱하고 형식적일 가능성이 더 높다.

1. 중립성, 익명성 그리고 절제

프로이트가 주창하였다고 알려져 있는 정신치료의 세 가지 기본 원칙인 중립성(neutrality), 익명성(Anonymity) 그리고 절제(Abstinence)는 지난 수십 년간 젊은 치료자들 사이에서 많은 오해를 불러일으켰다. 사실 프로이트 자신은 실제 진료 시 이러한 원칙을 지키지 않았다(Lohser & Newton, 1996). 그는 아마도 제자들이 무모한 분석을 하다가 실수를 해서 이제 막 시작되는 정신의학의 명성에 흠집을 낼까 두려워 그런 권고를 한 것 같다.

정신분석과 역동정신치료에서 치료자 참여에 대한 정의는 지난 20여 년 동안 많은 변화를 거듭해 왔다. 이제 치료자가 돌 같은 표정으로 있어야 한다고 생각하는 치료자는 별로 없을 것이며, 그렇게 생각하고 있다면 그것은 시대에 뒤떨어지는 생각이다. 앞에서 말한 세 가지 '기본 원칙' 은 어느 정도 유용하기는 하지만, 꼭 지키지 않아도 되는 상대적인 원칙들일 뿐이다. 이러한 원칙을 지키기 위해 치료자가 차갑고 무관심하며 환자에 대해 냉담해져서는 절대 안된다.

중립성을 차갑거나 냉담한 것으로 여겨서는 안 된다. 중립성에 대해 가장 널리 받아들이는 관점은 치료자가 환자의 원본능, 자아, 초자아 및 외부 현실에 동일한 거리를 유지해야 한다는 것이다. 그러나 실제로 치료자가 이런 환자의 초심리학적인 구조를 정확하게 파악한다는 것은 어려운 일이므로 앞에서 언급한 것처럼 행동하는 것은 매우 힘든 일이다. 그렇기에 중립성을 유지하기 위한 기본적인 원칙을 역동정신치료자가 환자를 이해하는 데 있어 환자의 소망, 바람 그리고 행동의 일정한 부분에 있어서도 비판적이지 않아야 한다는 것으로 보는 것은 비교적 타당한 견해일 것이다. 환자는 자신이 평가받고 있다고 느끼기보다는 이해받고 있다고 여길 때, 치료자에게 자신을 더 많이 열어 보이기 때문이다.

정신치료에서 비판적이지 않은 환경을 조성하기 위해 겪게 되는 큰 어려움 중 하나는 치료자가 환자에 대해 개인적으로 판단할 수밖에 없다는 것이다. 보이는 것에 대한 치료자의 감정, 반응, 의견을 지속적으로 없애는 것은 불가능하기 때문이다. 매 회기마다 치료자는 환자에 대해 판단을 하게 된다. 치료자는 환자가 어떻게 입고, 무슨 말을 하며, 연인으로 어떤 사람을 선택하고, 침대에서는 어떻게 하며, 돈은 어떻게 쓰고, 정신치료 시간은 어떻게 보내는지에 대한 의견을 가질 수 있다. 그러나 역동정신치료자는 자신의 의견이 무엇이든 간에 환자가 자신의 삶에 대해 스스로 결정하는 자율성을 가져야 한다는 원칙을 따라야 한다. 무엇보다도 치료는 강압적이지 않아야 한다.

다행스럽게도 치료자들은 환자의 중요한 문제에 대해서 비교적 비판적이지 않은 태도를 유지할 수 있다. 예를 들어, 배우자와 복잡한 문제가 있는 환자의 경우 환자는 이혼을 할 것인지 말 것인지에 대해 심각한 고민에 빠질 수 있다. 이때 치료자는 중립적인 입장을 고수하면서도 환자의 딜레마가 가지고 있는 양면을 볼 수 있도록 도와주고, 환자가 적절한 결정을 내릴 수 있도록 도와줄 수 있다. 물론, 어린이 학대, 범죄 수행, 또는 치료비를 내는 것을 거부하는 것과 같은 경우에는 치료자가 자신의 반응을 숨기지 못하고 환자가 눈치 챌 수 있을 정도로 분명하게 드러낼 수도 있다. 때로는 환자가 치료자의 그런 감정을 알 수 있도록 하는 것이 유용할 수도 있다. 환자가 자신이 저지른 엄청난 범죄나 학대에 대해 이야기할 때 치료자가 아무런 반응을 보이지 않는 것은, 환자에게 자신의 행동을 치료자가 암묵적으로 인정해 주거나 그런 행동을 어느 정도 받아들일 만하다는 환자의 자기합리화를 수긍해 주고 있다고 여기게 할 수도 있기 때문이다.

중립성에 대한 이런 논의는 익명성의 개념과 직접 연결된다. 치료자가(아무리 자신의 생각과 취향을 드러내지 않으려 해도) 모든 시점에서 다양한 방법으로 자기노출(self-disclosing)을 하고 있다는 것은 이제 널리 알려진 사실이다. 치료자의 사무실에 있는 예술품이나 사진, 환자의 여러 가지 이야기에 대해 치료자의 얼굴 표정이 변하는 방식 그리고 회기 동안 치료자가 언제 개입을 하는가 하는 것조차도 치료자에 대한 정보를 보여 주는 것이다. 그러나 치료자는 개인적인 삶, 가족, 또는 그의 개인적인 문제에 대해서는 말하지 않는다. 이는 환자의 문제가 주요 초점이 되어야 하는 정신치료에서의 환자와 치료자의 관계에 있어 근본적인 불균형 때문이다. 또한 치료자가 자신의 문제를 환자와 나누게 되면 환자가 치료자를 돌보거나 도와주어야 한다는 부담을 느끼게 될 수도 있기 때문이다.

원래 익명성이 중요시 되었던 이유는 환자의 전이가 치료자에 의해 '오염되지' 않도록 치료자의 '실제 특성'을 감출 필요가 있다고 여겼기 때문이었다. 그러나 아무리 치료자가 자신에 대한 환자의 지각에 영향을 주지 않기 위해 노력하더라도 환자의 전이에 미치는 영향을 피할 수 없으므로, 대부분의 역동적 치료자는 이런 관점을 더 이상 받아들이지 않고 있다. 예를 들어, 치료자가 조용하고 냉담하며 돌 같은 표정의 자세를 선택한다면, 환자는 치료자를 무관심하고 조용하며 감정적으로 연결되기 힘든 사람이라고 여길 것이다. 전이는 환자의 과거 관계의 반영이기도 하지만 부분적으로는 치료자가 행동하는 방식에 대한 환자의 현실적인 지각이기도 하기 때문이다.

절제는 환자의 전이 욕구를 지나치게 만족시켜 주는 것을 피하기 위한 방법이다. 그러나 환자에게 만족이 전혀 없다면 환자는 치료를 그만둘 것이다. 환자가 치료자에게서 어떤 것도 얻지 못하면서 계속 치료를 할 수는 없기 때문이다. 더 나쁜 것은 환자가 차가운 치료자에게 피학적으로 복종하는 것이다. 환자가 그렇게 하는 것은 언젠가는 복종에 대한 모종의 보상이 있을 것이라는 기대를 가지고 있을 가능성이 높기 때문이다. 치료자는 환자의 걱정을 따뜻하고 인간적으로 들어 주는 등의 간단한 방법으로 환자에게 만족을 줄 수 있다. 환자가 농담을 한다면 웃을 수도 있다. 슬픈 이야기를 들었을 때 눈물을 보일 수도 있다. 얼굴 표정으로써 각 회기의 시작 시 환자를 만나는 것에 대한 즐거움을 확실하게 보여 줄 수도 있다. 다만, 치료자에 대한 환자의 성적 욕구의 만족이나 치료자가 개인적인 필요에 의해 환자를 착취하는 것은 확실히 절제를 지켜야 한다.

억제(restraint)하는 태도는 아마도 익명성, 중립성, 절제에 기초한 정신분석적 전통의 산물일 것이다. 치료자들은 일반적으로 치료자의 태도와는 상관없이 환자가 자신을 위해 가장 최선의 것을 결정하기를 바란다. 동시에 어느 정도의 자발성 또한 바랄 수 있다. 치료자는 환자의 '춤(dance)' 에 함께 동참하고, 환자의 내적 세계를 이해하는 과정으로서 어느 정도 환자에 대한 역전이를 허용해야 한다. 만약 치료자가 환자가 이끄는 치료적 춤을 따르기를 거부한다면 음악은 멈출 것이다. 가바드와 윌킨슨(Gabbard & Wilkinson, 1994)은 '적절한 치료자의 마음가짐은 자신의 눈앞에 일어나는 것을 관찰하는 능력을 유지하면서 환자의 세계에 몰입하도록 하는 것이다. 이런 상태에서 치료자는 환자의 영향을 어느 정도 받을지라도 진실로 환자에 대한 자신만의 생각을 유지할 수 있다' (p. 82)고 말하였다.

2. 치료자의 중재

치료자가 환자에게 들려 주는 코멘트(comment)는 정신치료적 중재의 전통적 방법 중 하나일 경우가 많다. 그러나 어떤 코멘트는 그러한 치료적 방법에 전혀 맞지 않을 수 있으며, 또한 치료자가 자신의 코멘트가 적절한 중재인지 아닌지를 염려하는 것은 치료에서 당연히 이루어져야 할 자발적인 대화를 방해할 수도 있다. 치료자의 코멘트는 [그림 4-1]에서 볼 수 있듯이, 표현적-지지적 연속선상(expressive-supportive continuum)에서 개념화할 수 있다.

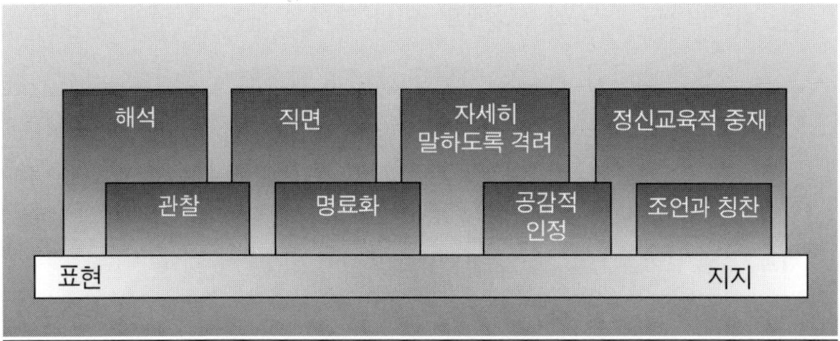

[그림 4-1] 표현과 지지의 연속선상의 중재들

[그림 4-1]의 왼쪽 측면에는 가장 표현적 중재인 '해석'이 있다. 해석은 환자에게 병식(insight)을 제공하고 스스로를 이해할 수 있도록 돕는 역동정신치료자의 가장 근본적인 도구로 여겨지곤 한다. 해석의 목적은 환자들이 그들의 인식 밖에 있는 것들을 알 수 있도록 도와주는 것이다. 해석은 때로 이전에 무의식적이었던 것이 의식적인 것이 되도록 하는 것을 의미할 수도 있고, 환자가 연결하지 못하고 있는 현상들을 서로 연결해 주는 것이 될 수도 있다. 또한 해석에는 설명적인 측면이 있다. 치료자는 환자의 동기와 의미를 설명해 줌으로써 환자가 병식을 가질 수 있도록 도와준다. 이러한 해석 작업의 예를 들면 다음과 같다.

스스로의 힘으로는 아무것도 못하는 22세의 젊은 남성 환자가 여성 치료자에게 자신이 아직도 부모님 집에 얹혀 살고 있고, 만족스러운 직장도 구하지 못하고 있기 때문에 자신의 어머니는 자신에게 화가 나 있다고 이야기하고 있었다. 그는 치료자에게 자신의 불만을 토로한다.

환　자: 엄마는 항상 잔소리예요. 엄마 밑에서 사는 게 정말 싫어요. 제발 엄마가 절 그냥 가만히 내버려 뒀으면 좋겠어요.

치료자: 하지만 독립적으로 살려면 직장을 구해야 하지 않겠어요?

환　자: 구인광고에서 괜찮은 직장을 보지 못했기 때문이에요.

치료자: 독립하고 부모님에게서 자유로워지려면 마음에 들지 않는 직업이라도 가져야 할 때가 있어요.

환　자: 저는 정말 노력했어요, 믿어 주세요. 구인광고를 봤는데, 워낙 불경기라서 그런지 쓸 만한 직장은 하나도 없더라고요. 경제공황 상태예요.

치료자: 제가 생각하기에는 말이죠, 당신은 직장을 구하는 것에 대해 부정적인 자세를 취함으로써 당신의 어머니나 저에게서 잔소리를 듣게 되는 상황을 만들고 있는 것 같아요. 혹시 잔소리를 듣는 것이 당신에게 자신이 보호받고 있다는 느낌을 주는 것은 아닌지 궁금하네요.

이 해석에서 치료자는 환자와 어머니 사이에 벌어지는 일과 치료자와의 전이에서 벌어지는 일을 연결하고 있다. 이 두 상황은 모두 상대방이 환자에게 직장을 갖도록 조언을 할 때 환자가 반대하거나 거부하는 양상이 지속되는 것이었다. 치료자는 환자가 상황 변화에 대해 양가감정을 가지고 있다고 판단하였으며, 환자가 그러한 감정에 대해 의식적인 인식을 하지 못하고 있기에 계속 상황을 유지하려 하는 것이라고 추론하였다. 치료자는 환자가 누군가의 보살핌을 받고 누군가가 자신을 지켜봐 주길 바라고, 그런 보호를 잃는 것을 원하지 않는다는 점을 지적하였다. 그녀는 해석할 때 가능성의 측면에서 "~ 궁금해요."라고 언급함으로써 권위적인 자세를 피하고, 환자가 갖기 힘든 관점에 대한 가능성을 제공하였다. 무의식적 소망, 환상, 믿음은 종종 해석적 작업의 초점이 되는데, 이는 어린 시절의 관계, 현재 치료 밖의 관계 그리고 전이 상황에서 나타나는 것들이기 때문이다.

초심자들은 종종 전이를 환자가 치료자에게 느낀 점을 말하는 것으로 이해하는 실수를 범한다. 전이는 그런 감정에 대해 말로 표현되는 것도 있지만, 환자가 치료자와 말하거나 관계 맺는 방법에서 더 많이 드러난다. 전이에서 나타나는 감정은 처음엔 무의식적인 것이다. 많은 경우, 치료자는 환자가 의식적으로 알고 말로 표현하기 전에 소망, 두려움, 전이에 대한 감정 등에 대한 추측을 하게 된다. 일반적인 원칙으로 전이에 대한 해석은 환자가 그것을 거의 알게 되었을 때까지 미루어져야 한다. 시기적으로 너무 빨리 해석을 해 주면, 환자는 치료자가 말하는 것을 완전히 이해하지 못하고 오히려 자신이 이해받지 못한다고 느끼게 될 것이다. 그래서 해석을 잘 정리한 후 말하기 전에 네 번은 생각하고 환자에게 들려 주라는 격언이 있다. 때로는 전이에 대한 해석을 미루는 것이 환자가 자신의 전이 감정을 스스로 깨닫게 하는 기회를 제공하기도 한다.

30대 중반의 남자 C는 변호사로, 비슷한 연령의 여성 정신과 의사인 D와 정신치료 중이다. 그는 이성과 만족스러운 친밀감을 형성하는데 어려움을 겪어 왔고, 치료를 받기 시작한 후부터 자신이 다니는 교회의 여성 성직자와 데이트를 시작하게 되었다. C는 그 여성 성직자가 자신의 교구민 중 한 명과 사귀면서 애인과 성직자의 두 가지 역할을 해야 하는 어려움을 겪을 수 있다는 가능성에 대해 전혀 생각하지 못하고 있었다. 그것은 그녀의 한계선에 대한 문제이기도 했다. C는 곧 그 성직자와 헤어졌고, 내과의사와의 데이트를 시작하였는데, 그녀에 대해 여러 가지 불만이 있었다. 그는 그녀의 집에 갔을 때 소파에 앉았는데, 그녀가 자신과 마주보는 건너편 의자에 앉았기에 속이 상하였으며, 그녀에게 키스하려 하였을 때 그녀가 얼굴을 돌려 볼에 키스한 적도 있다고 하였다.

이 말을 들었을 때 D는 그가 두 명의 전문가 여성과 데이트를 하였고, 그중 하나는 자신과 같은 직업인 의사라는 사실에 주목하였다. 그녀는 또한 그가 그 여성의 집에서 묘사한 좌석 배치가 치료실에서의 좌석 배치인 자신의 의자에 앉고 그가 그 건너편 소파에 앉는 것과 거의 일치한다는 사실을 깨달았다. 그러나 환자가 아직 이런 연결을 하지 못하고 있다는 것을 알았기 때문에 그러한 이야기를 환자에게 하지는 않았다. 다만, 환자가 다른 관계에서 전이를 행동화하는 것이라고 추측하였다.

C는 진료실을 나가면서 자신이 콘서트 티켓을 쉽게 구할 수 있는 일을 하고 있는데, 티켓을 받고 싶냐고 D에게 물었다. D는 선물을 받는 것은 치료관계에 영향을 줄 수도 있다는 설명을 하면서 그의 제안을 정중히 거절하였다.

내과의사와 헤어진 환자는 곧 다른 의사와 사귀기 시작하였고, 치료자는 환자가 치료자에 대한 색정전이(erotic transference)의 감정을 다른 전문가 여성에게로 전치시키고 있다는 점에 대해 더욱 확신을 갖게 되었다. 그때까지도 환자는 자신의 애정관계가 갖는 의미를 인식하지 못하고 있었다.

일주일 뒤, C는 날씨 때문에 비행이 취소될지도 모른다는 걱정을 하며 진료실을 찾았다. C는 항공사로 전화하기 위해 치료자의 전화를 빌려도 될지 물었고 치료자는 재빨리 해도 된다고 하였다. C는 전화를 걸어 이륙 예정이라는 사실을 확인하였다. 그는 자리에 되돌아와서는 "전화를 빌려 줘서 고마워요."라고 말하였다. 그러고 나서는 회기가 끝나기 전에 말하고 싶은 게 두 가지가 있다고 하였다. 우선, 첫 번째는 그리 긴급해 보이지는 않았다. D는 C가 아마 휴대전화를 가지고 있었을 것이고, 건물 밖에는 공중전화도 있는데, 왜 자신의 휴대전화를 빌렸을까 하는 생각을 잠시 하다가 정신을 차려보니 C는 다음과 같은 말을 하고 있었다.

"말하자면, 여기에 신이 내 인생에 선물로 보내 준 아름답고 친절한 여성이 있다는 거예요. 제가 그녀를 가질 순 없다는 걸 알아요. 치료자와 데이트하는 건 옳지 않죠. 하지만 전 정말로 원해요……."

D는 얼굴이 붉어졌고 스스로 '맙소사, 나에 대해 말하고 있구나.'라는 생각을 하였다. 그녀는 자신을 추스르고는 환자에게 "당신이 치료 과정에서 느낀 점에 대해 말할 수 있을 정도로 이곳을 편안하게 느낄 수 있어 참 기뻐요. 치료자에 대해 사랑을 포함한 다양한 감정이 생기는 것은 아주 흔한 일이죠."라고 말하였다. 그녀는 그를 안심시켜 주었지만 자신의 얼굴이 새빨개진 것을 느낄 수 있었다. 이 상황은 회기를 마칠 즈음 발생하였고, C는 곧 공항에 가야 한다는 사실을 강

조하며 서둘러 자리에서 일어났다. 두 사람은 함께 문을 나서다 거의 부딪혀 넘어질 뻔 하였다.

다음 회기에 왔을 때, C는 "지난번에 당신에 대한 감정을 말한 것이 별문제 없었으면 좋겠어요."라고 말하였다. 그는 D가 얼굴을 붉혔던 것을 보지 못하였던 것처럼 보였으며, D에게 그런 이야기를 하지 말았어야 했다는 걱정을 하는 것으로 보였다.

D는 "물론이죠. 치료는 당신의 생각을 거르지 않고 있는 그대로 어떤 말이든 할 수 있는 장소예요. 당신이 제게 갖는 감정을 잘 살펴보게 되면, 우리는 당신이 이 치료실 밖에서 가지게 되는 일반적인 관계에 대해서 더 잘 이해할 수 있게 될 것입니다."라고 말하였다.

이번에는 C의 얼굴이 붉어지며 "제가 여자를 사귀는 방식에 일종의 패턴이 있군요, 그렇죠?"라고 말하였다.

D는 "그런 것 같아요. 당신은 저와 같은 직업인 의사들과 데이트를 하였고, 그 여자들은 당신에게 당신이 원하는 반응을 보여 주지 못했어요. 어쩌면 여기서 일어나는 일들이 밖에서 일어나는 일들과 유사한 것 같아요. 당신은 당신에게 당신이 원하는 방식으로 반응할 수 없는 전문직의 여성에게 매력을 느끼게 되는 것 같아요."

이 예화에서 치료자는 환자가 해석이 필요하지 않을 정도로 깨달을 때까지, 즉 환자 스스로 알 때까지 색정전이에 대한 해석을 미루었다. 환자가 그의 감정을 말하였을 때 의사는 혼란스러웠고, 명백히 당황하였으며, 의식적으로 감추지는 않았지만무의식적으로 얼굴이 붉어진 것을 환자는 아마 깨달았을 것이다. 많은 치료자는 환자에게 '선생님을 사랑해요. 선생님에게 끌리는 것 같아요.' 라는 말을 들었을 때 당황하게 된다. Dr. D는 그녀의 당혹스러움을 훌륭하게 극복하고 다음 회기에서 환자의 색정전이를 생산적으로 사용할 수 있었다. 그녀는 환자의 색정전이에 대해 해석할 필요가 없었다. 환자가 그것을 이미 의식적으로 이해하였기 때문이었다. 다만, 그녀는 환자가 치료 외부 상황에서 전문직 여성과의 데이트를 잘하지 못하는 것과 치료자에 대한 갈망과의 연관성에 대해서만 해석하였다.

해석은 또한 저항의 구조를 설명하는 것일 수도 있다. 치료자는 환자가 무엇에 대해 방어하며, 어떻게 방어를 사용하는지를 알 수 있게 한다. 다시 말해, 치료 과정 중에 드러나거나 전이의 발달에 적용되기도 하는 특정 공포와 환상에 대해 지적할 수도 있다.

역동정신치료 과정이 지지적인 쪽으로 갈 것이냐, 아니면 좀 더 표현적이거나 탐구적으로 갈 것이냐는 해석적 중재의 횟수뿐만 아니라 전이 문제에 초점을 두는 정도에 따라 결정된다.

치료를 표현적인 것과 지지적인 것 중 어느 것을 강조할 것인가 하는 것은 회기의 빈도와 상관관계가 있다. 일반적으로 표현적인 치료인 경우 좀 더 전이를 강조하며, 주당 2~3회 정도 회기를 갖는 반면, 지지적 치료의 경우 주 1회 미만으로 갖는다. 회기의 수가 증가하면 전이는 강화되고, 그 전이의 해석이 핵심적인 치료 방법이 된다. 주 1회 미만의 빈도일 때는 회기 사이의 연속성이 방해받을 수 있고, 전이 문제에 초점을 맞추기 힘들기 때문에 장기 역동정신치료를 하기는 매우 어렵다.

때로는 전이 해석을 피하는 것이 도움이 되기도 한다. 환자의 전이가 치료에 긍정적이거나 치료를 진행하는 데 도움이 되는 경우, '고장나지 않았으면 고치지 마라.'는 기본 원칙 때문에 어떤 치료자는 환자의 전이를 해석하거나 탐색하지 않으려 하기도 한다. 전이가 치료에 저항으로 작용할 때에만 해석이 필요하다는 것은 유용한 지침이다. 부정적 전이가 그중 가장 확실한 예가 될 수 있다. 만약 환자가 회기에 늦게 오거나 치료자의 관찰에 대해 생각하기를 거부하거나 더 이상 치료가 진행되는 것을 꺼린다면, 치료자는 다음과 같은 해석으로 무엇이 일어나고 있는지에 대한 병식을 제공할 수 있다.

> 당신이 자주 치료 시간에 늦고 제가 관찰한 것에 대해 생각하지 않으려 하는 경향은 마치 내가 당신의 아버지로 느끼도록 만드는 것과 연관이 있는 것처럼 보입니다. 당신은 아버지가 말한 어떤 것도 들으려 하지 않았다고 자주 말씀하셨잖아요.

만약 이 중재가 옳다면, 환자는 치료자에 대한 그의 경험이 아버지에 대해 느끼는 것과 유사해서 치료가 그에게 도움이 되도록 하는 데 방해해 왔다는 것을 깨달을 것이다.

환자가 치료자에 대한 감정을 이야기하는 것을 불편해 하는 경우, 어떤 치료자는 전이 외 상황에 일차적으로 초점을 둘 수도 있다. 치료자와의 관계에서 나타나는 많은 갈등과 유사한 일들이 치료 밖에서도 나타날 수 있다. 정신분석가와 정신분석적 치료자는 마치 전이 이외의 관계에 대한 탐색은 비생산적인 것처럼 생각하여 종종 전이만을 강조하는 경향이 있다. 이런 편견 때문에 치료자는 환자가 전이 문제를 볼 준비가 되지 않은 때에 환자에게 압력을 가할 수도 있다. 어떤 환자는 이를 너무 부끄럽게 여기며 치료자 앞에서 '지금-여기(now-and-here) 상황'에서 느끼는 것을 직접적으로 말하는 것을 당황스러워 할 수도 있다. 또한 치료자는 전이 그 자체가 목적이 아니라 목적을 위한 수단일 뿐임을 명심해야만 한다. 치료자는 환자가 치료 밖의 여러 중요한 관계를 이해하는 데 도움을 주기 위해 전이를 이용하는 것이다.

전이 외 해석(extratransference interpretations)은 애정관계, 자녀, 부모, 그 외 다른 중요 인물과의 관계에 대한 병식을 제공하는 데 유용하다. 상관이 자신을 다루는 방식에 분노를 느꼈던 젊은 남자는 아버지와의 관계에서 기분 나빴던 점을 묘사하였던 것과 비슷하게 상관과의 관계를 설명하였다. 하지만 그는 둘 사이를 연결하지 못하고 있었다. 그래서 치료자는 "당신의 상관이 당신을 통제하려 한다는 것에 화가 난다고 말할 때마다 저는 당신이 아버지와의 관계에 대해 말하였던 것을 자주 떠올렸습니다."라고 일러 주었다.

전이는 정신치료 과정에서 다양하게 나타난다. 전통적인 정신분석적 사고의 관점에서는 주로 전이 신경증(transference neurosis)을 강조하였지만, 그 개념은 상당 부분 변화되었다. 전이 신경증이라는 개념은 모든 환자가 어려서 경험한 갈등, 방어기제, 관계 양상이 치료자와의 관계에서 나타난다는 것에 기초하고 있다. 사실 많은 환자는 정신치료 과정에서 다양한 전이를 드러낸다. 치료가 진행되면 환자는 치료자를 아버지, 어머니, 형제, 심지어 자녀로 경험할 수도 있다. 또한 치료가 진행되면서 이러한 전이에 연결된 감정의 질 또한 변할 수 있다. 사랑에 대한 감정이 미움, 시기, 무관심, 분노로 바뀌기도 한다. 또한 여러 유형의 긍정적 · 부정적 전이를 경험할 수도 있다.

3. 비해석적 중재

역동정신치료 중 치료자가 하는 것의 상당 부분은 비해석적인 것이다. [그림 4-1]의 연속성을 보면, 해석 이후의 다양한 표현적 중재를 볼 수 있다.

관찰(observation)은 설명과 연관지어 해석하는 것을 그만두는 것이다. 치료자는 단지 치료 중의 행동이나 감정의 변화, 말하는 내용 또는 양상에 대해서만 언급한다. 치료자는 환자의 동기나 설명에 대해서는 언급하지 않고, 환자로 하여금 치료자가 관찰한 내용의 의미에 대해 곰곰이 생각해 보도록 하는 것이다. 예를 들면, 치료자는 "여동생에 대해 이야기할 때면 눈물을 보이시네요." 또는 "치료를 마치고 나가기 전에 당신은 항상 저와 눈을 마주치지 않으려 하네요." 또는 "당신이 알고 계신지 모르겠지만, 제가 당신 아버지가 당신을 포기한 것과의 연관성을 말하려 할 때마다 당신은 항상 주제를 바꾸시네요."라고 언급할 수 있다.

직면(confrontation)은 일반적으로 환자가 피하려는 주제에 환자의 주의를 기울이도록 시도하는 것을 말한다. 관찰이 주로 환자가 의식하지 못하고 있는 문제에 초점을 맞추기도 하는 반면, 직면은 의식하고 있는 문제를 회피하고 있는 것을 지적하는 것이다. 직면은 공격적일 수 있다. 그렇기에 초심자들은 때로 환자가 치료를 중단할 수도 있다는 걱정 때문에 이런 중재를 사용하는 것을 주저하기도 한다. 직면의 좋은 예는 치료비 문제를 다루는 것이다. 즉, "3개월 동안 치료비를 지불하지 않으셨다는 것을 압니다. 그렇게 하시는 무슨 이유라도 있나요?" 라고 말할 수 있다. 하지만 직면은 부드럽게 공감하면서 환자가 꺼리는 문제에 대해 주의를 기울이게 하는 방법일 수도 있다. 즉, 어머니의 사망 이후 처음 맞는 어버이날에 대한 언급을 회피하고 있는 환자에게 "어머니 사망 이후 처음 맞는 어버이날인데, 이에 대한 기분을 저에게 말하지 않고 있네요." 라고 말할 수도 있다. 그러면 환자는 눈물을 흘리며 그에 대해 자세하고 길게 이야기하게 된다. 직면은 또한 경계선 수준의 환자의 경우, 제한적 환경을 정하는 데에도 사용할 수 있다. 예를 들면, 치료자는 "만약 당신이 이 회기를 계속하기 바란다면 목소리를 좀 낮춰 주세요. 당신이 소리를 지르면 생각을 하기 힘드니까요." 라고 말할 수 있다.

명료화(clarification)는 연속선상에서 직면 다음에 있는 것이다. 이 중재법은 모호하고 산만하여 연결되지 않은 주제를 명확하게 하는 것이다. 이는 환자가 자신의 어떤 반복되는 양상을 깨닫도록 도움을 줄 수도 있고, 환자에 대해 치료자가 정확히 이해하고 있는지를 점검할 수도 있다. 치료자는 "내가 이해하기로는 당신은 남자들과 만날 때마다 이용당할 것 같다고 느끼시고, 관계가 더 악화되기도 전에 떠나 버리고 싶어 하시는 것 같아요. 맞나요?"라고 말할 수 있다. 또한 명료화는 환자가 말한 정보의 요점만 묶어서 요약하는 방식으로 할 수도 있다(Gabbard, 2000). 예를 들면, 치료자는 환자의 말에 대해 설명하는 방식으로 "그러니까 내가 듣기로는 당신이 파티에서 여자들과 대화를 나눌 때면 자신이 초라하게 느껴지고, 여자들은 당신 이외의 다른 남자들에게 관심을 갖는 것처럼 느껴진다는 거군요."라고 명료화할 수 있다. 다른 형태의 명료화로 과거력이나 현재 다루고 있는 주제에 대해 좀 더 자세히 이야기해 달라고 하는 방법이 있다. 즉, "이야기 도중 방해해서 죄송하지만, 제가 정확하게 이해하였는지 확인하고 싶어서요. 당신의 아버지와 어머니가 식사 때마다 항상 술을 그렇게 많이 마셨다는 건가요, 아니면 그런 일은 아주 가끔 있었던 것인가요?"라고 말할 수 있다.

연속선상에서 지지적인 말단에는 세부묘사를 위한 격려와 공감적 인정(empathic validation)이 있다. 이는 둘 다 정보를 얻고 치료적 동맹을 강화시켜 줄 수 있는 방법 중 하나다. 세부묘사를 위한 격려는 '그것에 대해 저에게 좀 더 자세히 말해 줄 수 있겠어요?'처럼 간단한 말로 할 수 있다. 또한 환자가 갑자기 침묵할 때 "말씀하시던 도중에 갑자기 이야기를 멈추셨네요. 어떤 생각 혹은 이유 때문에 그러셨는지 말씀해 주실 수 있으십니까?"라고 말할 수 있다. 공감적 인정은 치료자가 환자의 내적 상태로 들어가 이해하려는 태도에서 나온다. 이런 노력은 환자의 관점에서 환자의 내적 세계를 보려는 것이다. '성적을 그렇게 잘 받아왔는데 어머니께서 아무런 말씀도

안 하셨을 때 당신이 얼마나 비참하게 느꼈을지 충분히 이해가 가네요.' 와 같은 말로 환자는 자신이 이해받고 인정받고 있다는 느낌을 가질 수 있다. 공감적 인정은 환자가 이해받았다고 느끼게 하고 강한 치료적 동맹을 형성하도록 하는 데 도움을 주기 때문에 특히 치료 초기에 중요한 방법이다.

또 다른 형태의 공감적 인정으로, 환자에게 "누군가 당신을 그런 방식으로 대했다면 당신은 상처를 받을 수밖에 없었겠네요."라고 말할 수 있다. 이런 긍정적인 중재(affirmative intervention)는 소아기에 상처나 학대를 받았지만 그 상처가 타인에게 별것 아닌 것으로 무시당했던 환자들에게 유용하다. 킬링모(Killingmo, 1995)는 긍정적 중재에 대해 "현실 경험에 대한 의구심을 제거해 줌으로써 주체성에 대한 감정을 재정립하는 대화"라고 정의하였다(p. 503).

과거 의붓아버지에게 근친상간을 당하였던 29세 여성 환자는 어린 시절 반복해서 그녀의 어머니에게 무슨 일이 일어났는지를 말하였으나 어머니는 그녀가 거짓말을 하고 있다며 믿으려 하지 않았었다. 따라서 그녀는 자신의 감정을 어머니에게 인정받지 못할 것이라 생각하여 근친상간의 상황에 대해 절망감을 느꼈을 때도 어머니에게 갈 수 없다고 느꼈다. 이 경우, 정신치료 과정에서 치료자가 환자의 감정에 대한 의미를 말해 주고 그녀가 겪은 상황을 미루어 봤을 때 충분히 이해 가능하다는 것을 반복해서 말해 주는 것이 매우 중요하였다.

코헛(Kohut, 1971)이 정신치료의 가장 핵심적인 기술로 공감을 강조한 이후로 공감적 인정은 자기심리학(self-psychology)에서만 중요한 것처럼 받아들일 때가 있지만, 사실 모든 역동정신치료의 이론적 모델에는 환자가 이해받고 도움을 받는다고 느끼도록 하는 공감적 인정이 정도의 차이는 있지만 포함되어 있다.

치료자들은 전이적 요소에 대해 너무 빨리 해석하거나 직면하도록 하는 것이 좋지 않다는 것을 실수를 통해 배우곤 한다. 환자들에게는 다른 중재 방법을 통한 전이를 이해하도록 하는 작업을 위한 준비 작업이 필요하다. 특히, 경계선 인격장애 환자나 자아 강도가 약한 환자의 경우, 전이 해석은 이득도 많지만 아주 위험한 중재 방법이다(Gabbard et al., 1994). 만약 적절한 시기에 해석이 이루어진다면 환자는 그 전이 해석을 통해 치료에서 일어나는 관계의 양상이 다른 관계에서의 양상과 유사하다는 점을 이해할 수 있다. 그러나 공감적 인정을 하는 언급을 하여 환자가 이해받고 있다고 느낄 수 있는 적당한 '포용적인 환경(holding environment)' 이 만들어지지 않은 상태에서 이루어진 전이 해석은 공격으로 여길 수 있다. 환자가 그에 대해 받아들일 준비가 되어 있지 않다면, 환자는 치료자에게 비난받고 피해받았다고 느낄 수도 있다. 따라서 전이 작업에 대한 반응이 치료적 동맹을 어떻게 변화시키는지를 관찰하는 것이 전이 해석의 유용성을 모니터하는 데 유용하다(Horwitz et al., 1996). 환자가 새로운 자료를 갖고 오거나 병식을 가지도록 치료자와 협동적으로 작업하는 경우는 치료적 동맹이 더욱 향상된 경우다. 반면에 더 이상 말을 하지 않거나 매우 화가 나서 펄펄 뛰는 경우는 당연히 치료적 동맹이 파괴된 것이다.

치료적 중재의 연속선상의 지지적인 말단에는 정신교육적 중재와 칭찬과 조언을 하는 방법이 있다. 이런 중재법은 지지적 정신치료에서 더 많이 사용되는 것이지만, 몇몇 환자에게 표현적 정신치료를 할 때에도 유용할 수 있다. 정신교육적 중재는 치료자가 전문가로서 환자에게 정보를 교육하는 것이다. 예를 들어, 치료자는 환자에게 우울증이 반복적인 삽화(episode)를 특징으로 갖는 질환임을 설명해 줄 수 있다. 칭찬은 환자의 건설적이고 긍정적인 행동이나 태도를 강화시키기 위해 사용하며, 충고는 환자나 치료자가 걱정되는 부분에 대한 치료자의 의견을 제공하는 것이다.

전이 발달을 예측할 수 있는 방법 중에는 이전 치료자에 대한 환자의 경험에 대해 자세히 듣는 방법이 있다. 치료자가 아닌 권위적인 대상에 대한 인식도 추후 어떤 일이 일어날지에 대한 강한 단서를 제공한다. 치과병원에서 얼마나 아팠고, 치과의사가 얼마나 무정한 사람이었는지를 말하는 환자는 사실은 치료자에 대한 관점을 말하는 것일 수도 있다. 그러나 전이는 또한 치료자의 실제적인 특징에 따라 다양할 수 있으므로 치료자가 조급하게 "혹시 저도 여기서 당신에게 고통을 주고 똑같이 당신에게 냉정한 태도를 보이고 있다고 느끼시는 건 아닌지 궁금해요."라고 서툴고 성급하게 반응을 해서는 안 된다. 치료자는 이런 연결을 하기 전에 다른 관계에 대한 설명을 자세히 듣고 치료적 관계 내에서 발생하는 직접적인 자료를 관찰하여 증거가 만들어지고 확실해질 때까지 시간을 충분히 가져야 한다. 초심자는 종종 전이에 대한 해석으로 곧장 뛰어들고 싶은 욕망 때문에 성급한 실수를 저지르곤 한다.

4. 성 유형에 따른 조합과 전이

역동정신치료에서는 남성 치료자—여성 환자, 여성 치료자—남성 환자, 남성 치료자—남성 환자 그리고 여성 치료자—여성 환자의 네 가지 성 유형에 따른 조합이 가능하다. 한때는 이런 성 차이가 치료 진행에 있어서는 별다른 차이가 없다고 여겼다. 하지만 최근에는 이런 성적인 차이가 치료를 전개하는 데 상당한 차이를 만들 수 있다고 보고 있다.

전이는 어려서 형성된 신경망에 의해 연결된 내적 대상관계에 기초를 둔다(Westen & Gabbard, 2002). 여기에는 자기와 대상 그리고 둘 사이에 연결된 감정이 포함된다. 치료자의 실제 특징은 특정한 의미를 내재하고 있는 환자의 신경망을 자극할 수 있다. 즉, 치료자의 특성이 환자에게 어떤 반응을 유발한다는 것이다. 성, 나이, 외모, 예의, 말하는 방식, 옷차림, 머리색 등 치료자의 모습은 환자의 신경망에서 의식적 혹은 무의식적인 연상을 불러일으키는 계기가 될 수 있다. 성은 대상 표상(object representation)을 구성하는 특별한 신경망을 활성화하는 중요한 계기 중 하나이기 때문에 환자가 여성이냐 남성이냐는 전이의 발전에 커다란 차이를 만들 수 있다(Western & Gabbard, 2002).

소아기 동안 어머니와의 관계에서 갈등이 있었던 환자의 경우, 여성 치료자는 환자에게 즉각적인 부정적 전이의 계기가 될 수 있다. 이런 경우 환자는 남성 치료자에게 치료를 받는 것이 더 좋을 수 있다. 남성 치료자의 특징은 환자의 어머니와 관련된 표상에 연결된 신경망과 관련된 감정적 혼란을 덜 활성화시킬 수 있기 때문이다. 많은 환자들은 직감적으로 그들이 특정한 성과 더 잘 맞을지를 알기 때문에 자신의 치료자를 남성 또는 여성으로 먼저 요청하기도 한다. 어떤 전이의 경우 성적인 차이와는 관계없이 나타나기도 하지만, 신경망과 연결되어 있는 모든 대상관계가 모든 치료자에 의해 반드시 활성화되는 것은 아니다. 따라서 치료자를 결정할 때에는 이런 점을 먼저 고려해야 한다.

치료자는 역동정신치료가 깊어짐에 따라 성 역할, 더 나아가서는 성 주체성이 치료관계에서 매우 유동적으로 변할 수 있음을 명심해야 한다. 여성 환자가 그녀의 여성 치료자를 때로는 아버지로 경험할 수도 있고, 치료자가 마치 아버지인 것처럼 행동할 수도 있다. 동성애자가 아닌 남성 환자도 남성 치료자에게 성적인 감정을 느낄 수 있다. 이런 성적인 유동성(gender fluidity)은 역전이로도 나타날 수 있다. 예를 들어, 자신을 이성애자로 여기는 여성 치료자가 여성 환자에 대해 매력을 느끼고 있는 자신을 발견할 수도 있다.

성적인 고정관념(gender stereotypes)은 문화적으로 어쩔 수 없이 자리 잡고 있는 문제이기 때문에 치료 과정에서도 활성화될 수 있다. 남성 환자의 경우에는 여성 치료자보다 자신이 '낮은 지위에 있는 것(one down position)' 으로 여기고, 이런 힘의 차이 때문에 큰 스트레스를 받을 수 있다. 그러므로 힘의 불균형을 역전시키고 남성-여성 관계에서 우위적인 역할의 남성으로 행동하려는 문화적인 고정관념을 재생산하기 위한 방법으로, 치료자를 유혹하며 자신의 치료자를 성적인 대상으로 취급할 수도 있다. 색정전이는 남성의 공격성 문제에 직면하였을 때 여성 치료자의 경우 더 취약할 수 있으므로 남성 환자에 대한 여성 치료자의 경우 더욱 어려운 문제일 수 있다. 여성 치료자는 그녀에게 성적으로 흥분된 불안정한 남성 환자와 같은 치료실에 있을 때 매우 위협적으로 느낄 수 있다. 다음의 예는 이런 성적인 차이로 인한 문제와 관련한 것이다.

28세의 남성 환자 E는 29세의 여성 정신과 전공의인 F를 소개받았다. E는 감정적인 불안정성, 분노 폭발, 수면 문제 등으로 매주 정신치료를 받고 있었다. 치료 4개월 째, E는 갑자기 치료 회기를 녹음하고 싶다고 하였다. Dr. F는 불편함을 느꼈지만, 그렇게 하도록 하였다. 그는 시간이 갈수록 점점 주변에 대해 의심이 늘어갔고, F에게 그의 상관과 동료가 뒤에서 그를 욕하였다고 말하였다. 그는 기혼녀인 상관에 대해 점점 더 분노를 느끼는 동시에 그녀에게 매력을 느끼기 시작했다. 그는 사실 상관에게 고백을 하였다가 그녀에게 '그냥 좋은 친구' 로 지내자며 거절을 당한 적이 있었다.

E가 그의 상관에게 접근하는 시점에서 자신의 치료자 F에게 그녀에 대한 감정 때문에 치료에 집중할 수 없다고 말하였다. F는 그의 고백에 당황하였지만, 그의 솔직함에 대해 격려하고 그에 대한 논의를 계속해야 한다고 말하였다. 이 치료 회기와 다음 회기 동안, 치료자는 환자가 그녀의 머리 스타일 또는 옷차림에 대해 자주 언급하고, 주말에 무엇을 하는지 물었던 것을 깨달았다.

다음 회기에서 E는 몇 분간 말을 망설인 후 F에게 "제가 감정을 표현하면 선생님은 그 감정에 대한 대답을 해 주셔야 해요. 이런 감정을 죽여야 할지 말아야 할지 알 필요가 있으니까요."라고 말하였다. F는 "지금은 좌절이 매우 클 수 있어요."라고 대답하였다. 몇 분의 침묵이 흐른 후, E는 아직도 짝사랑하고 있는 대상인 대학 교수를 포함하여 자신이 접근하기 힘든 여성을 좋아하게 되었던 과거력에 대해 이야기하기 시작했다. F는 감정에 대해 반응해야만 한다는 그의 주장에 대해 약간의 위협을 느꼈고, 그에게 자신의 결혼반지를 봤는지 물었다. 후에 F는 이것이 실수였음을 깨달았지만, 당시 그녀는 그의 그런 주장으로 인해 구석에 몰린 기분이었다.

E는 화를 내며 F에 대해 다른 남자가 있으면서 이런 감정이 들도록 만들었다며 비난하기 시작하였다. 그는 위협적으로 보였고, "정신과 의사라면 제가 이렇게 될 것이라는 것쯤은 알고 있어야 하는 것이 아닌가요?"라고 말하였다. 그녀는 엉겁결에 이런 일은 처음 경험하는 것이라고 말하였다. 자신의 실수를 깨달은 F는 이 주제가 치료자나 환자 모두에게 매우 불편한 주제이긴 하지만, 함께 해결해 나갈 수 있을 것이라는 확신을 표현하였다. 그녀는 그가 자신의 감정을 숨기지 않고 표현한 것 자체가 치료가 진척되고 있다는 증거라고 말하였다. 그는 그녀에게 계속 치료를 받았고, 치료 중 치료자에게 느끼는 좋아하는 감정에 대해 계속해서 말하였다. F는 환자가 그녀를 좋아하고 있기 때문에 치료자에게 잘 보이기 위해서 어떤 이야기는 하지 않고 있다는 것을 환자에게 지적해 주었다.

치료가 진행되면서 E는 F의 음성메일에 수많은 메시지를 남기기 시작하였다. 그중에는 자신에게 급히 전화해 주기를 요청하는 것도 있었다. 치료자가 그에게 전화를 걸자, 그는 그날 아침 자신의 가족과 결별하였다고 했다. 치료자는 환자가 얼마나 고통받고 있을지에 대해 공감해 주었지만, 회기 사이에 만나야 할 정도의 응급 상황은 아니라고 말하였다. E는 다음 회기에서 자신이 버려진 것 같았고, 더 많은 시간을 그녀와 같이 있고 싶다고 불평하였다. F는 치료 시간을 늘리는 것을 거절하고, 그가 걱정하는 것에 대해 다음 회기에 이야기할 수 있다고 말하였다. 그날 환자는 분노에 찬 음성으로 그녀가 자신의 일을 하지 않는 것에 대해 사과하기를 요구하는 음성 녹음을 남겼다. 그는 또한 치료자가 비밀을 지키지 않고 부모님께 그에 대해 말을 하였다는 근거 없는 비난을 하였다. F는 점점 더 위협감을 느꼈고, 그녀의 지도감독자에게 이 사실을 말하였다. 그녀는 혼자서 환자를 만나는 것이 두려워 다음 회기를 취소하였고, 그와의 접촉 시 안전감을 느낄 수 있도록 환자에게 전화해 달라고 자신의 교육 병원 책임자에게 요청하였다. 병원 책임자는 E를 만나 그의 행동이 F에게 위협이 될 수 있다는 것을 말해 주었고, 치료자에게는 다음 약속에 나타나도록 격려하였다.

다음 약속 전에, F는 얼굴을 알아볼 수 없는 무서운 사람에게 쫓기다가 결국 그에게 당하고 마는 악몽을 꾸었다. 다음날 아침 E와의 면담을 하기 위해 출근하기 전, 치료자는 위험에 대비해 가스총을 지갑에 넣었다. F는 자신의 공포가 얼마나 극심한지를 깨닫고는 E에게 전화를 걸어 병원 약속 대신 전화로 상담할 것을 권하였다.

병원 책임자의 중재와 E에게 자신이 그에게 위협을 받고 있다고 느끼며 그를 무서워하고 있다는 것을 표현한 이후, F는 조금씩 안정을 되찾았다. E도 그의 피해망상적 사고와 저하된 현실검증력에 대해 약을 복용할 것에 동의하였다. 그러나 F는 회기 동안 그에 대해 좀 더 안전하고 편안하게 느낄 수 있도록 하기 위해 늦은 오후보다는 정오에 치료 시간을 갖기로 약속 시간을 다시 정하였다.

이 임상적 삽화는 어떤 형태의 전이는 쉽게 해석 작업을 하기 힘들다는 것을 반영해 준다. Dr. F는 분명한 한계를 설정해야 했고, 무슨 일이 일어나는지 직면하기 위한 방법으로 그녀의 병원 책임자와 상의했어야만 했다. 특히, 제한적 환경(limit-setting)을 설정하는 직면(confrontation) 등의 비해석적 중재는 전이를 조절해 주고, 환자로 하여금 치료자에게 위협적이지 않은 방법으로 자신의 이야기를 할 수 있도록 도와준다. 또한 치료자는 자신이 환자를 두려워 하고 있다는 것을 환자에게 알리는 제한된 자기노출을 사용하였다. 자기노출은 역동적 치료에 있어 정식 중재 방법으로 여기지는 않지만, 어떤 경우에는 유용한 방법일 수도 있다. 이 사례는 전이가 얼마나 다양한 층을 갖고 있는가를 잘 보여 준다. 우리가 전이를 긍정적인 것으로 말할 때 그것이 전부인 경우는 아주 드물다. 특히, 애정 욕구가 거절당한 것으로 여겨질 때 색정전이의 다른 측면에는 분노나 공격성이 있다는 점을 알아야 한다. 역동정신치료의 기본 전제는 감정, 전이, 지각 등에 대해 일정 부분은 액면 그대로를 믿지 말아야 한다는 것이다. 그 이면에 있는 복잡한 양면성을 항상 염두에 두어야 한다.

요약

중립성, 익명성 그리고 절제는 이제 재고의 여지가 있는 원칙으로 여겨진다. 현대의 역동정신치료자는 자신의 주관성을 치료 과정에서 완전히 배제하는 것은 불가능하다는 점을 인정하지만, 이를 억제하려고 노력한다. 치료자와 환자 사이에서 자발적인 대화가 진행되는 것이 중요하지만, 초심자는 무엇을 말하고 그것을 언제 말할 것인가에 대한 지침으로 사용할 수 있는 여러 가지 중재의 개념을 알고 있어야 한다.

표현적-지지적 연속선상에서 가장 표현적인 중재는 해석, 관찰 그리고 직면이다. 공감적 인정과 세부묘사를 위한 격려는 연속선상에서 중간 위치에 있고, 치료적 관계를 증진하는 데 유용하다. 가장 지지적인 중재는 충고와 칭찬이다. 충고와 칭찬은 때때로 표현적인 작업을 촉진하는 데 필요하다. 표현적 치료의 정도(degree of expressiveness)는 치료자의 중재가 어느 정도 전이에 초점을 두느냐에 따라 정의될 수도 있다. 그러나 전이 외적인 해석도 표현적 치료의 매우 중요한 부분이다. 어떤 환자는 전이 내에서 작업을 하는 것을 매우 힘들어 할 수 있기 때문이다.

치료자와 환자의 성에 따른 문제는 남성 치료자 또는 여성 치료자와의 적합성을 결정하는 데 중요한 요인이 될 수 있다. 또한 색정 또는 색정화된(erotized) 전이는 환자가 남성이고 치료자가 여성인 경우 더욱 큰 문제가 될 수 있다. 이는 남성의 공격성에 대한 여성 치료자의 취약성이 여성(혹은 남성)의 공격성에 대한 남성 치료자의 취약성보다 더 크기 때문이다.

chapter 5

치료 목표와 치료 행위

역동정신치료가 어떻게 효과를 나타내는지를 잘 알지 못하면서 치료적인 개입과 환자의 경과에 대한 제대로 평가하기는 힘들다. 또한 치료적인 작용의 기전을 이해하는 것은 매우 힘든 일이다. 어디서부터 시작할까? 치료자는 환자가 각 증상의 광범위한 영역에서, 그리고 그들의 일상생활의 기능에서 호전을 보이는 것을 증명하는 결과를 가지고 있지만, 도대체 그런 변화가 어떻게 생겼는지 어떻게 알 수 있을까?

치료자들에게 이러한 질문을 한다는 것은 많은 문제점을 내포하고 있다. 치료자들은 종종 자신의 이론을 과대평가하는 경향이 있으며, 이러한 치료의 결과를 자신의 이론적 관점에서 보려고 한다. 치료자는 자신의 절묘한 해석이 환자로 하여금 큰 성찰을 가져왔다고 생각하고 싶어 한다. 하지만 한 추적 연구에서 환자들은 대개 치료자의 해석적인 개입에 별로 의미를 두지 않으며, 기억도 못하는 것으로 나타났다(Mitchell, 1997). 이런 결과는 치료자들에게는 좀 거북하기도 하다. 이전에 치료받은 환자들을 볼 때, 그들은 자신들에게 가장 좋은 경험은 치료자의 유머와 같이 우연한 일들이었다고 말한다.

치료의 효과에 대한 답을 환자에게 찾는다면, 그 또한 문제가 있을 수 있다. 환자들은 대개 치료자들보다 무엇이 도움이 되었는지에 대한 신뢰성 있는 정보를 제공하기 힘들다. 많은 변화가 무의식에서 일어나므로 중요한 사건들에 대한 의식적인 기억은 빙산의 일각인 경우가 많다.

이에 대해 연구를 한다는 것은 50~100회기 중 어떤 특정한 개입이나 감정적인 상호 작용이 변화의 과정에 결정적이었는지를 구분해 내려는 것만큼 무모한 시도가 될 수 있다. 또한 연구자들은 치료관계의 상호 주관적인 기반 외부에서 관찰을 해야만 하는 문제점도 가지고 있다. 중요한 소통의 순간과 통렬한 감정의 동조는 녹음된 소리로는 알 수 없을 수 있다.

역동정신치료가 어떻게 작용하는지 알아내는 내재적인 복잡성에도 불구하고, 치료자들은 정신치료와 신경과학에 대한 실증적인 연구와 정신치료의 과정에 대한 면밀한 분석을 토대로 이 기전에 대해 조금씩 알아나가고 있다. 지난 세기 동안 해석을 통한 통찰은 치료자에게 핵심적인 수단으로 인정되어 왔다. 최근의 많은 임상가들과 연구자들은 해석을 통한 통찰의 획득이 역사적으로 너무 미화되었으며, 정신치료 내에서 새로운 관계의 경험을 통해서도 변화가 일어난다고 보고 있다.

통찰이냐 관계냐와 같은 이분법적인 분리는 최근 이러한 변화의 두 기전이 대부분의 경우 상호 보완적으로 작용한다는 것으로 정리되고 있다(Cooper, 1989; Gabbard, 2000b; Jacobs, 1990; Pine, 1998; Pulver, 1992). 따라서 치료에 있어 관계와 해석의 이분법은 더 이상 통하지 않게 되었다. 교정적인 관계에 대한 통찰은 그 자체로 환자에게 더 많은 변화를 가져올 수 있고, 치료자의 해석 자체는 해석을 하는 과정에서 전달되는 관계가 주는 의미보다 덜 중요할 수 있다(Pulver, 1992; Stern et al., 1998). 이제 역동적 치료에서 단 하나의 치료적 작용 기전을 찾는 연구는 그다지 유용하지 않다. 왜냐하면 변화의 기전은 환자와 치료자마다 각각 다르기 때문이다(Pine, 1998).

1. 치료 목표

치료적인 작용을 규명하는 작업은 역동정신치료의 목적을 통일성을 갖고 개념화하기를 요구한다. 그러므로 특정한 치료적 행위의 기전을 밝히려는 시도는 치료자를 더욱 혼란스럽게 만든다. 치료적 행위에서 목표는 교통수단의 종착지와 같은 것이다. 어떤 곳은 자동차로 충분하며, 어떤 곳은 비행기와 배가 필요할 수 있다. 여기서 우리는 하나의 문제에 봉착하게 된다. 정신치료의 여정에서 환자나 치료자의 이론적인 배경에 따라 그 목적지는 다양할 수 있기 때문이다(Gabbard, 2001).

정신치료의 목표는 치료가 어떻게 이루어지는지에 대한 치료사의 이론에 의해 재단된다. 어떤 이론은 증상의 제거와 같은 보다 의학적인 모델에 기초하고, 어떤 것은 자기(self)의 경험을 향상시키고 의미를 부여하는 것과 관련이 있다. 비록, 정신분석이론에서 다양한 목표를 모두 열거하는 것은 이 책 전부를 할애해야 하는 일이지만, 치료의 목표가 어떻게 구성되는지를 보기 위해서 이러한 다양성의 일부를 알아보는 것은 유용할 것이다.

역동정신치료의 목표

갈등의 해결 자아심리학(ego psychology)에서는 마음의 갈등과 증상이 타협 형성에서 나온다고 본다. 역동정신치료의 목표는 무의식의 갈등이 무엇인지 이해하고 그것이 만드는 증상을 해결하는 것이다. 예를 들어, 한 젊은 소설가는 자신의 성공이 아버지와의 관계를 위험한 경쟁관계로 만들 것이라며 두려워하여 글을 쓰지 못하게 되었다. 이 마음의 갈등이 탐색되고 이해되면, 이 문제를 이해하게 되어 불안이 감소되어 소설가는 다시 글을 쓸 수 있을 것이다. 이 이론에서 갈등은 완전히 해결된다기보다는 보다 효과적이고 적응적인 타협이 형성된다고 본다(Brenner, 1976).

진실 추구 어떤 역동정신치료자는 치료 과정의 목표를 환자가 자신을 알아가는 과정으로 본다. '너 자신을 알라.' 라는 오래된 금언처럼 이러한 신념을 가진 치료자는 자신들의 환자들이 스스로에 직면하고 그들이 되고자 하는 자기가 아닌 진정한 자신을 찾도록 한다. 이것은 위니코트(Winnicott, 1962/ 1976)가 말한 참자기(true self)와 거짓자기(false self)의 구분을 발견하는 것이 될 수 있다. 치료가 끝나면 환자는 '가면을 벗고 산다.' 는 느낌과 진정한 자신이 된 느낌을 갖게 될 것이다(Gabbard, 1996).

적절하게 자기대상을 구하는 능력 향상시키기 자기심리학의 관점에서 코헛(Kohut, 1984)은 사람이 타인들로부터 반영(mirroring), 긍정(affirmation), 확인(validation), 이상화(idealization) 같은 어떠한 기능을 요구하는 것은 나이가 들어도 결코 사라지지 않는다고 하였다. 앞서 1장에서 살펴보았듯이 코헛은 이것을 자기대상 기능(selfobject function)이라고 하였으며, 대기의 산소와 같아서 생존에 필수적이라고 보았다. 정신분석 치료의 목표는 환자들이 이런 자기대상을 미숙하고 부적응적인 방법으로 구하기보다 성숙하고 적절하게 얻을 수 있도록 도와주는 것이다.

자신의 내적 대상관계를 이해함으로써 대인관계를 개선시키기 대상관계나 대인관계를 중시하는 치료자는 치료의 일차적인 목표를 환자가 자신과 타인의 내적인 표상이 어떻게 외부 사람과의 관계에 영향을 미치는가를 이해시키는 것으로 본다. 이 목표의 일부분은 환자가 타인에게 반복적으로 투사하는 자신의 일부분을 재통합(reintegration)하게 도와주는 것이다. 예를 들어, 자신의 여성 치료자가 자신의 성공에 대해 질투를 하고 있다고 생각하는 여자 환자에게 그것은 어린 시절 환자가 학업에 성취를 보일 때 별로 관심을 보이지 않았던 환자 어머니의 내적 표상에서 기인한 생각이란 사실을 가르쳐 줄 수 있다. 그리고 점차 그 환자는 자신이 치료자가 질투를 한다고 느끼는 것이 자신의 내부에 있는 어머니의 표상을 투사한 것이라는 사실을 인식하게 된다. 재통합 혹은 재인식(reowning)의 과정을 통해서 환자는 무엇이 자신의 것이고, 무엇이 타인의 것인지 구분하게 된다(Steiner, 1989). 그 결과 대인관계가 향상된다. 이러한 변화를 알 수 있는 다른 방법은 환자가 더 이상 자신만의 생각 속이 아닌 실제의 세상에서 사는 것을 보는 것이다.

치료적 대화 안에서 의미찾기 정신치료적 탐색의 결과 새로운 의미가 생겨난다. 오늘날 역동정신치료자들은 과거의 어떤 사건이나 경험에 대한 하나의 정확한 해석이라는 부분의 의미는 덜 중요시하는 경향이 있다. 대신에 정신치료의 두 참여자, 즉 치료자와 환자는 치료 과정상에서 함께 의미를 만들어 나간다(Mitchell, 1997). 과거부터 있어 왔던 무의식 속의 의미를 찾아내는 것과 치료자와 환자가 함께 현재의 치료적인 대화 속에서 의미를 만들어 내는 것 사이에는 변증법적인 긴장이 존재한다. 이 목표 역시 결과적으로는 이전에는 알지 못하고 모호하였던 의미에 대해 이해하게 된다는 점에서 일종의 무의식의 의식화라고 볼 수 있다.

성찰 기능을 향상시키기 어린 시절에 학대나 유기당한 경험은 환자들의 성찰 기능에 문제를 발생시킬 수 있으며, 이런 능력을 향상시키는 것이 정신치료의 목표가 될 수 있다. 치료의 도움을 통해서 환자는 사람에 대한 자신의 내적 표상과 실제 외부 세상의 사람을 구분하는 능력을 갖게 된다. 더 나아가 타인의 내적 표상을 알 수 있고 자신의 것과 다르다는 점을 알게 될 것이다. 이처럼 서로 다른 두 사람의 마음이 상호 작용한다는 것을 알게 되는 것을 상호 주관성(intersubjectivity)의 달성이라고 부르기도 한다(Benjamin, 1990). 성찰 기능이 향상되면서 환자는 자신의 행동이 자신 내부의 기분, 믿음, 갈등, 동기에 어떻게 영향을 받는지 알게 되며, 이 행동이 그냥 우연하게 생긴 것이 아니라는 것도 이해하게 된다.

이러한 정신분석적 정신치료의 다양한 목표에 대한 간단한 개괄은 실제로 치료에서 무엇이 일어나는지에 대한 의식적이고 이론적인 개념을 반영한다. 우리는 치료자가 자신들의 무의식적인 의제에도 영향을 받고 있다는 사실을 고려해야 한다. 치료자는 부분적으로는 사람을 돕겠다는 이타적인 소망을 가지고 치료 현장으로 간다. 하지만 환자와 마찬가지로 치료자가 의사 결정을 하는 데는 치료자의 의식을 넘어선 요소가 영향을 준다. 치료자는 무의식적으로 자신의 내적인 대상들 또는 부모와의 관계를 회복시키고자 할 수 있다. 치료자는 우리 자신이 어린 시절 갖지 못하였던 무언가를 주는 환자와 배타적이고 특수한 관계를 맺길 원할 수 있다. 치료자는 부모에게서 받지 못한 사랑과 이상화를 환자에게서 얻기를 원할 수도 있다. 치료자는 환자에게는 별로 필요하지도 않은 목적을 위해 그들을 자신의 완벽한 통제하에 두려고 노력할지도 모른다(Gabbard, 1995). 자신의 직업적 인생을 역동정신치료에 바치기로 한 사람들은 앞에서 제시한 것과 같은 숨겨진 동기를 이해하고 그들 자신이 환자들에게 실제로 하고 있는 역할을 알기 위해서 개인 정신치료를 받기를 원하기도 한다. 하지만 치료자는 정신치료의 과정에서 자신이 무엇을 하려고 하는지 완벽하게 파악할 수는 없다. 따라서 치료자에게는 끊임없는 자아성찰(self-scrutiny)과 자기분석(self-analysis)이 필요하다. 역동정신치료자는 그날 일을 마칠 무렵에 즐거운 기분을 가지려고 환자와 특별한 종류의 관계를 만들려는 무의식적인 소망을 가질 수 있다. 예를 들어, 어떤 치료자는 자신의 마음속에 스스로를 바쳐 헌신하는 치료자와 그의 도움에 대해 고마워하는 환자에 대한 특정한 대상관계 모형을 가지고 있을 수 있다(Gabbard, 2000).

환자의 목표와 치료자의 목표

환자는 스스로 자신의 문제점의 원인과 병리기전에 대한 이론을 가지고 치료를 받으러 온다. 그들은 마음속에 치료자의 입장에서는 완전히 비현실적인 목표를 가지고 있을 수도 있다. 한 동성애자가 자신을 배신하고 학대한 상대와의 고통스러운 관계를 호소하면서 치료를 받으러 왔다. 치료자는 치료에서 바라는 것이 무엇인지 물었을 때, 그는 더 이상 학대받고 싶지 않다고 하였다. 치료자는 그에게 자신들(치료자와 환자)이 그의 상대방의 행동을 변화시키지 못할 수도 있다고 말하면서, 하지만 환자가 왜 결국에는 상처만 입을 그런 상대들과 관계를 맺고 있는지를 알아보는 것이 현실적인 목표라고 하였다.

환자의 목표는 치료자의 목표와 갈등을 빚을 수 있다. 왜냐하면서로 다른 개인은 그 과정을 서로 다르게 이해하고 있기 때문이다. 많은 환자들은 정신치료를 받으러 올 때 자신들이 치료자의 적극적인 개입에 의해서 '고쳐질' 것이라고 생각한다. 그러나 치료자는 그런 환자의 생각을 고쳐 주어야 하며, 치료 목표는 같이 정의하고 함께 추구하여야 하는 것임을 알 수 있게 도와야 한다. 더 나아가 비록 치료자가 '자아의 강화' 나 '초자아의 완화' 와 같은 내적인 목표를 생각하려고 하더라도 환자는 실제 생활의 변화와 같은 현실적 목표를 더 생각한다. 이러한 목표의 설정에는 타협이 필요하다. 한 여성 환자가 자신의 목표를 만족스런 애정관계를 통해 결혼에 이르는 것이라고 하는 것은 충분히 이해할 만하다. 하지만 치료자는 현실적으로 치료를 받으면 그녀가 적당한 상대를 만나 행복한 결혼생활을 할 것이라고 약속할 수는 없다. 치료자는 단지 환자가 가지고 있는 친밀감과 관련된 갈등, 자신의 감정을 충분히 드러내지 못하는 점 그리고 그녀의 애정관계를 방해하는 부적응적인 대인관계 방식에 대해서 탐색할 기회를 제공할 수 있을 뿐이다.

치료자와 환자는 치료의 진행 중에도 수시로 목표를 재평가하여야 한다. 어떤 종류의 걱정과 기대를 가지고 치료를 시작한 환자는 정신치료사의 영향으로 많은 것을 이해하면서 이러한 목표를 수정할 수 있게 된다. 만족스런 직장을 찾기 원하는 한 젊은 남성은 자신의 목표가 보람찬 직업을 갖는 것이라고 생각하였다. 하지만 정신치료가 진행되면서 이 남자는 자신이 집을 떠나고 성장하는 것에 대해 갈등이 많다는 점을 깨닫고 자신의 목표를 자신의 가족으로부터 정신적으로 독립하는 것으로 재정립하였다. 이처럼 어떤 갈등은 완전히 무의식적이라 목표를 정하는 초기에는 잘 나타나지 않을 수 있다.

정신치료의 목표에 관해 또 하나 강조할 점은 목표를 지나치게 추구하려고 하면 치료자가 환자에게 제시한 것으로 받아들이는 목표에 대해 환자가 반기를 들 수 있다는 점이다. 더 심각한 일은 어떤 특정한 목표를 성취하도록 주장하는 치료자는 치료자를 기쁘게 하기 위해서 변화된 체하는 환자들의 '거짓자기(false self)'를 유도할 수 있다는 것이다. 역설적으로 목표 달성에 지나치게 몰두하는 치료자는 환자로 하여금 치료자의 노력을 무위로 돌리고 패배를 통한 승리를 좇게 하여 치료 상황을 전이-역전이의 난국으로 몰고 갈 수 있다(Gabbard, 2000a).

충분한 기간 동안 환자가 치료에서 목표 없이 지내도록 하는 것도 가치가 있을 수 있다(Holmes, 1998; Mitchell, 1997). 시기(envy)에 가득 찬 어떤 환자는 치료자의 도움을 인정하지 않는다. 따라서 목표 없이 일정 기간 동안 단순히 자기탐색만을 함으로써 치료자로부터 자신이 자유로움을 보여 주려 한다. 어떤 환자는 치료자가 환자인 자신이 변화한 것을 봄으로써 만족하지 못하도록 치료가 끝난 이후에야 변화하기도 한다(Gabbard, 2000a). 따라서 많은 환자들에게는 최적의 치료 환경을 위해 목표의 설정과 목표 없음이 일정한 균형을 이루어야 한다.

2. 치료 행위의 여러 방법

다양한 형태의 치료 행위가 있다고 여겨지는 시대에 사는 우리는 '치료 행위'를 '치료 행위들'이라고 불러야 할 것이다(Gabbard & Westen, 2003). 이제 치료자들은 서로 다른 환자들이 변하기 위해서 치료의 서로 다른 면을 이용한다는 사실을 알고 있다. 능숙한 치료자는 주어진 정신치료 상황에서 각 환자에 맞게 접근방식을 달리할 정도로 유연한 사고를 지니고 있다. 월러스틴(Wallerstein, 1986)은 30년에 걸친 메닝거 정신치료연구계획(Meninger Psychoterapy Research Project)에서 42명의 환자를 연구하였다. 그 결과, 그는 좋은 치료 효과를 보인 대부분의 경우에서 치료자는 고도로 통찰적인 태도에서 보다 지지적인 전략으로 자신의 접근을 변형시켰다는 사실을 발견하였다. 그는 통찰의 효과가 종종 이상화되지만 지지적 접근도 고도의 분석적이고 통찰적 접근에 못지않게 정신구조에 변화를 가져오며, 그 변화가 오래 지속된다고 하였다.

동일한 환자군을 다시 연구한 결과, 블라트(Blatt, 1992)는 이러한 환자들에서 정신치료적 접근은 각 환자의 정신병리에 따라 다양해져야 한다는 점을 발견하였다(〈표 5-1〉). 그는 환자들을 두 집단으로 구분하였는데, 첫 번째는 내향적(introjective) 병리를 가진 환자로, 보다 사고형이며 주로 자기개념의 발달과 유지에 관심이 있으며, 친밀한 관계는 이차적이고 부차적인 것으로 보는 사람이다. 두 번째는 의존적(anaclitic) 정신병리를 가진 환자로, 자기 발전보다는

표 5-1 내향적 환자와 의존적 환자의 정신병리

특징	내향적 환자	의존적 환자
동기	자기 발전이 우선적 목표며 친밀한 관계는 부차적이다.	관계의 형성과 유지가 일차적 목표며, 자기 발전은 부차적이다.
일차적 방어기제	인지화, 반동 형성, 합리화	부정, 부인(denial), 전치, 억압
치료 행위의 형태	해석을 통한 통찰의 획득	치료관계 그 자체

대인관계의 문제에 더 큰 관심을 가지는 사람이다. 의존적 집단은 회피형 방어—부정, 부인, 전치, 억압—를 사용하며, 내향적 집단은 인지화, 반동 형성, 합리화 등의 방어를 사용하였다. 두 집단의 치료를 검토하면서 블라트는 의존적 집단의 환자들은 해석을 통한 통찰의 획득에 덜 반응하고 치료관계 그 자체에서 큰 도움을 받는다는 사실을 발견하였다. 이와 반대로 내향적인 환자들은 해석과 통찰의 획득으로 더 큰 호전을 보였다.

블라트가 발견한 차이는 유용한 것이다. 하지만 치료자는 많은 환자들에게 두 가지 모습이 섞여 있으며, 관계와 통찰 모두에서 도움을 받는다는 사실을 알아야 한다. 많은 경우에 환자들은 타인과의 친밀한 관계를 맺는 능력의 증진뿐 아니라 자신의 성취감과 효용감의 증진에도 가치를 둘 것이다. 존스(Jones, 1997; 2000)는 자신이 이름 붙인 반복적 상호행동구조(repetitive interaction structure)에서 해석과 관계에서 일어나는 상호 작용 모두를 고려한 통합된 치료 행위의 모델을 제안하였다. 이 모델에 따르면 상호 작용의 반복적인 양식이 일어나는 치료적 양자관계에서 두 사람의 공유된 인식, 이해, 경험을 통해 치료 행위가 발생한다.

3. 신경과학의 공헌

최근의 인지신경과학의 발전은 어떻게 변화가 일어나고 이를 촉진하기 위해서 치료자는 무엇을 해야 하는지 알려 주었다. 비록, 치료자마다 다른 이론적 배경을 가지고 서로 다른 목표를 갖는다고 해도 대부분의 치료자는 부분적으로나마 무의식적인 연결망이 변하는 것을 이해하고 있다(Gabbard & Westen, 2003). 이러한 무의식의 연결망이란 부적응적인 방어기제를 촉발하는 것, 부적응적인 대인관계를 일으키는 것, 부적응적인 감정 상태를 유발하는 것들을 포함한다. 이러한 신경망 변화에 대한 분명한 목표 중 하나는 특정한 감정과 대상관계의 무의식적인 연결을 변화시키는 것이다. 예를 들면, 권위적인 대상을 항상 화가 나 있고 앙심을 품고 있는 사람으로 무섭게 느끼는 사람이 있을 수 있다. 두 번째 형태의 연결망은 타인이 특정한 방식으로 행동하리라 기대하는 것이다. 세 번째 형태는 환자의 행동을 통제하는 무의식적이고 병적인 믿음들이다. 어떤 여자는 만약 자신이 화를 내면 아무도 자신을 사랑하지 않을 것이라는 믿음을 갖고 있을 수 있다. 신경망 변화의 또 다른 목표는 감정을 조절하기 위한 방어기제의 형태와 관련된다.

목표가 무의식적인 생각, 방어기제, 병적 믿음 혹은 감정과 대상에 관한 표상 간의 부적응적인 연결 등 무엇이든 간에 연결망의 기능이 변화하는 것은 일정한 과정을 밟는다(Gabbard & Westen, 2003). 첫째 과정은 수년 혹은 수십 년간 함께 활성화되던 신경망들의 연결고리를 약화시키고, 그 활성화의 수준을 낮추는 것이다. 표상(representation)이란 기억 안에 저장된 '어떤 것' 이 아니고 각 정신 단위(생각, 기억, 감각, 감정)의 연결이 '함께 활성화' 되는 것이다. 표상은 재활성화의 잠재력(potential for reactivation)으로 볼 수 있다. 즉, 특정 상황에서 이전의 활성화 수준에 기초하여 일어나는 신경의 활성화 양식이다. 자기 혹은 대상의 표상은 환자의 내적 세계에서 강력하고 반복적인 역할을 한다. 이전에 많이 활성화되었으며, 다시 매우 쉽게 활성화 될 수 있는 잠재력을 가지고 있는 상태인 것이다. 따라서 연관의 변화는 과거에 연결되어 온 정신작용 간의 관계가 약화되는 것을 말한다. 연결망에서 두 번째로 일어나는 변화의 과정은 새로운 연결고리의 창조, 또는 이전에는 약했던 연결고리의 강화다. 따라서 구조적인 변화를 가져오는 치료는 오래된 연결망을 없애거나 완전히 대체하는 것이 아니다. 오히려 지속되는 변화는 활성화된 망에서 부적응적 고리를 상대적으로 약화시키고 새롭고 보다 적응적인 연결을 강화하여 환자가 새롭고 적응적인 해결책을 찾도록 하는 것이다.

예를 들어, 어떤 환자는 자신보다 나이가 많은 치료자와 치료를 시작하며 치료자가 자신의 이야기를 지루하게 생각하고 흥미를 보이지 않을 것이라는 확신을 가지게 될 수 있다. 그러나 환자는 차츰 그에게 권위적인 대상의 밑그림이 된 아버지가 자신이 대화를 시도

하면 항상 지루해하고 흥미를 보이지 않았기 때문에 그런 믿음을 갖게 되었다는 사실을 알게 될 것이다. 이것이 바로 환자의 일상생활에서 강력하게 활성화되고 있는 연결망이다. 치료자가 지속적으로 흥미와 관심을 보이고 환자를 도우려는 자세를 유지한다면, 환자는 점차 오래된 망을 상대적으로 약화시키고 나이 든 권위적인 대상이 자신에게 관심을 갖는다는 새로운 연결망을 강화시킬 것이다.

지난 세월 동안 정신분석가와 분석적 정신치료사들은 가장 중요한 개입은 '가장 깊숙한' 부분(무의식의 가장 밑바닥에 있는)을 다루는 것이라고 믿어 왔다(Wachtel, 1997). 이 믿음은 보통 의식적인 생각이나 감정에 집중하는 것이 일시적인 변화만 가져오는 사실로 미루어 보아 일견 일리가 있는 말이다. 암시적(implicit) 과정은 심리학적으로나 신경학적으로 명시적(explicit)인 것과는 다르다. 따라서 의식적인 과정만 다루는 것은 연결망에서 수많은 중요한 부분을 건드리지 않을 가능성이 높다.

하지만 그럼에도 불구하고 의식적인 사고 과정이 커다란 고통의 원천이 될 수도 있다. 예를 들어, 어떤 여자 환자는 자신에게 청혼을 할 것이라고 믿었던 남자에게 배신을 당했던 생각만 하며 살아가고 있었다. 그녀는 지난 수년 간 깨어 있는(의식적인) 시간의 대부분을 자신이 이렇게 말을 했었더라면 하는 생각과 그가 그 말을 하였는데 그 말이 무슨 의미였을까 하는 생각 등을 반복하며 보냈다. 점차 그녀는 자신이 이렇게 생각을 반복하는 것이 한때 자신을 간헐적으로 학대하던 부모와의 관계에서 겪던 불확실성을 극복하기 위해 사용하였던 방어전략이었음을 깨닫게 되었다. 이러한 통찰 중심의 작업은 사고의 반추가 그녀에게 어떠한 무의식적인 기능(그 원인과 관련된)을 해 주고 있는지를 밝혀내기 위한 것이었다. 하지만 그와 동시에 치료자는 환자에게 의식적인 자기숙고(self-reflection)의 형태인 자기반성(introspection)을 할 수 있게 도와주었다. 자기숙고는 현재와 과거의 경험을 호기심과 자기탐구의 태도를 가지고 미래의 변화를 기대하면서 수행하는 자기반성이고, 반추(rumination)는 후회만 하면서 과거에 빠져 있는 것이다. 전자는 이전의 감정적 고통에서 자유롭게 하는 기능을 하지만, 후자는 환자를 이러한 고통에 얽어매고 불안과 우울을 영구화시킨다. 자기반성과 반추를 구분할 수 있게 되면서 환자는 부정적 감정의 고리를 탈피할 수 있게 되었다. 자신이 반추만 한다는 사실을 알게 된 환자는 자신이 반추를 하고 있다는 것을 알게 될 때마다 스스로에게 지금 이 순간 반추하는 것이 자신에게 어떤 기능을 해 주고 있는 것인지 질문하는 식으로 대처하기 시작하였다. 예를 들어, 자신에게 "지금 이것으로 얻을 수 있는 것이 뭐지?" 라거나 "만일 내가 반추하지 않는다면 기분이 어떨까?" 라고 물었다. 이러한 의식적인 역동의 탐색은 그녀로 하여금 왜 자신이 처음에 치료 과정을 변화보다는 반추(와 자기학대)의 수단으로 사용하였는지에 대해 이해하는 데 분명히 도움을 주었다.

의식적인 생각은 감정을 증폭시키며 사람들이 자신의 인생에 결정적인 영향을 주는 행동을 할 것인지 말 것인지를 결정하게 해 준다. 특히, 패배주의적인 환자에게는 그의 무의식적인 태도만이 아니라 의식적인 태도도 환자로 하여금 직업, 관계, 그 외의 소망을 획득하고 유지하지 못하게 만든다. 대부분의 역동정신치료자들은 치료 상황에서 늘 환자들에게 그들이 의식적으로 스스로를 꾸짖고, 최악의 상황을 예상하고, 자신들의 능력을 깎아내리는 태도를 가지는 것에 대해 깨닫도록 도와준다. 물론, 이것이 그 자체만으로 무의식의 연결망을 변화시킬 가능성은 적다. 하지만 환자가 패배주의적인 사고를 반복하는 것을 멈추게 하고, 환자로 하여금 인생에서 더 나은 결정을 내리게 하는 것은 미래의 행복에 영향을 줄 수 있다.

치료의 또 다른 목표는 의식적인 감정 상태를 다루는 것이다. 환자에게 의식적인 감정에 집중하게 하여 특정한 감정 상태의 빈도와 강도를 변화시킴으로써 환자가 상반되는 감정을 인식하고 견딜 수 있도록 도와주는 것이다(예, 한 사람을 향한 사랑과 증오). 또한 치료자는 환자가 불편한 감정을 견디는 것을 도와 그것을 해결하기 위해 자기 파괴적인 행동을 하는 것을 막는다. 환자들은 불안이나 우울과 같은 부정적인 감정 상태를 다루려는 목표를 가지고 치료자를 찾곤 한다. 하지만 어떤 경우에는 치료자가 환자로 하여금 특정한 감정을 깨닫도록 도와주어야 할 때도 있다. 메닝거 정신치료연구계획(Meninger Psychotherapy Research Project)의 연구 결과를 보면 예후가 좋은 환자 중에는 불안이 증가하였다고 보고한 경우가 많았다고 한다. 그들은 불안을 내적으로 무엇인가 잘못되었다는 사실의 신호로 삼을 수 있을 만큼 불안을 잘 통제할 수 있게 되었던 것이다(Siegel & Rosen, 1962).

셋째 의식적인 전략은 환자의 대응방식을 검증하는 것이다. 불쾌한 현실과 자기비판을 극복하기 위해 환자에게 유머를 사용하도록 도와줄 수도 있다. 기본적으로 감정을 조절하는 능력이 부족한 심

표 5-2 치료 행위의 목표

무의식	의 식
• 부적응적인 방어전략을 촉발하는 연결망의 변화 • 부적응적인 대인관계를 만드는 연결망의 변화 • 부적응적인 감정반응을 유발하는 연결망의 변화	• 의식적인 자기숙고의 여러 방법을 인식 • 자신에 대한 의식적인 태도를 다룸 • 의식적인 감정 상태의 빈도와 강도를 변화시킴 • 감정을 참도록 도와주고, 감정 상태를 알도록 도와줌 • 환자의 의식적인 문제 대처 스타일을 검토

각한 인격장애를 가진 사람들에게는 감정을 억제하기 위한 의식적인 적응전략을 가르쳐 줄 수도 있다.

중요한 것은 어떠한 치료 행위를 하든지 치료 과정 중에서 의식과 무의식의 연결망은 변화시켜야 한다는 사실이다(〈표 5-2〉).

이제부터 치료적인 변화를 촉진하는 특정 치료전략을 살펴보도록 하자.

4. 치료에 의한 변화를 촉진시켜 주는 기술적인 전술

변화를 일으키는 방법은 다양하지만 대부분은 크게 세 가지 방법으로 구분할 수 있다. 통찰을 촉진하는 방법, 치료적인 관계에서 비롯한 방법 그리고 자기노출, 노출, 확인 등과 같은 '보조적인 전략' 이 그것이다.

병식의 발생을 도와주는 방법

전통적인 정신분석에서는 두 가지 핵심적인 기법인 자유연상과 해석을 선호한다. 이 두가지 기법은 역동정신치료에서도 일정한 의의를 가지고 있다. 자유연상은 방어기제의 작동을 볼 수 있게 하고, 때때로 방어의 뒤에 숨어 있는 것을 보여 준다. 정신치료에서 방어기제는 저항의 형태로 나타나므로 치료자는 환자가 자유연상을 중단하거나 주제를 변경하는 부분에서 환자에 대한 중요한 정보를 얻게 된다. 예를 들면, 한 환자는 자신의 여자 상사에 대한 이야기를 하기 전까지는 자유연상을 잘하고 있었다. 그러다 그는 갑자기 주제를 전날 저녁에 일어난 일로 바꾸어 버렸다. 이를 통해 치료자는 그가 그의 인생에서 중요한 대상에서 방어적인 도피를 하는 것이라고 보았으며, 그의 여자 상사가 그에게 어떤 불안을 갖게 하였으리라 추측하였다. 자유연상은 또한 환자와 치료자에게 환자가 생각하고, 느끼고, 행동하는 특정한 방식을 만드는 무의식적인 연결망에 대한 지도를 제시할 수 있다. 자신의 새 애인과의 데이트에서 심하게 창피를 당한 한 여성이 그 사건에 대해 말하는 도중에 갑자기 자신의 아버지의 이미지를 마음속에 떠올렸다. 치료자는 그녀의 애인과의 데이트에서 창피한 경험 중 어떤 것이 그녀의 아버지와의 경험과 연결되어 있음을 인식하고 그것에 대해 지적하였다.

해석은 제4장에서 언급하였듯이 서로 연결된 마음속 사건들(두려움, 환상, 소망, 기대, 방어기제, 갈등, 전이, 환자가 치료 시간 이외의 사건에 대한 이야기를 하면서 드러나는 관계의 양식)을 체계적으로 배열하는 것이다. 치료자는 환자의 생각과 느낌을 연결하거나 환자가 알지 못하는 연결망 속의 요소를 이어 주는 것뿐 아니라 환자가 어떤 생각과 느낌을 피하려고 하는 것을 해석해 줄 수도 있다. 전이 해석은 전통적으로 치료자를 환자의 과거 경험이나 치료 외적인 관계와 연결하는 작업이다. 비록, 전이 해석이 정신분석에서는 핵심적인 작업이지만, 역동정신치료에서는 전이를 다루는 것을 견디는 환자의 능력과 치료를 효과적으로 하기 위한 지지적 요소의 필요성 정도에 따라 전이 해석의 필요성도 달라진다.

자유연상과 해석뿐만 아니라 외부의 관점에서 보는 것도 통찰을 불러오는 데 유용하다. 제4장에서 언급한 것처럼 관찰은 완전한 설명을 하게 해 줄 수 없으나 적어도 이해는 할 수 있도록 도와준다. 역동정신치료가 유용한 이유 중 하나는 치료자가 환자에 대해 외부인의 관점을 가질 수 있다는 것이다. 간단히 말해서 환자는 자신의 관점이 내부에 있으므로 자신이 다른 사람에게 어떻게 비치는지 알지 못한다. 치료자는 객관적인 시점을 가지고 외부의 관점에서 환자에게 의견을 제시할 수 있다. 비디오에 찍힌 자신의 모습을 보는 것이 이것과 비슷한 경우다. 보통 찍힌 사람들은 "내가 정말 저랬어? 내가 정말 저렇게 말했어?" 라고 한다. 우린 보통 우리가 다른 사람에게 어떻게 비칠지 알지 못한다. 따라서 치료자는 치료자의 관점이 환자의 것과 다르다는 사실에 기초하여 유용한 관찰을 제공할 수 있다(Gabbard, 1997).

제1장에서 언급한 것처럼 연결하는 방식은 암시적 절차기억(implicit procedural memory)에 새겨져 있다. 치료자는 이러한 자동적이고 무의식적인 양식을 환자의 행동에서 관찰하게 된다. 그것을 보고 치료

자는 "당신은 전 남편에 대해서 말할 때 슬퍼 보이는 군요."라거나 "내가 보기에 당신은 내가 당신의 어머니에 대해 말하는 것을 모두 부인하고 내가 당신에 대해 말하려고 하면 움츠러드는군요."라고 말할 수 있다. 이렇게 해서 치료자는 환자의 무의식적이고 자동적인 방어기제와 환자의 내적 대상관계를 환자의 의식 수준으로 끌어올릴 수 있다. 이러한 개입은 관찰한 사실에 대해서만 말하는 것이지 그것의 의미에 대해 설명하는 것은 아니다. 포나기(Fonagy, 1999)는 치료적 변화로 가는 가장 중요한 길은 환자가 치료자의 마음속에서 자신을 발견하는 데 있다고 하였다. 치료자는 관찰하였지만 환자는 인식하지 못하였던 환자의 감정과 비언어적인 소통에 대해 말해 주었을 때, 환자는 치료자의 관찰을 기초로 하여 자신의 모습을 재구성할 수 있다. 이러한 과정을 통해 암시적인 패턴은 점차 의식적인 고려의 대상이 되는 것이다.

치료자와 환자의 관계에서 발생하는 치료의 면면

치료적인 관계는 다양한 방식으로 변화를 가져온다.

첫째, 대인관계에 대한 현대적인 관점에서 볼 때 경험해 보지 못했던 다른 종류의 관계를 경험하는 것은 치료적으로 큰 효과를 낳을 수 있다. 신경과학적인 관점을 덧붙이자면, 새로운 관계의 경험은 공포, 소망, 동기, 방어기제 등이 연결되어 대상에 대한 표상이나 감정 상태를 만드는 신경망의 변화를 가져온다.

치료적 변화는 단순히 어떤 역할을 맡는 것만으로 일어나지 않는다. 만일 치료자가 단순히 환자의 내적 세계에 있는 어떤 대상과 다르게만 행동한다면, 지속적인 변화는 일어나지 않을 것이다. 핵심은 치료자가 환자의 과거 인물과 다르지만 다른 한편으로는 그 인물과 유사해야 한다는 것이다. 재정립을 필요로 하는 신경망을 활성화하기 위해서는 치료자나 치료적인 환경이 환자의 과거 속에 있는 원형과 일정한 유사성을 가져야 하기 때문이다. 때때로 환자의 활성화된 신경망은 치료자로 하여금 환자가 과거에 경험한 대상과 유사한 행동을 하도록 만들 수도 있다. 따라서 환자와 치료자가 이러한 패턴을 이해하고 이를 변화시키는 것이 중요하다. 그린버그(Greenberg, 1986)는 정신분석에 대한 그의 저술에서 "만일 분석가가 새로운 대상으로 경험되지 않으면 분석은 진행되지 않을 것이고, 분석가가 오래된 대상으로 경험되지 않으면 분석은 끝나지 않을 것이다."라고 말하였다. 따라서 치료자는 오랜 대상과 새로운 대상 사이를 왔다갔다 하면서 환자의 오래되고 체계화된 패턴을 무력화시키고 그 패턴에 의해 환자에게 어떤 일이 일어나고 있는지를 환자에게 반영하여 보여 주어야 한다.

관계가 변화를 일으키는 두 번째 방법은 환자가 치료자의 기능을 내재화하는 것이다. 예를 들어, 치료자의 관심과 염려를 통해 마음을 안정시켰던 경험은 환자로 하여금 스스로 자신을 달랠 수 있게 한다(Adler & Buie, 1979). 때로 이것은 환자가 힘들 때 의식적으로 사용할 수 있는 치료자의 표상을 만듦으로써 생겨나기도 한다. 시간이 감에 따라 그 표상은 자동적이고 무의식적으로 활성화된다. 이런 맥락에서 이러한 기능을 내재화하는 것은 의식적이고 명시적인 표상을 필요로 하지 않는다는 점을 강조할 필요가 있다. 치료적인 관계 자체가 라이언스-루스 등(Lyons-Ruth et al., 1998)이 '암시적 관계에 관한 지식'으로 언급한 무의식적이고 감정적인 연결을 동반하기 때문이다. 이러한 현상은 치료자와 환자가 '만나는 순간'을 말하며, 일반적인 의미의 상징적 표상이나 역동적 무의식을 말하지는 않는다. 이것은 트로닉(Tronik, 1989)이 묘사한 것처럼 아기와 엄마 사이에 일어나는 상호 조절 활동에 기초한다. 다시 말해서, 역동정신치료에서 일어나는 어떤 변화는 특정한 관계에서 어떻게 행동하고 느끼고 생각할지에 대한 절차적 지식의 영역에서 일어난다(Stern et al., 1998). 이러한 개념의 중요한 의의는 많은 변화가 계획된 기술적 전략의 외부에서 일어나고 있다는 것이다. 비록, 이런 교감은 자발적이며 치료자가 생각하는 '기법'이 아니지만, 젖은 눈동자, 함께한 웃음, 또는 치료가 끝날 시점에 한 의미 있는 눈짓 등이 변화를 일으킨다. 암시적 절차기억 속에 있는 대상관계의 원형은 치료자와의 상호 작용이라는 새로운 경험을 통해 변화되는 것이다. 따라서 정신치료는 애착과 관련된 암시적인 절차기억을 재구성하는 힘을 가진 새로운 애착관계로 볼 수 있다(Amini et al., 1996).

관계가 치료적일 수 있는 세 번째 방법은 환자가 치료자의 감정적인 태도를 내재화하는 것이다. 어떤 환자는 이런 과정을 통해 그들 속에 있는 지나치게 비판적인 초자아를 완화시킬 수 있다. 그런 환자들은 치료 과정에서 자신이 예전에 부끄럽거나 나쁘다고 생각하였던 것들에 대해서 비판적이지 않고, 호기심을 가지고 탐색하는 태도를 보이는 치료자의 모습을 내재화하기 시작한다. 이러한 과정은 치료자에 의한 명시적인 언급을 통해서도 일어날 수 있지만, 제스처나 어조 등의 명시적일 수도 있고 그렇지 않을 수도 있는 비언어적인 소통을 통해서 일어난다.

환자는 자아성찰(self-reflection)에 대한 의식적인 전략을 내재화할 수도 있다. 이런 경우 환자는 마치 자신이 자신의 치료자가 된 것처럼 자신이 겪은 내적 경험을 치료자가 생각하는 방식으로 생각할 수 있다. 보통 치료자가 휴가를 떠난 경우 이런 모습을 많이 보는데, 환자는 치료자가 없을 때 치료자와의 대화를 상상하며 치료자가 해주던 분석적 기능을 스스로 하곤 한다. 이런 모습의 또 다른 변형은 앞에서 말한 것처럼 환자가 치료자의 마음속에서 자신을 발견하는 능력을 얻는 것이다(Fonagy, 1999).

관계를 통한 치료적 작용의 마지막 형태는 반복되는 전이-역전이의 과정 자체를 알게 되는 것이다. 반복되는 상호 작용은 치료자가 해석을 해 주지 않아도 결국에는 환자도 분명히 알게 된다. 치료자는 그러한 반복되는 상호 작용을 단순히 지적만 하거나, 이해하거나 그 배후의 동기를 설명하지 않고 관찰하는 것만으로도 도움을 줄 수 있다.

이차적인 전술

전통적으로 보조적인 전략에는 정신분석적으로 인정되지 않는 기법이 다수 포함되어 있다. 하지만 모든 정신분석적 정신치료에서는 환자를 볼 때마다 변화를 가져오기 위해서 다양한 기법을 사용한다(〈표 5-3〉). 환자가 변하도록 돕는 것은 이론에 매달리는 것보다 훨씬 더 중요한 것이기 때문이다.

보조적 전략의 첫째는 명시적 혹은 암시적인 제안(suggestion)을 하는 것이다. 프로이트는 최면과 거리를 두기 위해서 제안을 해석과 구분하였다. 하지만 현재는 대부분의 치료자가 제안을 치료자의 위치에 필수적인 요소로 보고 있다(Levy & Inderbitzin, 1997). 예를 들어, 해석이 환자가 가지고 있는 행동 양식을 조명하지만 동시에 치료자는 명시적 혹은 암시적으로 그 방식이 부적응적이며 변할 필요가 있다고 제안하게 된다(Raphling, 1995). 또한 환자의 관심을 어떤 연상과 연결로 돌리는 것은 환자로 하여금 어떤 생각과 행동이 다른 것보다 더 중요하다는 것을 암시하게 된다.

또 다른 보조적 전략은 부적응적인 믿음을 직면시킴으로써 변화를 가져오게 하는 것이다. 인지치료자들은 일상적으로 이런 방법을

표 5-3 장기 역동정신치료에서 치료 행위의 방식

통찰을 키우기 위한 기법	치료적 관계에서 나오는 치료 행위의 양상	보조적 전략
· 자유연상 · 해석 · 외부의 관점에서 관찰	· 치료자와 다른 형태의 관계를 경험 · 치료자의 기능을 내재화 · 치료자의 감정적 태도를 내재화 · 자기반영기법에 대한 의식적인 전략을 내재화 · 반복되는 전이-역전이 주제를 발견	· 암시적 혹은 명시적 제안 · 역기능적 믿음을 직면 · 문제 해결 방식 향상 · 노출 · 자기노출 · 확언, 인정, 수용 · 촉진적 기법

사용하며, 대부분의 역동정신치료자들도 명시적으로 혹은 암시적으로 사용한다. 비이성적이고 역기능적인 믿음을 직면하고 검증하는 것은 불안과 우울을 치료하는 어떤 정신치료에서도 빠뜨릴 수 없는 부분이다. 치료의 이론적 배경과 무관하게 치료자는 불안과 우울한 기분이 우울감을 지속시키는 생각을 불러오기에 이를 직접 다룰 필요가 있다는 사실을 환자가 볼 수 있도록 도와주어야 한다.

다음 보조적인 전략은 의식적 수준의 의사 결정 혹은 문제 해결 능력을 다루는 것이다. 비록, 정신분석적 정신치료가 '비지시적' 인 치료로 일컬어지지만 이 형용사는 수많은 예외를 가진 일반적 수사다. 역동정신치료자들은 환자에게 부적응적인 생각과 행동방식에 대해 깨닫도록 하는 방법을 자주 사용한다. 환자가 능력이 뛰어나고 심층치료에 적합하다 할지라도 문제 해결에 중점을 둔 명시적인 치료는 어느 누구에게나 도움을 줄 수 있다. 그러한 접근은 환자에게 더 적응적인 선택을 하게 하며, 그 다음의 선택에도 영향을 준다. 예를 들어, 한 대학에 근무하는 환자는 학과장에게 실제 문제와 전이 왜곡 모두에 의해 화가 나 있었다(Gabbard & Westen, 2003). 그녀는 정신치료 회기 후에 학과장 사무실로 가서 그에게 항의할 계획을 갖고 있었고, 그것은 그녀의 향후 경력에 치명적인 결과를 가져올 것이 예상되었다. 이에 치료자는 두 가지 방법으로 그녀를 막았다. 하나는 그녀가 그녀의 분노를 다루기 위해 자기 파괴적인 방법을 사용하고 있다고 직면시키는 것이었고, 또 다른 하나는 그녀 스스로에게 손해를 끼치지 않고 그녀가 원하는 목표를 달성하기 위해, 학과장과의 문제를 해결할 수 있는 다른 방법을 찾아보게 하는 것이었다. 그 이후 환자는 자신의 위치를 손상시키지 않고 자신이 원하는 것을 달성하는 방식으로 학과장과 상호 작용할 수 있게 되었다.

이 예에서 보여 주듯이 환자의 문제 해결을 돕는 방법은 환자가 강한 감정의 영향 때문에 이성적인 판단을 하기 힘든 경우 특히 유용하다.

노출(exposure)은 특히 불안장애 환자의 행동치료에 주로 사용되는 치료법이다. 하지만 노출의 변형은 역동치료에서도 사용된다. 근본적으로 볼 때, 노출이란 환자로 하여금 불안을 유발하는 자극이나 상황에 직면시키고 그 불안이 줄어들 때까지 견디도록 하는 것이다. 이러한 접근 방법은 신경망의 연결고리를 변화시킨다. 공황장애 환자를 치료할 때 인지행동치료자는 환자가 만드는 두려움에 대한 두려움을 다룸으로써 큰 성공을 거두었다. 이런 환자가 보이는 과각성은 불안을 증폭시키고, 더 큰 공황발작을 일으킨다(Barlow, 2002). 가쁜 호흡과 같은 내적인 상태와 장차 일어날지 모르는 공황발작 사이의 연관이 시상(thalamus)과 편도(amygdala)를 포함하는 피질하부 수준의 신경망에서 연결된다는 실험적 증거들이 알려져 있다. 이러한 연결고리는 역동정신치료와 같이 말로 대뇌피질을 다루는 치료로는 쉽게 변하지 않는다. 문제에 대한 환자의 통찰이 두려운 상황과 직면하게 되었을 때에야 비로소 치료가 가능해지는 것이다. 프로이트 이래로 분석가들은 공포증 환자들이 두려운 상황에 직면하지 않고서는 치료적인 진전이 거의 없다는 것을 발견해 왔다(Gabbard & Barlett, 1998).

역동정신치료를 받는 환자들은 그들의 삶에서 많은 부분을 회피하는데, 이러한 회피는 스스로 강화된다. 이것은 불안을 막지만 동시에 불안이나 다른 불쾌한 감정과 관련된 기억이나 생각과 상황을 더 회피하도록 만든다. 노출기법을 통해 우울한 환자가 자신의 긍정적인 표상을 거부하는 것처럼 어떤 표상을 부인하도록 만드는 감정에 대해 대상관계이론의 관점에서 생각해 볼 수 있다. 많은 우울증 환자는 성취에서 비롯한 자부심을 두려워하며, 자신의 성취를 자신은 물론 타인까지도 인지하지 못하도록 적극적으로 회피한다. 이러한 문제를 분석적으로 다루기 위해 방어기제의 의미를 다루는 것이 더 좋은지 환자 스스로가 거부하는 긍정적인 자아상을 탐색하고 받아들이기는 힘들더라도 인식시키는 것이 더 좋은지, 이 두 가지 접근을 혼합하는 것이 더 좋은지는 아직 확실하지 않다. 어떤 환자들은 아무리 방어기제에 대해서 분석을 한다고 해도 두려움을 피하려는 자연스러운 경향을 극복하지 못할 수도 있다. 결국, 두려운 상황에 적극적으로 직면하지 않으면, 치료적 진전은 일어나지 않을 가능성이 더 크다.

정신분석적 치료에서 여러 종류의 개입도 사실은 노출기법을 많이 사용하고 있다(Wachtel, 1997). 시간이 지나면서 전이 불안이 감소하는 것도 치료자가 자신을 비판하고 멸시하리라는 환자의 믿음이 사실이 아니라는 것을 인지하게 된 일종의 노출 결과다. 환자는 환자가 예상하는 것과 다른 방식으로 반응하는 치료자를 반복해서 방문함으로써 불안에 익숙하게 대응하게 된다. 포나기와 타지(Fonagy & Target, 2000)는 환자가 사실에서 얻은 믿음과 상상 속의 믿음을 구분하도록 돕는 것은 치료자가 환자의 두려움으로 가득 찬 내적 세계를 인지하는 동시에 환자에게 안전하다는 대안적인 관점을 제시하는 일종의 노출이라고 하였다.

다섯째 보조적 전략은 자기노출이다. 현명하고 제한된 자기노출은 환자가 타인의 내적인 세계를 이해하도록 하는 데 유용할 수 있다(여기에 대한 자세한 내용은 제8장에서 다룰 것이다). 이런 점에서 자기노출은 정신화(mentalization)를 촉진하며 성찰 기능을 갖게 해 준다(Gabbard & Westen, 2003). 예를 들어, 환자와 함께 감정을 나눔으로써 환자로 하여금 치료자가 어떤 느낌을 가졌으리라고 예상하였던 것은 단지 환자의 표상이라는 것을 이해하도록 도와줄 수 있으며, 이를 이야기함으로써 표상에 대한 이해를 얻도록 도와줄 수도 있다.

여섯째 방법은 이미 제4장에서 언급한 바 있는 확언(affirmation)이다. 제4장에서 어린 시절 큰 상처를 입은 환자의 경우, 환자는 치료자의 해석을 어린 시절 부모가 자신이 상처 입은 것을 인정하지 않은 것처럼 자신의 주관적 경험을 무시하는 것으로 받아들일 수 있다. 인정받고 받아들인다는 느낌은 정신분석이론 밖에서는 이미 오래전부터 치료의 핵심적인 요소로 받아들였다(Rogers, 1959). 그리고 코헛(Kohut, 1971)에 의한 소개를 통해 정신분석 문헌에서도 인정되고 있다.

마지막 보조적인 기법은 촉진(facilitative)이다. 이것은 환자가 치료자와 자신의 마음을 이해하는 작업을 하는 것을 더 편안하게 만든다. 이것은 유머의 사용과 교육적인 말에서부터 환자가 힘들고 부끄러운 주제를 직면하도록 다양한 형태의 안심과 위로를 주는 것까지 다양하다.

요약

역동정신치료의 목표는 치료자가 선호하는 학설, 치료자가 갖고 있는 무의식적인 동기, 치료자의 문제와 관심 분야에 따라 다양하다. 목표는 어떤 치료적 개입을 할 것인가를 결정하게 한다. 환자의 특징도 치료전략에 영향을 주며 모두에게 맞는 유일한 치료전략은 존재하지 않는다. 변화를 가져오는 어떤 기법이나 원칙은 대부분의 환자에 유용하며, 또 어떤 것은 일부에게만 유용하다.

역동정신치료자는 항상 각 환자에게 적합한 치료적 전략을 사용하여야 한다. 여기서 언급된 유용한 기법이나 치료의 목표끼리도 서로 갈등이 있을 수 있다. 덜 적극적이고 탐색적인 기법이 때론 직접적으로 두려운 상황에 직면하도록 격려하면 일어날 수 있는 신경망의 변화를 억제할 수도 있다. 반면에 신경망에 변화를 촉진하는 적극적인 기법은 탐색을 방해하고 환자에게 자율성이 침해받았다는 느낌을 갖게 하여 반항적인 역동을 불러올 수 있다.

chapter 6

저항 다루기

저항은 역동치료자에게 '일용할 양식' 과 같은 것이다. 1912년 프로이트는 '저항은 치료의 단계마다 동반된다. 치료 중 어떤 연상이나 행동에도 저항을 고려하여야 하며, 그것은 회복하려는 힘과 그 반대의 힘 사이의 타협을 의미한다.'고 하였다(Freud, 1912/ 1958: 103).

제1장에서 언급한 대로(핵심 개념), 환자의 특징적 방어기제는 치료자와의 관계 속에서 저항으로 나타난다. 따라서 환자가 치료자에게 대항하는 방식은 환자의 정신세계에 대한 중요한 정보를 제공한다.

비록, 아주 비참한 상태일지라도, 환자들은 그렇게 만든 세상에 대응하는 방식에 익숙해져 그것에 집착한다. 이러한 내적 평형은 정신치료의 시작으로 위협을 받게 된다. 특정 형태의 행동, 사고, 느낌, 관계 안에 갇혀 있는 사람에게 변화는 가장 두려운 것일 수 있다. 치료자가 할지도 모르는 간섭에 맞서 그냥 하던 대로 해 나가는 것이 가장 안전한 것처럼 보일 수도 있다. 따라서 환자들은 여러 방법으로 저항하는데, 늦거나 얘기를 숨기거나, 돈을 내는 것을 잊거나, 약속을 잊거나, 침묵을 지키거나, 지난주에 본 TV쇼에 대해서만 이야기하거나, 30~50분의 회기 동안 뉴스 헤드라인 이야기에만 초점을 맞출 수도 있다. 환자의 가장 흔한 형태의 저항은 이야기가 한 회기에서 다음 회기으로 이어지지 않고 마치 매번 새 회기를 시작하듯 하는 것이다.

저항이라는 말은 제거되어야 할 방해물을 암시하고 전투태세를 부추긴다. 치료자는 치료를 해 나가기 위해 저항을 정면 공격해야 한다고 느낄 수 있으나, 그렇게 하면 저항은 강화된다. 그러므로 역동정신치료자는 저항이 환자가 어떤 사람인지에 대한 정보와 사실을 드러내는 것으로 여겨야 한다.

프로이트가 정신분석을 시작하였을 때, 그는 환자에게 마음속에 떠오르는 것을 무엇이든 이야기하라고 하였다. 그런데 어떤 환자들은 입을 다물거나 자유연상을 하지 못하였다. 프로이트는 그들이 입을 다물게 하는 이유가 흔히 분석가에 대한 느낌과 연관이 있다는 사실을 점차 알게 되었다. 전이가 분석을 멈추게 하는 저항으로 작용하였던 것이다. 동시에, 전이는 환자의 내부 대상관계에 대해, 과거가 현재에 어떻게 반복되는지에 대해 많은 것을 드러낸다. 프리드만(Friedman, 1991)은 전이를 '얘기를 멈추게 하는 면에서는 완벽한 저항이지만, 이는 또한 무의식의 재료들을 분석 상황으로 내어 놓는 중요한 수단(다루기 힘든)이 된다.' 고 하였다(p. 576).

저항과 전이에 대한 이런 발견은 분석을 일차적으로 환자의 신경증을 설명하는 기억의 회복 과정이라고 생각한 프로이트의 초기 연구에서 나타났다. 그러나 기억회복모델에서 방향을 전환하면서 프로이트는 저항을 방해물로 여겨서는 안 된다는 것을 깨달았다. 그는 저항 속에 있는 긍정적 욕구에 더 깊은 인상을 받았다(Friedman, 1991). 분석가를 향한 환자의 동경이 문제를 이해하려는 소망보다 우선하였던 것이다. 점차 프로이트는 임상적으로 해야 할 일은 기억이 바깥으로 나오도록 저항을 없애 버리는 것이 아니라는 사실을 알게 되었다. 그 보다는 오히려 환자가 분리된 의식(divided consciousness)을 가지고 분석가를 향한 생생한 갈망을 관찰하고, 숙고할 수 있도록 도와주어야 한다고 생각하게 되었다. 그래서 반대나 저항은 '분리된 의식을 가지고 숙고하는' 바람직한 상태가 아니고 '숙고하지 않는 행동에 대한 선호' 로 재정의되었다(Friedman, 1991). 프리드만(Friedman)은 '환자는 내가 원하는 것이 무엇인지와 내가 (갈등하면서) 원하는 그것이 내 마음과 내 인생에 문제를 일으키는 것 두 가지 모두를 느껴야 한다.'(p. 590)고 설파하였다.

역동정신치료자는 종종 진료실에서 직관에 어긋나는 행동을 한다. 이는 저항을 다룰 때에도 마찬가지다. 치료자는 저항을 없애기보다 그 안으로 더 깊이 들어가야 한다. 치료자는 환자가 저항에 호기심을 갖도록 도와주어야 하는데, 이는 무엇이 치료를 방해하는지 자세히 조사함으로써 환자의 소망, 환상, 갈등, 욕구를 보여 줄 수 있기 때문이다.

이런 접근법을 설명하기 위해 치료 중에 자유롭게 이야기하다가 갑자기 조용해진 환자의 예를 들어 보자. 역동정신치료는 근본적으로 고압적이지 않으므로 멈춘 얘기를 하라고 강요하는 것은 효과적이지 않다. 대부분의 치료자는 조용히 앉아 환자가 다시 이야기하고 싶어 하는지 살펴보기 위해 기다릴 것이다. 그러나 계속 침묵이 흐른다면 치료자는 여러 가지 선택을 할 수 있다. 어떤 치료자는 "어머니와 지난 밤 저녁식사를 한 이야기 이후부터 얘기가 멈췄군요. 거기서 어떤 생각이 들었나요?"라고 말한다.

이 말을 함으로써 치료자는 환자가 어떤 시점에 대해 자세히 이야기한 직후 침묵/저항이 발생하였음에 환자가 호기심을 갖도록 유도한다. 다른 치료자는 그런 연결을 맺는 것에 대해 신경을 덜 쓰고 단순히 "무슨 생각 때문에 이야기를 그만두게 되었나요?"라고 물을 수도 있다. 전이와 저항은 언제나 치료 과정에 연관되어 있으나, 역동정신치료자는 치료자에 대한 공상과 침묵이 관계 있다고 말하는 것이 시기상조이기 때문에 아마도 전이 해석을 미룰 것이다. 치료자는 특정한 전이 형태가 환자의 침묵과 연관되었다는 증거를 시간을 두고 모으기 바랄 것이다. 환자가 치료자를 비판적이라고 생각할 것인가? 창피를 준다고? 질투한다고? 모욕을 준다고? 화나 있다고? 이런 질문의 답은 회기 중 어떤 순간에 침묵하는지 명확한 패턴이 떠오르고 나서 궁극적으로 알게 될 것이다.

치료자는 저항에 대해 좀 더 편안해져야 한다. 명령을 통해 저항을 제거하려 하기보다는, 저항이 있을 것이라는 것을 예상하고 공감적으로 이해해야 한다. 침묵에는 여러 가지 의미가 있는데, 시간만이 그 의미를 명확하게 알려 준다. 어떤 환자들에게는 침묵이 일정 기간 필요할 수 있고, 치료자는 그런 침묵을 허용해 줄 것이라고 알려 줄 수 있다. 침묵의 시발점에 대한 가벼운 질문에도 환자가 이야기하지 않는다면, 치료자는 "아마도 잠시 조용히 함께 앉아 있고 싶으신가 보죠?"라고 이야기할 수 있다. 치료자는 침묵의 수용뿐만 아니라 침묵하는 동안 환자가 혼자가 아니라는 사실에 대한 메시지를 전한다.

1. 치료실 밖과 안의 행동화

행동화의 원래 의미는 프로이트의 1914년 저작인 『기억, 반복 그리고 훈습(remembering, repeating, and working through)』에서 다음과 같이 나타난다.

> 환자는 잊어버리고 억압된 것들에 대해 기억하지 못한다고 말할 수 있지만, 그것은 행동으로 나타난다. 환자는 그것을 기억이 아닌 행동으로 재생산하는 것이다. 물론, 자신이 그것을 반복한다는 사실을 모른 채 반복한다(Freud, 1914/1957: 150).

행동화의 원래 의미는 진료실에서의 무의식적 반복이 기억과 언어화 대신에 존재한다는 것이다. 이는 현대의 역동정신치료 용어로는 치료 상황 안에서 일어나는 일이므로 이 현상을 치료 상황 내의 행동화라고 부른다. 이제 행동화란 말은 치료 상황 밖에서 일어나는 사건에 쓰인다. 예로 제4장에 제시된('치료적 중재') C는 치료자를 향한 전이 감정을 행동화하는 방법으로 사회적 상황에서 여 의사와 데이트를 하였다. 행동화는 환자가 무엇인가를 언어화하여 치료자와 함께 이해하기보다는 그것을 행동으로 옮겼다는 점에서 저항으로 작용한다. 또한 행동화란 말은 B군(群) 성격장애(cluster B personality disorder)에 속한 사람의 일반적인 방어 스타일을 설명하기 위해 사용되기도 한다. 이 환자들은 감정을 숙고하고 치료자와 함께 처리하기보다는 자신이나 남에게 파괴적일 수 있는 행동으로 감정을 분출한다.

여 의사와 데이트하는 남성 환자의 예처럼 치료를 받는 도중의 행동화는 흔히 전이 문제와 연관되어 있다. 다른 말로, 그것은 전이 감정이 다른 사람으로 전치된 것으로 볼 수 있다. 그러나 초심자들은 흔히 치료 상황 밖에서 발생하는 행동이 항상 전이 감정의 행동화라는 잘못되거나 근거가 충분하지 못한 가정을 한다. 사실 행동은 전이와 관련 있을 수도 있고 없을 수도 있으며, 치료자는 두 가지가 연관되어 있다는 즉각적인 결론으로 비약하기보다는 환자와 함께 열린 태도로 조사하는 것이 바람직하다. 그런 행동화는 종종 치료를 시작하기 오래전부터 존재해 온 것일 수도 있다.

치료실 내에서의 행동화는 세 가지 양상으로 설명된다(Paniagua, 1998). 첫째는 신체 근육을 포함하는 비언어적 형태의 행동, 둘째는 추론을 통하여 역동 조사가 가능한 의식적 혹은 무의식적 의도와 의미, 셋째는 치료 회기 동안 나타나서 치료자가 직접 관찰할 수 있는 행동이나 그 결과다.

치료실 내의 행동화의 흔한 예는 회기 중간에 옷을 일부 벗는다든가, 회기 중 일찍 자리를 뜬다든가, 잠든다든가, 몰래 회기를 녹음한다든가, 치료비 지불 시 수표에 사인을 빼먹는다든가, 치료자를 안 보려고 하는 것 등이다. 어떤 환자는 회기에 CD 플레이어를 가져와 치료자에게 함께 춤을 추지 않겠냐고도 하였다. 이때 치료자는 환자와 춤을 추지는 않는다고 차분하게 말하고, 그렇지만 치료자와 춤을 추고 싶은 그녀의 상상에 대해서 토론해 보자고 하였다.

또 다른 환자는 회기 중 의자에서 벌떡 일어나 한 바퀴 돌고는 치료자에게 "당신은 내가 새 치마를 입은 것에 대해 아무 얘기도 안 하네요. 어때요?"라고 물었다. 치료자는 자신이 아무 말도 하지 않은 것에 대해 상처받았는지 물었다.

이런 예들은 치료실 밖에서의 행동화나 안에서의 행동화를 치료자가 경멸하듯이 비판적으로 대하기보다는 공감적으로 이해해야 한다는 사실을 보여 준다. 이런 행동화들은 모든 저항처럼 가치 있는 의미를 담고 있으며, 치료자는 수용하고 숙고하는 자세를 가져야 한다.

코헛(kohut, 1984)은 저항을 자아심리학자(ego psychologist)들과는 전혀 다르게 보았다. 그는 치료자가 저항을 성적, 공격적 욕동의 파생물이나 그것에 대한 방어로 보아서는 잘못될 수 있다고 하였다. 방어를 해석하거나 직면시키는 대신, 자기심리학자(self psychologist)들은 저항을 환자가 자신의 최소한의 핵심자기(nuclear self)를 구하려는 시도며, 심리적인 생존을 위해 발생하는 것으로 이해하였다. 따라서 환자의 방어 필요성을 강조하고 존중해야 하며, 그들의 방어에 도전하지 말아야 한다고 하였다.

저항을 다루는 적절한 전략은 행동화의 변화무쌍함으로 인해 일반화하기 어렵다. 위험한 섹스에 빠져 들거나 운전하면서 술을 마시는 것과 같은 치료실 밖에서의 행동화는 환자의 삶이 위협을 받을 수 있으므로 엄격하게 직면시켜야 한다. 회기 중 자해하거나 약을 먹는 경우에는 행동에 제한을 하고 직면시켜야 한다.

한편으로 많은 형태의 치료실 내의 행동화는 그 의미가 분명해질 때까지 치료자는 참고 기다리며 관찰하고 탐색하여야 한다. 치료실 내의 행동화 현상에 동반되는 대부분의 저항은 전이 저항을 포함한다. 다시 말하면, 환자는 행동의 의미를 관찰하거나 숙고하지 않고, 치료자와 특정한 환상을 만들면서 살아가는 것이다. 이런 현상의 한 예를 들어 보자.

여성 환자 G는 감정을 다루는 데 심각한 어려움이 있어서 여성 정신과 전공의인 Dr. H에게 정신치료를 받기 시작하였다. G는 그녀 인생의 여러 분야에서 심각한 문제가 있다고 말하였는데, 그녀는 자신을 학대하는 여러 남자와 관계를 맺었으며, 두 번 이혼하였다. 그녀는 혼자 있는 것을 두려워하였고, 몇 번은 알게 된 지 2~3주밖에 안 된 남자와 살기로 한 일도 있었다. G는 자신이 한 번도 인정받는다고 느끼게 한 적이 없는 그녀의 어머니와 불편한 관계에 있었다. 그녀의 어머니는 자신의 어머니의 입장에서 인정할 수 없는 행동을 G가 하는 경우 그녀에게 전혀 관심을 보이지 않는 방식으로 대응하곤 하였다.

G는 아동기에 새아버지에게 성적으로 학대당한 경험이 있었다. G는 어머니에게 그 사실을 이야기하였고, 어머니는 새아버지를 추궁하여 다시는 그러지 않겠다는 약속을 받아냈다. 그러나 학대는 그 이후로도 3~4년 동안 계속되었다. 새아버지는 누구에게든 그런 얘기를 하면 그

녀의 여동생을 성폭행하겠다고 협박하였다. 그녀가 13세 때 어머니는 새아버지와 이혼하였고, 그때 G는 어머니에게 그동안 계속되었던 새아버지의 성폭행에 대해 이야기하였다. 어머니는 그 사실을 알고 분노하였지만, 나중에 재정적으로 어려워지자 다시 새아버지에게 돌아가기로 결심하였다.

G는 15세에 집을 떠났고, 그후 대학에 진학해 폭음과 여러 파트너와의 성적 관계에 빠져 들었다. 그녀는 치료자에게 자기와 잠자리를 같이한 모든 남자의 전화번호를 가지고 있다고 말하였다.

그녀는 학교를 그만두고 만난 지 얼마 안 된 남자를 따라 다른 주로 갔다. 그곳에서 그녀는 스트립 댄서로 일하였고, 때때로 그녀를 죽이겠다고 위협하며 신체적 · 성적으로 학대하는 남자와의 관계에 빠져 들었다. 그녀는 만난 지 8주 된 다른 남자와 결혼하면서 이 남자에게서 벗어났다. 하지만 이 결혼생활 동안에 그녀는 인터넷에서 만난 자신보다 10세 연하인 남자와 짧은 애정 행각을 벌였다. 그러다 그녀의 남편이 이 사실을 알게 되었고, 그녀를 용서하지 못해 결국 이혼하였다.

정신치료를 하는 동안, 그녀의 이야기가 한 꺼풀씩 펼쳐졌다. 때때로 H가 G에게 어떤 일이 있었는지 세부사항을 자세히 말하도록 하면 그녀는 방어적인 모습을 보이기도 하였다. G는 매 회기마다 치료자는 잘 모르는 정상에서 벗어난 사건들에 대해 이야기하는 패턴을 보이기 시작했다. 한 예로 하루는 그녀가 신나는 목소리로 "이번 주에는 펩 모임(pep meeing)에 갔었어요."라고 말하였다. 치료자는 펩(pep)이 무엇이냐고 물었더니, G는 '인간을 탐색하는 사람들(people exploring people)' 이라는 모임이라고 하였다.

H는 그런 모임을 잘 모른다고 얘기하였다. 그러자 G는 그것이 가학피학(SM)적 성행위에 관심을 가진 사람들의 모임이라고 설명하였다. 그녀는 현재 남자 친구와 가학피학(SM)적 성행위를 하고 있는데, 그 남자 친구가 그녀를 묶고 눈가리개를 한 후 목을 조른다고 하였다. 그녀는 그녀의 남자 친구가 어느 정도 목을 조를 것인지 통제하는 것에 편안함을 느끼기 때문에 자신이 그런 행동으로 위험해질 것이라고는 느끼지 않는다고 하였다. 그녀는 그녀가 지배당하는 역할을 하는 가학피학(SM)적 성행위에서만 유일하게 완전한 성적 만족을 얻을 수 있다고 치료자에게 말하였다. 치료자는 그전에 이런 말을 듣지 못하였기 때문에 이런 이야기를 듣고 매우 놀랐다.

다음 회기에서 G는 몇 년 전 그녀가 코카인에 빠졌었고 코카인을 살 돈을 벌기 위해서 창녀로 일한 적이 있다는 얘기를 하였다. 그녀는 500달러를 받고 줄을 서 있는 다섯 남자들에게 차례로 오럴섹스를 하기도 하였고, 하룻 밤에 17명의 남자와 관계를 가지기도 하였다고 우쭐대었다. 그녀는 자랑스럽게 치료자에게 "그게 제 기록이에요." 하고 말하였다.

매번 G가 다른 이야기를 할 때마다 H는 G에게서 감정적으로 멀어지면서 의심스런 느낌이 든다는 것을 알게 되었다. 그녀는 G와 더 이상 어떤 의미 있는 관계를 맺기 어려울 것 같다는 느낌을 갖기 시작하였다. 사실 치료자는 점점 자신이 G에게 거부감을 느끼고 있으며, G와의 대화를 마치 '괴물 쇼'를 보는 것과 같이 느끼고 있다는 것을 알게 되었다. 치료자는 자신의 역전이를 살펴보면서 G의 인생 전체에 걸쳐 다른 사람들이 그녀의 성적 행동에 대해 거부감을 보였던 것과 마찬가지로 치료자 자신도 G에게 거부감을 보이고 있다는 것을 알게 되었다. G는 H에게 펩 모임(pep meeting)에 대해 이야기하며, 그 모임의 회원 중 일부가 공공장소에서 성행위를 한다고 하였다. G는 자신도 공공장소에서 묶여 있는 상태로 어떤 여자가 자신에게 진동기를 사용하는 성행위를 하도록 했었다고 이야기하였다. H는 G에게 정확히 무슨 일이 일어났는지에 대해 세부적인 부분까지 질문하며 그녀 머릿속에 그 장면을 그려 보려고 시도하였다. 그러나 G의 모호한 태도 때문에 치료자는 자세한 세부사항을 얻기 위해 10분도 넘는 시간을 소모해야 했다. 어떤 시점에서 G는 "그런 행동은 대부분 노출증을 가진 사람들이 하는 행동이죠."라고 하였다.

회기가 끝났을 때 H는 뭔가 잘못되어 가고 있다는 불편한 느낌을 갖게 되었다. 지도감독자와 함께 이야기하면서 치료자는 G가 치료 과정을 즐기는 것처럼 전체 시간 동안 미소 짓고 있었던 것을 기억해 냈다. H는 무엇이 일어났었는지 생각해 보면서 그녀가 펩 모임에서 일어난 일들에 대해 세부적으로 알려고 하였던 것은 꼭 필요한 일이 아니었음을 깨닫게 되었다. 그녀의 지도감독자는 그녀가 G의 노출증을 바라보는 관객이 되었던 것이라고 지적해 주었다.

G는 치료실 밖의 그녀의 삶에서 흔히 발생하는 것과 같은 전이를 치료자에게도 일으켰다. 그녀는 성적 노출증에 관해 Dr. H가 충격을 받고 매혹되는 것을 보고, 치료자의 주의를 확실하게 확보하였다는 생각에 안심하였다. 그러나 그것의 의미, 기원과 그것이 어떻게 환자의 심리적 · 감정적 갈등을 표상화하는지를 숙고하는 관찰이

동반되지 않았기 때문에 저항으로 작용하였다. 그녀는 행동을 변화시키는 데 전혀 관심을 보이지 않았기에, Dr. H는 왜 그녀가 그 문제를 치료에서 제기하는지 궁금해하기까지 했었다.

이 예는 또한 환자가 어떻게 행동화로 치료자에게서 자신이 바라던 반응을 이끌어 내는지를 보여 준다. Dr. H는 매번 치료실에서의 G의 행동이 펍 모임에서의 노출-관음 시나리오와 비슷하다는 것을 알았다. 그러나 이런 통찰은 치료자가 환자의 행동화를 관찰하다가 치료자 자신도 그 상황에 빨려 들어간 뒤 한참 후에나 생겼다. 이런 면에서 볼 때, 이러한 환자의 저항은 환자가 바깥세계에서 겪는 강력한 내부 대상관계 시나리오를 드러내어, 그 시나리오가 잘 모르는 파트너들과의 위험한 성관계뿐만 아니라 그녀가 겪는 모든 관계에서 어려움의 원인이 되고 있다는 정보를 제공하므로 매우 유용하다. 치료자는 G에게 그 패턴을 지적하고 그들 사이에 벌어지는 일과 이런 반복된 형태의 관계가 그녀에게 왜 그렇게 매력적이었는지 함께 조사해 보자고 제안하였다. 그러나 Dr. H는 자신의 역저항(counter-resistance)도 둘 사이에 벌어졌던 상황에 기여하였기 때문에, 저항이 두 사람 간의 현상이었다고 인식하였다. 이런 전이-역전이 형성은 피할 수 없는 것이고, 치료의 진행에 유용하며, 궁극적으로는 환자와 함께 이야기될 수 있는 것이다.

2. 전이 인식에 대한 저항

어떤 환자는 치료자의 중요성을 반복해서 부정하는 저항을 보이기도 한다. 3주의 휴가 전에 치료자는 환자에게 "내가 3주간 자리를 비우는 것에 대해 당신이 어떻게 느끼시는지 궁금합니다."라고 하였다. 그러자 환자는 그에 대해 생각해 본 일이 없다고 말하였다. 그 환자는 치료자를 회계사나 치과 의사, 다른 전문가와 같이 인식하고 있으며, 어떤 특별한 애착의 감정도 없다고 하였다. 이와 같은 자기애적인 환자의 경우에는 전이가 명확하게 없는 것이 전이다. 이런 환자들은 만성적으로 다른 사람과 의미 있는 관계를 맺기 어렵고, 이런 대상관계에서의 심각한 문제가 치료 과정에서도 유사하게 나타난다. 애착이론의 관점에서 이런 환자들은 회피적 애착을 가진다. 이런 환자에게 의존성은 두려운 것이므로 치료자는 치료자가 중요하지 않다고 주장하는 것이 환자의 자기애적 손상을 막는 중요한 보호 수단임을 알게 되면서 전이 외적인 작업만이 가능하다고 결정 내릴 수 있다. 다른 경우에는 치료자가 환자의 전이가 저항으로 작용하는 것을 해석하고 의존성에 대한 불안을 극복하도록 도울 수 있다.

그러나 환자가 치료자에 대한 애착을 아는 데 주저한다는 사실을 직면시키는 데에는 좀 신중해야 할 필요가 있다. 치료자가 환자의 말에서 전이적 의미를 갖는 것들을 지적해 내는 데에만 열중하게 되면, 환자는 치료자를 잘난 척 하는 사람이라고 생각하게 될 가능성이 높다. 이는 오히려 역효과를 내서 환자가 더 방어적으로 변해,

자신이 치료자에 대해 어떤 종류의 감정도 없다고 주장하게 될 수도 있다.

이런 성향의 환자들에게는 치료자가 때를 잘 기다려서, 꿈 이야기나 회기 처음 또는 끝부분의 긴장감 없는 멘트 등에서 분명한 전이감정이 등장할 때를 노려야 한다. 특히, 회기가 끝나고 환자가 방에서 나가려 하는 순간 하는 이야기에서 전이가 잘 드러나곤 한다(Gabbard, 1982). 때때로 이 순간 하는 이야기는 공식적인 회기 동안 의자에 앉아서는 말하기 힘든 메시지를 담은 그 회기의 가장 중요한 것이 될 수 있다. 환자는 의자에서 얘기해야 할 말과 일어나서 나가는 도중에 해야 할 말이 다르다고 생각할 수 있다. 이런 이야기에 주목해야 하는데, 다음 번 회기 때는 이 이야기를 다시 하지 않게 될 가능성이 크기 때문이다. 환자는 이런 이야기를 치료와는 상관 없는 것으로 만들고자 하는 마음에 떠날 때 말하는 것이며, 정확하게 말하자면 환자가 회기 중에 이 주제를 꺼내 놓기를 망설였었다는 뜻이다. 치료자는 이것을 퇴각할 때 쏘는 마지막 화살처럼 말하는 것과 말하지 않는 것의 타협이라고 보아야 한다. 어떤 이야기는 너무 많은 감정이 담겨 있어서 치료자가 대답할 기회가 없는 치료 시간의 마지막 순간에만 밝힐 수도 있다.

I는 28세의 남자로 주 2회 여성 치료자와 역동정신치료 중이다. 그는 친밀하고 따뜻한 관계에 있었던 이전 치료자의 이름을 부르며 자주 그에 대해 언급하였다. 치료자는 환자가 자신과도 그런 관계를 원해서 그런 말을 하는 것이 아닌지 질문하곤 하였지만, 그때마다 I는

현재의 치료자와 그런 관계를 형성하는 데에는 관심이 없다고 부인하면서 현재의 관계에 매우 만족한다고 하였다. 또한 치료자의 사적인 생활에 대한 호기심도 부인하였다. 그러나 치료자가 2주 휴가를 마치고 돌아온 후 첫 회기가 끝나고 나가기 전 문에서 치료자에게 "얼굴이 탄 걸 보니 남자 친구랑 스키 타러 갔었나 보죠?"라고 말하였다. 치료자는 그 질문에 다소 긴장했으나 이에 대해서 다음에 이야기하자고 대답하였다. 그러나 환자는 다음 회기에 이 주제를 말하지 않았다. 치료자는 시작하고 15~20분 지나서 지난 번 나가면서 한 말에 대해 이번에 말하기로 하였는데 아직까지 아무 말도 하지 않고 있다고 하였다. 그러자 I는 그런 일은 기억이 나지 않는다면서 대수롭지 않은 일이라고 하였다. 그러나 치료자가 계속 의미를 파헤치자, 결국 환자는 치료자의 사생활에 관심이 있으며, 치료자에 대한 개인 정보를 얻어서 이전 치료자와의 관계처럼 특별한 관계가 되고 싶어 한다는 점을 깨닫게 되었다.

많은 경우에 환자의 마지막 멘트는 특별한 의미가 있다(Gabbard, 1982). 시간이 다 되어 가면 '지금 아니면 못 한다.'는 생각이 들어 환자는 오랫동안 참아 왔던 말을 하게 된다. 치료 회기의 마지막 멘트는 특히 이전에 경험한 분리 등에서 유래한 감정을 내포하고 있는 경우가 많아 중요한 의미를 갖는다. 매 치료 시간이 끝날 때마다 환자는 치료관계의 한계를 느낀다. 그러므로 나가기 전의 행동은 치료자와의 시간을 연장하거나 치료자와의 관계를 계약적인 것이 아닌 사적인 관계로 만들려 하는 노력이 될 수 있다.

환자들이 마지막에 가서야 이런 이야기를 하는 이유는 치료자가 환자를 거부할 시간을 주지 않기 위해서다. 마지막에 얘기를 하면 안전하다고 느끼는 것이다. 또한 이런 설명은 왜 환자가 다음 회기에서 그 전 회기 마지막에 하였던 얘기로 돌아가려 하지 않는지를 이해하게 해 준다. 치료자는 환자가 '잊어버린' 주제를 다시 이끌어 낼 준비가 되어 있어야 한다.

회기 중에 부정적 전이에 대한 어떤 힌트도 없었는데, 나가는 도중 치료 회기 중에는 보이지 않던 공격성이나 분노를 드러낼 수도 있다.

자살 시도를 몇 차례 했던 31세 남성 환자가 치료자의 1주일 휴가 전인 마지막 치료 시간에 얘기를 하고 있었다. 환자는 회기 중 치료자가 없는 것에 대해 별로 신경 쓰지 않는 듯하더니 치료가 끝날 무렵이 되자 태도가 돌변하였다. 그는 나가려고 문 손잡이를 잡으려다 치료자를 향해 "내가 자살하지 않으면 2주 뒤에 보겠네요."라고 하였다. 이런 말은 환자를 두고 치료자가 일주일간 떠나는 것에 대해 치료자로 하여금 불안과 죄책감을 느끼게 하려는 의도가 있는 것이다. 또한 부재중 환자가 자살을 할 가능성이 있다는 생각을 치료자에게 심어 주어 일주일 내내 치료자가 환자에 대해 걱정하게 만듦으로써 치료자의 휴가를 망쳐 놓고 싶은 환자의 분노 표현으로도 이해할 수 있다. 환자는 휴가 중에도 치료자가 환자를 생각할 수 밖에 없도록 만들어 놓았고, 치료자는 바로 반응을 보일 정도로 충분한 시간이 없었기에 결국 휴가 내내 환자를 걱정하면서 보냈다. 환자의 이러한 행동은 적

개심의 표시와 치료자와 일주일 간의 분리에 대해 저항하는 방어일 수 있다. 환자는 그렇게 함으로써 그들이 떨어져 있는 시간 동안 자신의 모습이 치료자의 마음속에 남아 괴로울 것으로 상상한 것이다.

3. 특정한 성격적 저항

많은 경우 치료자는 환자의 저항 방식을 이해하는 것으로 환자를 파악한다. 제2장에서 얘기한 것처럼 환자의 성격적인 방어패턴은 환자가 치료를 시작하면서 저항으로 나타난다. 방어와 저항은 환자가 타인과 관계를 맺는 방식을 결정해 주기에, 치료자에 대한 불안감은 치료가 진행되면서 명확해진다. 특정한 성격적인 방어와 내부대상관계는 환자의 신경회로에 새겨져 있어 일생을 두고 드러나게 마련이고, 환자의 기본적인 성격은 누군가(치료자)에게 자신의 모든 것이 드러날 위험에 처하게 되면 매우 확실하게 그 모습을 보이곤 한다.

역동정신치료자는 환자의 감정 상태를 따라가는 것이 유용하다는 사실을 알게 된다. 환자가 거북한 감정을 다루는 방식이 환자의 특징적인 방어 양식을 잘 설명해 주기 때문이다. 환자들은 수치심과 부끄러움 때문에 치료자의 관찰 소견을 받아들이지 못하곤 한다. 어떤 감정이 떠오르면 특정한 심리적 갈등을 일깨울 수 있다. 회기 중에 분노, 슬픔 혹은 불안과 같은 감정이 스칠 때, 환자는 그 감정을 어떻게 처리하는가? 이에 대한 예로, 환자가 갑자기 화제를 바꾸는 것은 분노를 유발하는 주제에서 도망치는 방어를 나타내는 것일 수 있다. 여기서 치료자는 분노에 대한 환자의 갈등과 그것을 다루기 위해 사용된 방어전략을 알아 차리고 이를 환자와 논의해 볼 수 있다(Gray, 1990). 다음과 같은 예가 특정한 성격적 저항의 발생과 역동정신치료에서 그것들이 어떻게 다루어지는지 보여 줄 것이다.

J는 38세의 남자로, 대인관계와 일에 대한 걱정으로 치료를 받기 시작하였다. J는 의자 끝에 걸터앉아서 자신의 문제에 대해 상당히 오랜 시간 이야기하였다. 그는 Dr. K에게 자신을 괴롭히는 문제가 여덟 가지나 있다고 하며 그것들을 적어와 처음부터 쭉 체계적으로 열거하였다. 첫 번째 문제는 여자 동료와의 모호한 갈등관계였다. J는 그녀 이름 아래 그녀와 관련된 열두 개의 다른 생각과 그녀와의 상호 작용을 적어 왔다. 또 이것 중 하나인 '그녀에 대한 정보' 에는 그녀와의 관계를 이해하는 데 도움이 될 것이라는 열두 요소들이 포함되어 있었다. 그녀와의 관계가 J에게 매우 중요한 것임에도 불구하고, J는 전혀 감정을 표현하지 않으며 이야기하였다.

K는 치료 시작부터 환자의 강박적인 성향을 알 수 있었다. 환자는 행동 취소, 정동의 분리, 반동 형성, 이지화 등의 인격장애와 연관된 방어들을 사용하였다. J는 사실과 '정보들' 을 작성함으로써 자신의 감정을 통제하고 있었다. 그의 문제행동 목록과 그 안의 목록들은 감당하기 어려운 감정들에 대한 통제감을 얻는 듯한 착각을 가져다준다. 이런 식으로 그는 무엇보다 두려운 '통제감을 잃는' 것을 피하였

다. 치료자가 보기에 환자는 치료 상황에서도 여자 동료와의 관계를 통제하려는 것과 같은 방식으로 치료자와의 관계를 통제하려 하는 것이 분명하였다. 그는 치료 시간을 그가 약하고 당혹스럽게 느낀 감정 경험과 관련된 사실을 일일이 자세히 묘사하는 데 소모하였다. 그는 회기 중이나 아닐 때나 그 여자와의 갈등관계의 모든 측면을 밝히고 매 상황의 세부사항을 반복해서 생각하였다.

한 예로, 어느 날 J는 "어떻게 해야 할지 모르겠어요. 그 여자 생각만 해요."라고 하였다. 그는 그 여자가 며칠 전에 새벽 4시 30분쯤에 전화를 해서는 중요한 말이 있다며 일어나라고 했다고 하였다. J는 "저는 그녀를 놀리면서 잠이나 자라고 했어요. 그 여자는 내가 무례하다고 생각했나 봐요. 전화를 끊었으니까요."라고 하였다. 이 얘기를 한 후 그는 그 여자가 왜 전화를 하였는지 생각해 봤는데, 그녀가 무슨 이야기를 하려던 것인지를 알게 되었다고 하였다. 그러면서 그는 그녀의 집에 저녁식사 초대를 받았었던 얘기를 하였다. 그녀와 둘이서 저녁을 먹는 것으로 생각하고 그녀 집에 갔더니 이미 세 명의 다른 남자 손님이 있었다고 하였다. J는 "그녀는 이제서야 그날 밤에 있었던 일에 대해 미안했나 봐요. 그녀는 자기가 나에게 상처를 준 것을 알고 있고, 내가 뭐라고 하는지 보고 싶은 거예요."라고 하였다. 그러면서 그녀가 미안해하면서도 남자에게 가혹하고 잔인하게 굴고 싶어 하는 욕구를 숨기지 못하는 것에 대해 자세하게 설명하였다. K는 J가 주장하는 것이 대부분 30초의 전화에서 기인한 추측이라는 것을 알았다. 그는 J의 산만하고 자세한 설명이 나무만 보고 숲은 보지 못하는 강박적인 과잉 포함(overinclusiveness)임을 알았다. 감정적인 주제에 접근할 때 이런 인지 스타일과 방어를 쓰는 것은 많은 강박형 인격장애 환자의 전형적인 모습이다. J의 강박적인 과잉 포함은 전체 회기를 지배하였으며, 치료자는 말 한마디 하기 힘들었다. 치료자가 말을 하려고 하면, J는 "제가 하던 이야기를 끝내게 해 주시겠어요?"라고 말하곤 하였다. 종종 J는 여자 동료와의 짧은 만남에서 발전된 갖가지 추측으로 50분의 시간을 보내고 치료자가 말할 시간을 거의 남겨 주지 않았다. 이런 식으로 J는 K를 통제하고, 자신의 불안을 통제하면서 도움받을 기회를 스스로 박탈해 버렸다.

치료에서 발생하는 또 하나의 어려움은 J가 어떤 행동을 하기 전에 강력하게 완벽한 해결책을 갖기 원한다는 것이었다. 이런 완벽주의적 성향은 치료실 안에서 어떤 행동 계획에 대한 찬성과 반대의 생각들을 늘어놓은 후 우유부단하게 결정을 못하고 마비되는 현상으로 나타났다. 그는 찬성과 반대를 무수히 반복하다가 어느 한 가지가 더 낫다고 생각하고 결정을 하였다. 그러나 가장 좋은 방법을 선택한 것으로 보인 바로 그 순간 선택의 반대 입장으로 돌아가, 결국 잘못된 선택이었다고 후회하곤 하였다.

강박적 성격 구조를 가진 다른 사람들과 마찬가지로, J는 어떤 결정도 결과가 완벽하지 못할 것이라는 의심으로 인한 두려움 때문에 애태우곤 하였다. 그래서 행동하고(결정을 내림) 취소하는(결정을 철회) 일이 정신치료 안에서 반복되었다. 또한 행동과 취소는 그가 분노나 공격성을 표현하는 데 대한 갈등에서도 나타났다. 한 번은 그가 K의 병원 리셉셔니스트에게 "안녕하세요."라고 인사를 하지 않아서 그녀의 마음을 상하게 했다며 굉장히 신경을 썼다. 그래서 그는 회기가 시작되기 전 치료실에서 나가 엘리베이터를 타고 내려가 리셉셔니스트에게 "안녕하세요."라고 인사를 해야만 했었다.

종종 우유부단으로 마비돼 버린 J는 선택이 '옳은' 것이어야 하는 그의 딜레마를 K에게 해결해 달라고 하였다. 그에 대한 예로, 한 번은 "어머니가 다음 회기에 와서 우리와 함께 얘기하기를 원합니다. 나는 어머니가 나에 대해 생각한 것들을 당신에게 얘기해 줄 수 있어서 좋을 것 같아요. 어때요?"라고 하였다. 치료자는 왜 그것이 좋을 것 같은지 묻고, J의 어머니와의 만남에 대해 이야기할 때 조급해 보였던 그의 태도에 대해서도 물어보았다. J는 한동안 그런 모임이 도움이 되지 않을까 생각해 왔으며, 그의 가족이 그렇게 하도록 압력을 주고 있다고 하였다. 그는 가능한 장단점을 고려해 보다가, 결국 목적이 무엇인지 분명해질 때까지 어머니와의 모임을 연기하기로 하였다. 연기하는 것이 좋을 것이라는 결론에 이르고 회기를 마치고 나가면서 J는 결정을 번복하고 "다음번에는 어머니가 오시는 게 좋을 것 같아요. 그게 최선이라고 생각해요."라고 하였다.

J가 나가고 K는 지난 시간 동안 힘들게 이야기한 것이 다 물거품이 돼 버린 느낌이었다. 협상의 결과가 마지막 순간 번복되었기 때문이었다. K는 이 일에 대해 속이 상했고, 이것을 다음에 환자와 이야기해야겠다고 느꼈다. 다음 회기 초반에 K가 "당신이 뭘 해야 할지에 대해서 내 의견을 원한다는 것은 알지만 가끔 나는 그러기엔 내가 당신을 너무 모른다는 느낌이 들어요. 지난 시간에 우리가 열심히 의논해서 내가 강력히 찬성하는 결정을 하였는데, 당신은 나가면서 쉽게 결정을 바꿔 버렸어요. 제 생각에 당신은 다른 사람과의 관계에서도 도와

주려는 사람을 실망시키고 결국 자기 마음대로 결정해서, 이런 식으로 갈등을 만드는 거 같아요. 당신은 자신을 통제하려고 나름대로 노력하지만 늘 이런 식으로 당신의 공격성을 표출하는 것 같아요."

이 예에서 Dr. K는 치료실 안에서의 '지금-여기' 의 방법을 써서, J가 자신의 분노와 공격성을 어떻게 성공적이지 못한 방법으로 방어하는지 설명하려 하였다. 지나치게 세밀하게 설명하고, 곧 취소하게 될 치료자의 의견에 매달리며, 우유부단으로 회기를 마비시키면서 통제하려는 그의 경향이 치료자를 비롯한 다른 사람을 격분하게 만든다는 것을 보여 준 것이다. 시간이 지나면서 치료자는 환자가 자신이 가지고 있는 분노나 공격성에 대한 걱정과 치료자의 도움에 저항하는 방어 양식을 스스로 이해할 수 있도록 도울 수 있었다.

Dr. K는 또한 J가 항상 결정을 할 때 단 하나의 옳은 선택만이 있다는 가정을 하고 있다는 것을 깨달을 수 있도록 도왔다. 이런 믿음은 그가 행동하기 전에 '옳은 답' 을 찾으려는 과도한 생각을 하게 만들었다. Dr. K는 선택의 순간이 닥쳤을 때, 결정한 선택을 어떻게 다루느냐에 따라 각각의 선택이 궁극적으로는 효과적일 수 있음을 환자가 이해하도록 도울 수 있었다.

환자의 특정한 성격적 저항인 경직성과 감정을 분리하는 형태 때문에 J는 거의 유머를 사용하지 못하였다. 이에 치료자는 적절하다고 판단될 때마다 의사 결정 단계에 유머를 사용하려고 노력하였다. 그래서 결국 J를 웃게 만들었고, 자신의 완벽한 목표의 불합리성을 인식하도록 만들었다.

4. 건강으로의 도피

또 다른 흔한 형태의 저항은 치료 초기에 별로 알아낸 것도 없는데 환자가 '치료되었다'고 주장하는 것이다. 이런 건강으로의 도피는 고통스러운 감정이나 갈등에 대한 논의를 회피하기 위한 방어 형태다. 치료자는 치료 초기에 세운 처음의 목표 중 실제로 얼마나 달성되었는지를 물어볼 수 있다. 또 환자가 심리적으로 벌어진 일에 대해 생각하면서 느끼는 불안을 치료자가 공감해 주는 것도 유용하다.

건강으로의 도피는 종종 때 이른 또는 선부르게 종결하도록 만든다. 일반적인 원칙은 환자가 종결을 이야기할 때, 그 결정은 아마도 저항의 역할을 하고 있을 가능성이 매우 크다는 것이다. 이 원칙이 절대적이지는 않지만, 환자가 여러 가지 문제를 제대로 다루어 보기도 전에 치료를 끝내기를 원할 때 고려해 볼 만한 것이다. 그러나 치료자가 바람직하다고 생각하지 않더라도 환자가 계속 종결을 고집할 때가 있다. 그런 경우 치료자는 환자의 결정을 받아들이고, 환자가 다시 돌아올 수 있는 길을 열어 두는 것이 현명하다.

5. 지각과 불참

회기에 늦거나 불참하는 것은 가장 흔한 형태의 저항이다. 어떤 환자는 늘 늦고 실제로 시간에 맞춰 오는 경우가 거의 없기도 하고,

어떤 환자는 치료에 뭔가 골치 아픈 부분이 있을 때만 늦기도 한다. 어떤 환자는 시간 엄수를 철칙으로 여기고 약속 시간을 어기는 사람을 무책임한 사람으로 취급한다. 또 어떤 환자는 자신이 다른 사람들을 기다리게 한 것에 대해 전혀 신경을 쓰지 않고 지각을 한 것에 대해 이야기도 하지 않는다.

치료자는 각각의 환자가 가진 지각의 특별한 의미와 지각에 대한 환자의 반응을 주의 깊게 평가해야 한다. 치료자가 개입하는 방식은 각각의 환자와 특정 상황에 의해 좌우된다. 예를 들어, 환자가 치료자가 기다리는 것을 뻔히 알면서도 지각에 대해 불안을 보이지 않는다면, 그에 대해 생각해 보도록 촉구할 수 있다. 적당한 시기에 치료자가 "오늘 제가 기다리는 동안 어떻게 느꼈는지 생각해 보셨나요?"라고 물어볼 수 있다. 환자는 치료자의 마음에 대해 전혀 생각해 보지 않았을 수도 있고, 지각이 치료자에게 어떤 영향을 미칠지를 깊게 생각하지 않았을 수도 있다. 환자가 치료자의 감정 반응에 대해 생각해 보도록 돕기 위해서는, 환자가 치료자의 내적 상태에 대해 좀 더 궁금할 때까지 그런 중재를 계속하여야 한다. 그런 다음에 치료자는 전이 상황에서 환자가 기다리게 한 다른 사람과의 관계로 그것을 일반화시켜 볼 수 있다. 환자가 다른 사람이 자신의 스케줄에 맞춰야 한다고 생각하는가? 다른 사람을 기다리게 함으로써 자신의 분노를 표현하는가? 어려서 부모나 형제가 환자를 기다리게 해서 이제 환자가 다른 사람을 기다리게 함으로써 복수하려는 것인가?

어떤 경우든 치료자는 처음 정한 치료 시간을 준수해야 한다. 만일 2시에 시작해서 2시 45분에 끝나는 회기라면, 환자가 2시 20분에

와서 시작하였더라도 2시 45분에 끝내야 한다. 만일 치료자가 회기 시간을 늘린다면 자신의 스케줄에 다른 사람이 맞추도록 허용해야 한다는 무의식적 메시지로 인식하게 된다. 만약 환자가 시간 규칙을 지키는 데 대해 화를 내면, 이 분노가 환자의 지각 패턴에 대한 유용한 탐색도구가 될 수 있다.

회기에 항상 정확히 오던 환자가 치료에 늦으면 치료자는 즉각 늦은 이유를 물어보곤 하는데, 이런 질문은 환자를 방어적으로 만들 수 있다. 더 좋은 방법은 환자가 지각의 이유를 어떻게 설명하는지, 환자가 그것이 치료에 어떤 의미가 있다고 보는지, 아니면 단순히 교통 체증이나 외부 요인으로 보는지를 살펴보는 것이다. 비록, 현실적인 이유 때문에 환자가 지각을 하였다 할지라도 치료자는 저항이 숨기 좋은 곳에 잘 생긴다는 점을 염두에 두어야 한다. 환자가 차가 막혀서 늦었다고 하더라도 이 상황은 환자가 치료자에게 말하기 어려운 문제를 말해야 할 때 생기는 불안을 손쉽게 숨길 수 있게 해준다. 치료자는 생각해 보거나 알고 싶어 하지 않는 환자에게 저항에 대해 이야기하자고 밀어붙여서는 안 된다. 환자의 마음속에 있는 걱정은 분명히 미래의 회기에서 또 드러날 것이고 그때 다룰 수 있기 때문이다. 또 하나 고려할 만한 사항은 환자의 지각이 그 전 회기에서 문제가 있는 것으로 드러난 주제로 다시 돌아가는 것을 피하기 위해서가 아닌지에 대한 것이다.

회기에 오지 않는 것은 흔한 저항의 형태며, 많은 치료자가 환자가 정신치료 회기에 오지 않아도 비용을 부담시키는 이유에는 참석률을 높이려는 목적도 포함된다. 불참한 회기에 대해 비용을 부담하지 않는 환자는 불참을 여러 가지 방법으로 합리화할 수 있다. 나타나든 나타나지 않든 비용을 그들이 부담하도록 하면, 신기하게도 변명이 사라지면서 참석률이 높아진다. 이런 이유로 프로이트는(Freud, 1913/1958) 환자와 시간을 '계약' 하도록 권하였다.

> 치료자가 느슨한 태도를 취하면 환자가 결석하는 일이 많아진다. 반면 약속이 고정되어 있으면 우연한 방해물은 전혀 생기지 않고 가끔 몸이 아파서 빠지는 일도 거의 생기지 않는다……. 엄격한 시간 약속하에서 결석을 하여도 치료비를 받는 것은 꾀병과 우연히 불참하는 빈도를 극적으로 낮추어 준다(p. 127).

오늘날 임상현장에서 프로이트의 권유대로 하기는 힘들 것이다. 일부 보험회사는 불참 시 비용을 지불하지 않을 것이다. 그러나 환자가 개인적으로 비용을 지불하는 경우라면 많은 치료자가 치료를 시작하기 전 불참한 회기에 대해 비용을 지불하도록 계약하고 있다(물론, 다른 환자로 시간을 채우지 못한 경우라면). 어떤 사람은 융통성을 허용하여 이런 원칙을 변형하기도 한다. 예를 들어, 어떤 치료자들은 24시간 전에 불참을 알리지 않으면 비용을 부담시킨다. 어떤 치료자는 일 년의 몇 번 정도만 비용을 부담하지 않는 불참을 허용한다는 식으로 정하기도 한다. 또한 많은 치료자는 어쩔 수 없는 상황이나 중대한 질병은 예외로 받아들인다.

초심자들은 환자가 오지 않을 때 전화를 해 봐도 되는지 궁금해한다. 만약 자살 위험이 걱정된다면 치료자는 환자의 안전을 확인하기 위해 전화를 해야 할 것이다. 반면 일부 만성적으로 자살을 시도하는 경계성 인격장애 환자는 자살 시도에 대한 치료자의 불안을 이용하여 불참한 후 치료자의 전화를 받는 것을 당연한 것으로 기대하게 될 수 있다. 만일 이런 패턴이 의심되면 치료자는 이를 문제로 삼고 환자의 동기를 점검해 봐야 한다.

보통 자살 시도를 하거나 자해를 하는 환자가 아니라면, 대부분의 치료자는 한 번 오지 않았다고 해서 전화를 하지는 않는다. 그러나 연속 두 번 불참하게 되면 전화를 걸어 치료를 계속할 생각이 있는지 또는 치료를 하려고 하나 외부적인 상황 때문에 불참하는 것인지 알아보는 것이 좋다. 만약 환자가 그만둘 결정을 하였다고 하면 한 번 더 와서 그렇게 결정한 이유를 알아보자고 하고, 동시에 궁극적으로 치료는 환자의 자발적인 노력이고 치료를 계속할지 말지는 전적으로 환자에게 달려 있다는 것을 명확히 밝혀 두어야 한다.

요약

저항은 역동정신치료 작업에서 항상 나타나는 것이다. 이 단어는 원래 분석 상황에서 자유연상이 멈춰지는 경우에 사용하였으나 현재는 정신치료 작업을 방해하는 거의 모든 개념에 대해 넓은 의미로 쓰이고 있다. 특히, 저항은 환자가 치료 작업에 참여하면서 자신을 관찰하지 않거나 숙고하지 않은 행동으로 나타난다. 치료 상황 내에서의 행동화(acting in)는 치료자에 의해 관찰되며 설명이 필요할 정도로 중요한 의미를 담고 있는 비언어적 행동을 말한다. 한편 치료 상황 밖에서의 행동화는 전이 주제와 연관이 있는 의미를 가진 행동이 회기 바깥에서 일어나는 것을 말한다.

많은 형태의 저항이 전이를 포함하고 있으며, 종종 치료자가 어떻게 생각할지 치료자가 어떤 사람일지에 대한 생각이 성공적인 치료 작업을 방해한다. 한편, 환자는 전이에 대한 인식에 저항할 수 있고, 치료자가 그들에게 중요한 사람이 아닌 것처럼 행동하며 치료에 임할 수 있다. 때때로 회기의 끝에, 환자가 문으로 향하면서 던지는 한마디를 통해 치료자를 향한 전이가 표면으로 떠오른다. 그러므로 나가면서 던지는 환자의 한마디를 주의 깊게 살펴보아야 한다. 많은 환자가 오래된 방어와 내적 대상관계 속의 특이한 성격적 저항을 가지고 치료자의 노력에 저항한다.

다른 흔한 형태의 저항으로는 건강으로의 도피, 지각, 불참과 같은 것이 있다.

chapter 7

역동정신치료 시 꿈과 판타지의 사용

꿈에 대한 연구는 항상 정신분석과 역동정신치료에서 중요한 부분을 차지해 왔다. 프로이트(Freud, 1990/1953)는 꿈을 해석하는 것이 무의식으로 들어가는 '지름길(royal road)' 이라고 말하기도 하였다. 핵심 갈등은 환자에게 매우 괴로운 것이기 때문에 환자는 깨어 있는 동안에는 그러한 생각을 하고 싶어 하지 않을 것이다. 그러나 그러한 방어적인 경계심은 잠을 자면서 사라지게 되고 갈등이 꿈의 소재로 등장하게 된다. 어떤 이들은 전이, 저항 그리고 비언어적인 행동들도 무의식적 주제에 접근하는 수단으로 보기 때문에 꿈이 여전히 무의식에 접근하는 '유일한 지름길(the royal road)' 인지에 대해 의문을 제기한다. 그러나 꿈에 대한 이해는 아직도 역동정신치료자에게는 주요한 도구가 된다.

꿈과 REM(Rapid Eye Movement)에 대한 신경학적 연구들이 지난 30여 년간 급격히 확산되어 왔다. 몇몇 연구가(Hobson, 1988)들은 신경학적 연구 결과를 강조하면서 꿈의 정신역동적 중요성을 축소시키려 하였지만, 라이저(Raiser, 2001)는 신경생리적 영역과 정신역동적 영역은 상호 교환(interchangeable)할 수 있는 성격의 것이 아님을 강조하였다. 즉, 신경과학의 결과들로 꿈에 대한 정신역동적 가치가 잘못된 것이라고 논박할 수는 없다는 것이다. 마음과 뇌는 다른 용어와 방법을 사용하는 것이고, 꿈꾸는 이의 마음은 의미 있는 심리적인 주제를 표현하기 위해 꿈꾸는 뇌의 생리적인 상태를 이용한 것이라 할 수 있다. 따라서 정신역동적 꿈 해석에서 오랜 기간 존중되어 온 원칙이 현대 역동정신치료자들의 치료 시간에도 계속해서 적용되고 있다.

1. 꿈

꿈의 이해

정신분석의 핵심적인 내용 중 하나는 꿈은 소망이 위장을 하고 나타난 것이라고 보는 것이다. 프로이트는 무의식적인 아동기의 소망들이 검열 과정을 거쳐서 잠을 방해하지는 않을 정도의, 위장된 상징으로 변환되어 나타난다고 보았다. 또한 프로이트는 꿈 내용을 두 가지 수준으로 구분하였다. 즉, 명시적 내용(manifest content)은 꿈꾼 이가 자각하는 꿈의 표면적인 것이고, 잠재된 내용(latent content)은 무의식적인 소망과 생각들이다. 잠재된 내용은 꿈을 꾸는 사람이 잠에서 깨어나도록 위협할 수 있기에 꿈에서는 위장되어 나타난다. 꿈꾸는 이의 자아(ego) 내에서 방어기제는 잠재적 내용을 위장시키고 이를 명시적 내용으로 바꾸도록 한다.

오늘날의 치료자들은 꿈은 무의식적인 아동기 시절의 소망 외에도 다른 내적 과정을 말해 주는 것으로 인식하고 있다. 또한 꿈은 공포, 갈등을 상징적으로 나타내고, 외상 경험이 있는 환자의 경우에는 충격 경험을 변형시켜 보고자 하는 반복적인 노력을 반영하는 것일 수도 있다. 그럼에도 꿈꾸는 이의 자아(ego)가 사용하는 방어기제들은 꿈의 의미를 해석하고자 할 때 여전히 유용하게 사용되고 있다.

응축(Condensation) 이 방어기제는 하나의 명시적인 꿈에 나타나는 하나 이상의 소망, 느낌, 충동 등을 혼합한 것이다. 예를 들면, 꿈속의 한 주인공은 첫 번째 사람의 대머리와 두 번째 사람의 수염과 세 번째 사람의 옷을 입은 채 나타날 수 있다. 그래서 이는 세 사람 각각에 대한 각기 다른 감정이 위장되어 나타난 것일 수 있으며, 그 의미는 꿈에 대한 심리치료적 작업을 통해서 분명해질 수 있다.

전치(Displacement) 이 방어기제에서는 어떤 사람과 연관된 정서, 생각의 강도가 다른 사람에게로 옮겨져 꿈꾸는 사람의 자아가 받아들일 수 있도록 만드는 것이다. 예를 들면, 꿈꾸는 이는 치료자에게 성적인 감정을 품어서는 안 된다고 느끼기에 그러한 감정을 환자 생활 속의 다른 이에게 전치시킨다.

상징적 표상(Symbolic representation) 상징적 표상은 단

순하고 구체적인 감각적 이미지에 의미 깊은 복잡한 감정을 담아낸다. 프로이트(Freud, 1900/1953)는 일반적으로 꽃이 여성의 생식기를 상징하며, 집의 내부는 마음의 내부를 나타내는 것이라고 해석하였다. 그러나 그는 꿈의 상징이 각 개인별로 독특하게 사용되고 있다는 점도 함께 강조하였으며, 그 무의식적인 의미는 꿈의 소재와 관련된 환자의 연상을 통해서 분별될 수 있다고 하였다. 슈퍼마켓 구석에서 파는 대중잡지 속에 쓰여 있는 꿈속 상징에 대한 자의적인 해석은 거의 가치가 없다. 한편, 상징적 표상의 특수한 예로는 부분으로 전체를 상징하는 제유법(synecdoche)이 있다. 예를 들면, '나는 오늘 바다에서 적어도 15개의 돛(sails)을 보았다.' 고 할 때, 15개의 돛(sails)은 15척의 돛배(sailboat)를 의미하는 것이다. 이렇게 말하는 방식은 꿈이 일부를 말함으로써 전체를 표상할 수 있게 해 주는 것이다.

이차적 교정(Secondary revision) 전치, 압축, 상징적 표상의 기제는 프로이트가 언급한 일차적 과정(primary process)에 해당하는 원초적인 인지 활동의 특성들이다. 더욱 발달되고 합리적인 자아는 이러한 원초적인 수준을 더욱 통합적인(coherent) 구조로 조직화한다. 이러한 이차적 교정 과정은 꿈의 비합리적이고 기이한 부분이 논리적인 하나의 이야기가 되도록 편집하려는 꿈꾸는 이의 노력을 포함한다. 꿈꾸는 이가 치료 시간에 말하기 위해서, 잠을 깬 뒤 바로 꿈을 기억하거나 적어 보려고 할 때에도 이미 꿈꾼 이는 꿈의 내용을 통일성 있게 만들려는 노력을 계속하며 내용의 변화를 꾀하고 있을지 모른다. 따라서 심리치료에서 말하는 환자의 꿈 내용은 실제 꾸었던 꿈의 내용과는 상당히 다를 수 있다.

낮의 잔여물(Day residue)은 프로이트가 제안한 중요한 개념으로, 낮 동안 일어났던 일이 꿈에서 위장된 형식으로 나타나는 것을 의미한다. 예를 들면 「오즈의 마법사」에서 도로시가 태풍이 오기 전에 만난 세 명의 농장 일꾼은 꿈에 허수아비, 양철인간, 겁쟁이 사자로 나오고, 미스 걸치(Miss Gulch)는 서쪽 마녀가 되어 나타났다. 따라서 역동정신치료자는 그날 일어났던 일의 잔여물(day residue)의 요소를 찾고, 이것이 꿈에서 어떻게 이해되고 해석될 수 있는지를 환자와 함께 찾아나가게 된다.

꿈 해석의 기법

역동정신치료와 정신분석에서 중요한 개념은 꿈을 이해하기 위해서는 바로 그 꿈에 대한 환자의 연상을 알아야 한다는 것이다. 치료자는 환자가 자신이 꾼 꿈에 대해 어떤 생각이 드는지를 들어보지 않은 채, 환자에게 '모든 것을 알고 있다.' 는 태도로 꿈의 의미를 말해 주는 방식은 피해야 한다. 치료자가 꿈 해석에 접근하는 유용한 방식은 환자가 자신의 꿈에 대해 말하고 난 뒤에 환자에게 "그 꿈에 대해 생각할 때 어떤 느낌이 드나요(What comes to mind as you think about the dream?)?" 라고 물어보는 것이다. 때로는 꿈속의 의식적인 주제가 환자의 생활 속의 주된 문제를 명백히 드러내어 연상이 불필요하기도 하지만, 지혜로운 치료자는 환자가 그 꿈의 내용에 대한 연상을 이야기할 때까지는 해석하지 않는다. 한편, 꿈꾼 이의 연상이 예상과는 전혀 다른 방향으로 전개되기도 한다. 특히, 치료자는 그러한 연상을 통해 꿈꾼 이가 어떻게 잠재적인 무의식적 내용을 의식적인 것으로 변형시켰는지를 보고자 한다.

꿈에 대한 치료적 작업을 하는 과정에서 상당한 저항이 나타날 수 있다. 환자는 치료자를 환자의 도움 없이도 꿈의 진정한 의미를 식별해 낼 수 있는 점쟁이(soothsayer)로 여기기도 한다. 이런 경우 치료자는 환자에게 정신치료는 협력적인 관계며, 환자의 도움 없이는 꿈을 해석할 수 없다는 점을 상기시켜 줄 필요가 있다. 지나치게 경쟁적인 환자는 꿈에 대해 자유연상을 하지 않고 바로 꿈에 대한 의미를 해석하면서 치료자의 기선을 제압하려는 태도를 가지려 할 수 있다. 이들은 각 상징이 무엇을 의미하는지에 대해서 스스로 말하면서, 자신의 방어기제를 완화하고 자유연상을 하지 않은 채 통제적이고 상당히 이지화(intellectualize)하는 태도를 취한다. 일반적인 저항의 세 번째 형태는 매우 중요한 의미를 지니는 꿈의 이미지를 다루지 않으려 하는 것이다. 이러한 회피는 치료자가 꿈에 등장할 때 종종 나타나며, 치료자는 환자에게 그러한 회피를 할 때 무슨 생각이 드는지에 대해 중점적으로 물어볼 필요가 있다. 가장 일반적인 꿈 해석 전략은 치료자가 보기에 환자와 관련이 있어 보이는 꿈속 이미지를 환자에게 직접적으로 물어보는 것이다.

꿈은 정신치료에서 매우 강력한 저항의 한 형태가 될 수 있다. 즉, 어떤 환자는 치료 시간 내내 쉼 없이 다양한 꿈 이야기를 하여, 치료자가 이런 저런 꿈 내용을 좇아가다 보면 다양한 주제에 압도되고 정작 꿈에 대한 치료적 작업을 할 시간을 가질 수 없게 만들 수 있다. 혹은 종료 직전에 꿈 이야기를 끄집어 내어 꿈을 분석할 시간적 여유가 없을 수도 있다. 따라서 꿈은 무의식으로 가는 '지름길(royal road)'이 될 수도 있지만 오히려 무의식에 들어가지 못하게 하는 '우회로(royal detour)' 역할을 할 수도 있다.

이러한 여러 개념을 나타내는 몇 가지 임상적 예를 들어 보자.

L은 27세 여자로, 일주일에 두 번 정신치료를 받고 있다. 내담자는 의사인 아버지가 역시 의사인 그녀의 언니(32세)를 편애한다고 느끼며 언니에게 지나칠 정도의 경쟁심을 느끼고 있었다. L은 아버지의 관심을 원하지만 자신은 언니와는 전혀 경쟁 상대가 될 수 없다고 여기고 있었다. 집에서 추수감사절을 보내고 온 뒤 L은 치료 시간에 꿈에 대해 이야기하였다. 꿈의 내용은 L이 집에 있을 때 다른 방에서 무언가 소리가 나서 그 방에 들어갔더니 언니와 아버지가 침대에 같이 있었다는 것이었다. 치료자는 꿈에 대해 어떤 생각이 드는지 물어보았으나 L은 침묵하다가 "아무것도 느끼지 않았어요."라고 말하였다. 치료자는 L이 당황하였던 것을 강조하며 "아무리 꿈이었다지만 아빠와 딸 사이에 근친상간을 상상하는 것은 매우 불편한 일이죠."라고 공감하는 말을 하였다. L은 자신이 이해받았다고 느끼며 "맞아요. 그 일은 나에게는 그리 놀라운 것이 아니지만, 당신과 그런 이야기를 하는 것은 부끄러워요."라고 하며 꿈에 대한 연상을 말하기 시작했다. 치료자는 왜 그 꿈이 L에게 그리 놀라운 것이 아닌지를 질문하였다. L은 꿈을 꾸게 된 날 낮에 아버지가 헤어지면서 L에게는 작별 키스를 볼에 했

는데, 언니에게는 마치 애인에게 하듯이 입술에 작별 키스를 하였고, 언니도 곧 아버지의 입술에 키스를 하는 것을 보았기 때문이라고 하였다. L은 스스로 낮의 잔여물(day residue)이 무의식적으로 꿈을 꾸게 만들었다는 것을 연결하여 생각하고 있었다. L은 "아버지와 언니는 서로 사랑하는 연인 같아 보였어요."라고 표현하였다. L은 틀림없이 그 꿈을 유발시킨 낮에 생겼던 일을 연상하였다. 치료자는 "아버지와 언니는 함께 침대에 있는 것같이 보였군요."라고 말하였다. 이에 L은 아버지와 언니가 꿈속에서 성관계를 가지지는 않았었다고 대답하였다. 즉, 잠에서 깨어나고 있는 자아가 방어기제를 사용하여 꿈에서 나타난 받아들이기 힘든 내용을 받아들일 수 있는 것으로 만든 것이다. 치료자는 이를 이해한다고 하며, L이 느낀 소외감에 대해 좀 더 직접적으로 말하였다. 그러자 L은 추수감사절 기간 내내 부부처럼 행동하는 아버지와 언니를 보면서 느낀 소외감과 질투심을 이야기하였다. L은 어머니도 자신과 유사하게 느꼈을 것이라고 하며, 아버지와 언니의 관계는 부부 사이 같아 보였고 그 외 다른 사람들은 마치 없는 듯해 보였다며 지금도 언니에게 몹시 질투를 느낀다고 하였다. 치료자는 침대에 언니가 아닌 L 자신이 아버지와 함께 있고 싶었을 수 있다는 해석을 하였다. L은 마지못해 고개를 끄덕이며, 아버지가 항상 자신을 더 많이 예뻐해 주기를 바랐었다는 점을 인정하였다.

이 예에서 환자는 아버지의 사랑을 얻고 언니에게 의기양양한 모습을 보이고 싶은 소망 때문에 위장된 꿈을 꾸었다. 치료자와 환자는 이전 수개월 간 치료동맹을 잘 맺어 오고 있었고 이와 비슷한 주제도 치료 시간에 반복적으로 다루어 왔기 때문에, 치료자는 침대에 언니가 아닌 내담자 자신이 있고 싶었던 꿈의 해석을 치료에 유용하게 사용할 수 있었다. 그리고 아버지의 사랑을 받은 엄마와의 원초적인 경쟁심을 고려할 때 꿈속의 언니는 엄마를 대신하는 주인공이었을 수도 있으나, 내담자가 이 해석까지 수용하기에는 이와 관련된 꿈의 관련성이 적었기 때문에 치료자는 이에 대해서는 언급하지 않았다.

또 다른 예는 상징적 표상, 특히 제유법의 기제에 대한 것이다.

N은 42세 여자로, 근 위축병(muscular dystrophy)으로 아들이 죽은 이후 정신치료를 받기 위해 찾아왔다. 그녀는 아들과 유사한 질환을 가진 사람들을 돕고 그러한 단체에서 활발한 활동을 하면서 슬픔을 많이 절제하면서 지내고 있었다. 그럼에도 그녀는 아들에 대해 얘기할 때에는 종종 울음을 터트렸고, 아들과의 관계에서 불편하였던 감정은 느끼지 않고 도망가려 하였다. 그러던 어느 날 N은 무슨 의미를 지녔는지 모르겠다며 꿈 이야기를 시작하였다. 꿈은 매우 짧았는데, '손톱을 보았더니 손톱이 모두 부러져 있었다.' 고 하였다. 치료자는 N에게 부러진 손톱 이미지에 대해 생각할 때 무슨 생각이 떠오르는지 물어보았고, N은 머뭇거리며 아들이 살아 있을 때에는 아들의 침대보를 자주 바꾸었는데, 이때 종종 자신의 손톱이 부러졌으며 꿈속에서도 아들의 침대보를 바꾸고 있었다고 하였다. 그리고 N은 아들이 죽어 가고 있을 때 손톱이 부서진 것같이 하잘것없는 것을 걱정하였던 자신의 모습이 얼마나 우스운 것이었는지에 대해 이야기하였다. 치료

자는 꿈의 의미를 이야기하며, 한편 손톱이 다시 부러졌다는 것은 N의 아들이 여전히 살아 있다는 것을 의미하는 것이기 때문에 좋은 것일 수 있다고 하자 내담자는 조용히 울기 시작하였다.

이 예는 아들의 죽음 뒤에 찾아온 통제 불가능한 울음과 압도적인 슬픔을 피하고자 하는 환자의 소망이 위장되어 나타난 것이다. 부러진 손톱은 상징적인 표현이었다. 즉, 부분으로써 전체를 나타내는 제유법이 사용된 것이다. 부러진 손톱은 그녀에게 특별한 의미를 가지고 있었다. 즉, 그의 아들은 아직 살아 있고, 그녀는 아들의 침대보를 갈아 주고 있는 것이다. 그녀는 아들이 살아 있다는 소망을 이루었고, 그 아들을 위해 다시 한 번 몸을 아끼지 않음으로써 슬픔에서 도피할 수 있었을 것이다. 그 꿈은 아들과의 마지막 몇 주를 다르게 보내고 싶다는 소망을 표현하기도 한다. 또한 그녀 자신에 대한 미미한 것들을 걱정하며 지내 온 이전 생활방식과는 달리 아들에 대해 정서적으로 헌신하고 싶은 소망을 의미하기도 한다.

앞의 두 예에서 치료자는 의식적인 내용은 무의식적인 주제가 위장된 방식으로 나타난 것이라고 해석하였다. 그러나 이는 빙산의 일각과 같은 것으로, 꿈 이미지를 형성하는 무수한 결정인자를 찾고 그 깊이를 측정해 내는 것은 어려운 일이다. 셰익스피어의 「한여름 밤의 꿈」에서 보톰(Bottom)이 기이한 꿈을 꾼 뒤에 "나는 이 꿈을 보톰의 꿈(Bottom' s Dream)이라 부르겠다. 왜냐하면 그 꿈은 끝이 없기 때문이다."라고 말하였다(Wright, 1948: 56). 꿈은 끝이 없는 것이기에(dreams are bottomless) 꿈의 다양한 의미를 모두 분석할 수는 없다. 따라서 치료자는 환자가 꿈을 꾸었을 당시에 내담자에게 가장 의미 있으며 뚜렷하게 드러나는 주제를 다루어 주는 정도에서 만족해야 한다.

2. 판타지

미국 작가 어슐러 르 구인(Ursula K. Le Guin)은 "우리는 낮에 살고 있다고 생각하고 싶지만 지구의 반은 항상 어둡다. 그리고 시와 같이 판타지는 밤의 언어를 말하는 것이다."라고 표현하였다(Guin, 1979). 밤의 언어인 꿈은 낮의 언어인 판타지와 밀접하게 관련되어 있다. 두 가지는 모두 현실 속의 우리를 우리가 바라는 삶이 있는 소망이 충족된 세계로 데려다 준다. 그러나 백일몽은 밤에 꾸는 꿈보다 더 당황스럽고 더 수치스러운 것일 수 있다. 따라서 많은 환자들은 치료를 시작하기 전에 떠올렸던 백일몽에 대한 이야기보다는 그 전날 밤의 꿈에 대해 이야기하곤 한다. 환자들은 백일몽에 대해서 치료자에게 얘기할 때에 더 많은 책임감을 느끼곤 하는데, 백일몽 속에서 자신의 숨겨진 공포나 소망, 결함, 갈등 등이 더욱 두드러지게 드러난다고 느끼기 때문이다.

판타지는 현실에 실망하였을 때 이러한 현실에 스스로를 적응시켜 나가는 주요한 방법 중의 하나다(Person, 1995). 이러한 판타지는 종종 충족되지 않은 삶의 소망을 대리 만족시키며, 우리가 가지지 못한 것을 위로해 주고 또한 과거의 상처를 치료해 주기도 한다.

> 어느 16세 소년은 청소년기에 자존심(Narcissistically)에 큰 상처를 입은 경험을 하였다. 체육 수업 시간에 그는 늘 가장 마지막에 선발되어 경기에 나갔으며, 다른 소년에 비해 운동을 잘하지 못하고, 몸도 약하다고 느꼈다. 또한 여자애들이 자신의 운동 능력이 형편없어서 자신에게는 관심을 갖지 않을 것 같아 두려워하였다. 그는 이런 고통스럽고 수치스러운 현실을 보상하기 위해 슈퍼맨 만화를 읽으면서 판타지를 구체화시켜 갔다. 즉, 자신이 요정과 같은 초자연적 인물과 마술적 접촉을 함으로써 슈퍼맨의 모든 힘을 갖게 되고, 올림픽에 나가 놀랄 만한 기록을 여러 번 세우며 『타임』지 표지에 실리게 되는 판타지를 가졌다. 또한 그는 자신이 올림픽에서 금메달을 받는 것을 텔레비전으로 보고 같이 체육 수업을 받는 다른 소년들이 놀라서 할 말을 잃는 것을 상상하였다.

백일몽과 몽상(revery)은 종종 판타지와 동의어로 쓰이지만, 이것은 판타지의 하위 구성 요소며, 의식적인 것이다. 백일몽과 몽상은 하나의 줄거리를 가지며, 강력한 심리적 기능을 한다. 앞의 예와 같이 백일몽은 운동 능력이 부족한 십 대 소년이 정신적 외상을 극복하도록 도왔으며, 텔레비전에서 올림픽 대회에 나간 자신의 모습을 보는 친구를 상상하며, 그들에게 복수를 하였다. 또한 판타지는 즐겁지 않은 우리 삶의 부족한 부분을 채워 주고 만족감을 준다. 백일몽이나 몽상은 사적인 것임에도 불구하고, 이해되지는 않지만 우리 삶에 강한 영향력을 끼친다. 이들은 공유된 문화적 판타지의 일부가 될 수도 있고 아니면 극히 개인적이고 사적인 것이 될 수도 있다(Person, 1995).

그러나 다른 판타지들은 무의식적이며 정신치료 과정을 통해서만 나타나기도 한다. 무의식적인 판타지들은 치료자와의 전이관계에서 두드러지게 나타나며, 때로는 환자의 치료실 밖의 생활 속 몇몇 주제에 대해 같이 이야기할 때 나타나기도 한다.

O는 52세 남자로, 치료를 시작하기 약 18개월 전에 부인과 이혼을 하였다. 그는 여전히 슬픔에 잠겨 있었으며, 불안하고 우울해하였고, 삶은 마비된 상태였다. 치료 시간에 슬픔에 대해 몇 번 이야기를 나눈 후, 치료자는 그가 전처에 의해 버려졌으며, 억울하게 당했다는 느낌에 완전히 갇혀 있다는 사실을 알게 되었다. 그는 결혼생활의 추억이 담긴 집에 있는 물건들을 하나도 버리지 못하고 있었다. 또한 그의 부인은 아파트로 이사를 갔으나 그는 부인과 같이 살던 집에 머물며 같은 침대에서 자고, 부인을 기억하는 물건과 사진을 그대로 간직하고 있었다. 치료자는 그가 부인이 다시 돌아와 재결합할 것이라는 판타지를 가지고 있을지도 모른다고 말하였다. O는 전처와 연락을 한 적도 없고, 그녀도 다시 만나려는 노력을 전혀 하지 않고는 있으나, 자신은 여전히 재결합할 가망이 있지 않을까 생각하고 있다고 하였다. 치료자의 도움으로 그는 재결합 가능성에 대한 의식하지 못했던 판타지를 인식하기 시작했다. 판타지에는 자신이 얼마나 고통스러워하고 있

는지, 그리고 얼마나 마비된 채 사는지를 그녀가 본다면 자신을 불쌍히 여길 것이라는 것과 그녀가 미안하다고 느끼면 그를 돌보기 위해 다시 돌아올 것이라는 내용이 포함되어 있었다. 또한 그는 그녀가 헤어진 주된 이유가 자신이 돈을 못 벌었기 때문이었다고 상상하며, 복권에 당첨되어 많은 돈을 들고 그녀에게 다시 구혼하러 가는 것을 상상하기도 하였다. 따라서 그가 마비된 채 지내는 것의 이면에는 이를 부채질하는 강력한 판타지가 존재하고 있었다.

O의 판타지에는 대체로 치료 장면에 속하지 않는 누군가가 포함되어 있었다. 어떤 무의식적인 판타지들은 얼핏 봐서는 알기 힘든 전이 소망을 충분히 이해한 후에야 분명하게 나타나기도 한다. 한편, 치료자에 대한 어떤 판타지들은 알게 되더라도 절대 충족되지 못할 것이라는 두려움 때문에 상당히 오랜 기간 동안 감추어지기도 한다. 시드니 스미스(Sidney Smith, 1977)는 정신분석과 장기간의 역동정신치료에서 흔하게 나타는 것으로 황금판타지(golden fantasy)를 설명하였다. 이는 '완벽하고 축복받은 관계를 통해 개인의 모든 욕구를 충족시키고자 하는 소망' 이라 할 수 있다. 이러한 판타지는 정신치료 작업에서 강력한 저항으로 나타날 수도 있는데, 어떤 환자는 치료자가 자신을 사랑하고 돌봐 주면서 삶의 모든 문제를 해결해 줄 수 있다고 여기기에 치료자가 자신을 사랑한다는 것을 확신하기 위해서는 무엇이든 하지만 통찰을 가지고 이를 일상생활에서 내면화해 가는 것에는 전혀 관심을 가지지 않을 수 있다.

이러한 판타지의 주된 특징은 환자가 자신의 모든 욕구를 충족시켜 줄 특별한 한 사람이 어디엔가는 존재하고 있다고 믿는 것이다. 환자는 완전한 돌봄을 받는다고 생각하기에 어떠한 노력도 기울이지 않은 채 수동적인 태도를 보인다. 그리고 환자는 종종 판타지에 집요하게 집착하는데, 판타지를 잃게 되면 현실적인 절망 속에 허우적대며 삶의 의미를 잃은 것처럼 느낀다. 판타지는 환자가 어린 시절에 잃어버린 지상낙원(paradise)을 나타낸다고 보기도 한다. 즉, 마치 어느 순간에는 완벽한 돌봄이 실제 존재하였고(그랬던 적이 없을 가능성이 높지만), 환자가 적절히 행동하기만 한다면 지상낙원은 다시 복원될 것이라고 생각하는 것이다. 판타지가 규명되고 상세하게 기술할 수 있게 되면, 이는 장기간의 역동정신치료에서 주로 동반되는 애도 과정으로 이어진다. 환자가 판타지보다는 현실에 기반을 두고 사는 것을 배우도록 하기 위해 치료 과정에서 많은 꿈, 판타지, 소망이 조정된다. 그럼에도 불구하고 치료자들은 환자에게 판타지의 가치 및 판타지가 삶 속에서 지니는 적응적이며 유용한 측면을 가르치기도 한다.

성적 판타지의 역할

많은 환자는 판타지에 대해 물으면 성적 판타지(erotic fantasy)를 의미하는 것으로 생각한다. 판타지라는 용어가 간혹 그런 의미를 내포하고 있으며, 특히 환자는 치료자와 관련된 판타지에 대해 더욱 당황스러워 한다. 그럼으로 가끔 정신치료에서 판타지가 의미하는 것이 무엇인지를 교육할 필요가 있다.

성적 판타지는 인간 내면의 중추적인 역할을 한다. 스톨러(Stoller, 1979)는 치료 시 보이는 성적 판타지는 성적 문제를 넘어서는 것이라고 하면서 치료에서 이를 잘 탐색해 보아야 한다고 강조하였다. 성적 판타지는 내적 대상관계, 무의식적인 갈등, 자기애의 상처(narcissistic wounds)와 과거의 외상을 탐색하게 하는 창문과 같은 역할을 하기도 한다. 스톨러(Stoller, 1979)는 '백일몽은 위장되어 나타난 문제와 문제를 해결하고자 하는 두 개의 기둥이며, 그 사이에는 홍미진진한 하나의 흐름이 형성된다.' 고 하였다.

다른 백일몽처럼 성적 판타지, 특히 자위 행위나 아니면 타인과의 성관계를 포함하는 성적 판타지는 종종 수치스럽고 당황스럽게 느껴진다. 성적 판타지는 다양하지만 각 성인들은 특정한 성적 패턴을 가지고 있기도 한데 퍼슨(Person, 1980)은 이를 성 모형(sex print)이라고 하였다.

성 모형은 개인의 성격 양식에 부합될 수도 있지만, 놀랍게도 일상적인 행동이나 평소 대인관계 태도와 다를 수도 있다. 판타지들은 동성관계, 양성적이거나 이성적 관계를 포함할 수 있고, 특정한 장소나 다양한 사람(partner)을 포함할 수도 있다. 성적 판타지를 하면서 홍분하는 것이 수치스러울 수도 있고 사랑하는 사람과 성관계를 하는 동안 상상하는 것은 실제 침대에서 맺는 성관계와는 매우 다르기에 수치감을 느낄 수도 있다. 퍼슨(Person, 1995)은 성 모형은 힘(power)과 쾌락, 특히 초기 생애의 경험과 성별(gender)과 쾌락(pleasure)에 대한 갈등과 관련되어 있다고 보았다.

성적 판타지는 수용될 수 없어 보이거나 '사회 통념상 부적절(pollitically incorrect)' 한 것으로 보일 수 있어서 환자들은 정신치료 기간 동안 이러한 비밀스런 소망을 숨기려 한다. 예를 들면, 193명의 대학생을 대상으로 한 연구에서 여성의 30%와 남성의 31%가 성관계 시 묶이거나 구속을 하는 성적 판타지들을 가졌었다고 보고하였다(Person et al., 1989). 환자들은 더욱 그런 판타지를 용서하지 못하기에 치료자는 환자의 두려움을 잘 다루어 주어야 한다. 어떤 환자는 정신치료 시간에 수치심 때문에 자신의 성생활이나 성적 판타지에 대해서 언급하지 않을 수 있는데, 치료자는 환자가 이러한 문제를 이야기하였을 때 동반되는 불안을 잘 다루어 주어야 한다.

많은 환자들은 성적 판타지에 대해 얘기할 준비가 되어 있고, 이러한 판타지를 탐색함으로 자신에 대해 더 알고자 소망한다. 성적 판타지는 실제 친밀한 관계에서 환자가 느끼는 절망에 대한 소망과 보상을 제공하는 경우가 많으며, 파괴감, 욕망, 불쾌감 등을 흥분과 유쾌함으로 바꾸는 역할을 하기도 한다(Coen, 1992; Gabbard, 1996).

P는 42세 여자로, 매우 종교적인 집안에서 자랐고 아동기, 청소년기, 성인 초기까지 내내 완벽하게 행동해 왔다. 그녀는 남편이 10년 동안 성적으로 자신에게 관심을 보이지 않아서 상당한 절망감을 느껴 치료를 받으러 왔다고 하였다. 그녀는 유방 확대 수술을 받기도 하고, 개인적으로 운동 지도를 받으면서 탄력 있는 몸매를 만들려고 노력하였지만, 이 모든 노력에도 불구하고 남편은 그녀에게 거의 관심을 보이지 않았다. 그러나 개인 운동 교습을 받으면서 그녀는 점점 운동강사에게 끌렸고, 그에 대한 성적 판타지를 갖게 되었다고 하였다. 특

히, 그녀는 그를 '악동타입(bad boy type)' 이라고 생각하는 것을 좋아하였고, 남편은 절대하지 않았을 음란한(dirty) 행동을 그와 함께하는 상상을 하였다.

그녀는 군용 반트럭(hummer)을 구입하고 점차 차와 관련하여 새로운 정체성과 그와 관련된 판타지를 발전시켜 갔다. 그녀는 치료자에게 그 차는 '건방지고 망나니(cocky and bad-ass)' 같은 인상을 풍기기 때문에 좋다고 하면서, 이 차는 걸프전 이후 1990년 초에 유명해진 차이며, 자신이 그 차를 몰고 시내를 돌아다닐 때 자신이 강하다는 착각을 가졌었다고 하였다. 그리고 차를 몰고 동네를 돌아다닐 때에는 그와 차 뒷좌석에서 성관계를 가지는 성적 판타지를 가졌었다고 하였다.

P의 환상 세계는 다양한 역할을 하였는데, 우선 가정에서 소홀한 대접을 받았던 것에 대해 보상을 해 주었고 또한 그녀를 흥분시켜 줄 수 있는 남자를 찾을 수 있다는 희망을 주었다. '악동' 과 '반트럭' 를 선택함으로써, 그녀는 지극히 종교적이었던 집안의 제약에서 벗어났으며, 거칠고 모험적이며 가족의 의무나 종교적 믿음에 구애받지 않고 살고 싶은 꿈을 실현하였다.

판타지에 대한 치료적 접근

판타지는 언제, 어디에서나 존재하기 때문에 치료자는 치료 시간 동안 환자의 의식적이고 무의식인 판타지들에 몰두하게 된다. 치료자는 환자가 과거에 대해 이야기하는 것을 통해 환자가 현재의 판타지를 통하여 극복하려는 것이 무엇인지 알게 된다. 낭만적인 배우자, 동료, 자녀그리고 상사 등에 대한 기대는 환자가 현재 가지고 있는 중요한 판타지에 대한 풍부한 자료를 제공한다. 또한 환자와 치료에 대한 기대를 이야기할 때 치료자가 할 수 있거나 해야만 하는 것에 대한 다양한 전이 판타지(transference fantasy)가 나타난다.

판타지는 루보스키(Luborsky, 1984)가 언급하였던 '핵심적 갈등관계 주제(core conflictual relationship theme)'와 밀접하게 관련되어 있다. 그 주제는 주로 자아나 초자아의 통제 기능과 갈등을 일으키는 욕구와 소망을 반영한다. 예를 들면, 일에서 성공하고 싶어 하는 환자는 야망을 가지고 노력하는 것은 처벌받을지도 모른다고 걱정하기도 한다. 이러한 갈등을 해소하기 위해 환자는 일에서 성공하려는 노력조차 하지 않기도 한다. 한편, 판타지를 알아내는 방법으로 판타지 내에서 자신의 소망을 찾아내고 그 소망에 대해 다른 사람들이 어떻게 반응하리라고 상상하는가, 나는 그 반응에 대해 어떻게 반응할 것인가를 알아보는 것이다.

다른 사람의 기대와 실망을 탐색하는 것이 환자의 판타지에 대한 세세한 부분을 알아갈 수 있는 지름길이 되기도 한다. 환자는 판타지가 성과 연결되어 있다는 수치스런 측면 때문에 판타지에 대해 말하는 것을 거부할 수 있다. 치료자는 섬세하게 환자의 개인적인 판타지를 탐색해 가야만 하고, 환자가 말하기를 주저하는 경우에 치료자는 그 당시에는 환자의 결정을 수용하고 치료적 동맹관계가 좀 더 강화될 때까지 기다린다.

환자가 판타지에 대해 이야기하는 것을 망설이는 것은 침묵이나 회피 같은 저항의 한 방법으로 볼 수도 있다. 역동정신치료자는 저항하는 것에는 그럴 만한 이유가 있기 때문에 환자에게 직접적으로 비밀의 내용 등을 말하라고 강요하지 않으면서 치료자에게 비밀이 드러나는 경우 환자가 느끼는 불안을 탐색해 나간다. 치료자는 환자에게 치료는 강압적인 것이 아니고 환자는 말하지 않을 권리가 있다고 설명해 줄 수 있고, 이것은 환자가 자신의 이야기를 할 수 있는 계기를 마련해 주기도 한다. 즉, 치료자가 자신의 비밀을 지나치게 알려 하지 않고 참견하려고도 하지 않는다는 점에 편안함을 느끼는 것이다. 또한 치료자는 환자가 수치스런 일에 대해 말할 때 보이는 불안을 탐색해 봄으로써 환자의 이야기에 치료자가 보일 반응에 대한 환자의 전이 판타지를 파악할 수 있게 되며, 이는 환자의 공포와 소망을 이해하는 데 있어 매우 유용하게 사용된다.

어떤 환자들은 치료자가 자신의 판타지를 비난하거나 자신을 이상한 사람으로 오해할까 봐 성적 판타지에 대해 말하기를 망설인다. 따라서 환자가 성적 또는 다른 수치스런 판타지를 이야기할 때, 치료자는 차분하고 담담한(matter-of-fact) 태도를 유지하여 환자가 불안을 극복하도록 도와주어야 한다. 그리고 판타지를 역겹다고 생각하고 다른 사람도 그렇게 생각하리라고 가정하는 사람은 바로 환자 자기 자신이라는 사실을 지적해 주는 것이 도움이 될 때도 있다.

삶과 죽음이 관련되었거나 그만큼 중요한 판타지들은 더욱 적극적으로(aggressively) 탐색할 필요가 있다. 예를 들어, 자살을 결심한 환자는 자살을 함으로써 다른 사람에게 강력한 영향력을 끼칠 수 있다는 판타지를 가질 수 있다. 자신이 자살을 하면 아이가 더 나은 삶을 살 것이라는 생각을 하는 부모의 경우, 그러한 판타지를 탐색하면서 부모가 자신의 성찰 능력을 키우고 아이가 부모가 생각하는 대로만 느끼지는 않는다는 것을 인식하는 능력을 길러 줄 필요가 있다. 한편, 어떤 환자는 스스로의 지나친 완벽주의적 기대에 미치지 못해 자살을 유일한 대안으로 생각하기도 한다(Smith & Eyman, 1988). 이러한 비현실적인 판타지를 탐색하면서 스스로에 대해 더욱 완화된 견해를 갖도록 도울 수 있다. 복수와 관련된 판타지(Revenge fantasy)는 자살을 계획하는 환자에게서 흔히 나타나는 것이고, 여기에는 자살 행동을 통해 다른 사람의 삶을 파괴하고자 하는 극도의 증오심이 있을 수 있다. 마지막으로 재회 판타지(Reunion fantasy)는 자살 동기에서 나타나는데, 사랑하는 사람과의 행복한 재회를 기대하는 환자는 자살을 매우 매력적인 것으로 생각할 수 있다.

초심자는 자살에 대해 논의하는 것에 대해 불안을 느낄 수 있다. 환자와 자살 이후에 일어날 수 있는 일에 대해 솔직하게 이야기를 나누는 것은 논의되고 이해될 수 있는 매우 중요한 역동적 주제와 연결된다. 판타지들이 더 많이 드러날수록 더 많은 실제적인 대안들이 나타날 것이고, 이를 통해 환자는 자살로 모든 것을 끝내는 대신에 고통 속에서도 삶을 지속해 나갈 수 있는 방법을 배우게 될 것이다.

요약

꿈에서는 환자가 의식적으로는 언어화하여 표현하기 힘든 무의식적인 갈등들이 드러난다. 그리고 이는 응축(Condensation), 전치(Displacement), 상징화(Symbolic representation), 이차적 교정(Secondary revision) 등을 통해 위장되어 나타난다. 치료 과정에서 치료자는 꿈과 관련한 환자의 생각을 이끌어 내야 하고, 또한 꿈이 저항의 한 기제로 사용될 수 있다는 점을 인식하고 있어야 한다.

판타지는 언제, 어디서나 존재하는 것이다. 어떤 판타지는 삶에서 좌절과 상처를 이겨 내도록 도와준다. 백일몽과 몽상(reveries)은 의식적인 것이지만, 다른 판타지들은 대개 무의식적인 것이다. 이를 의식적인 수준으로 끌어올리려면 치료적인 도움이 필요하다. 성적 판타지는 갈등, 방어기제, 내적 대상관계 등을 알아볼 수 있는 창문과 같은 역할을 할 수도 있다. 강력한 판타지는 자살 소망의 근원일 수도 있다.

chapter 8

역전이의 발견과 작업

Dr. Q는 29세의 여성 정신과 전공의로, R과 첫 면담을 가지게 되었다. R은 54세지만 나이보다 젊어 보이는 매력적인 여성으로 상당히 과장된 태도로 말을 하였다. 그녀의 말은 빠르고, 장황했으며 다소 산만하였다. 그녀는 그녀의 감정과 상황에 대해 많은 불만을 가지고 있었으며, 자신의 남편이 열심히 일하지 않고, 장성한 두 딸도 고마움을 모르며 만성적으로 재정적인 문제를 안고 있다고 하였다. R은 이전에 분노 조절 클리닉(anger management clinic)에 다니면서 그녀의 어머니에 대한 화를 표출하는 동안 의자를 세게 두들기기도 했었다고 하였다. 그녀는 왜 이렇게 화가 치밀어 오르는지 그 근원을 알 수 있겠느냐고 묻고는, Q가 대답도 하기 전에 "당신이 나를 도울 수 있을지 의문이군요. 신조차 날 사랑하지 않는데."라고 말하였다.

R에 대한 첫인상은 숨이 막힐듯 압도적이란 느낌이었다. Q는 R의 이야기를 따라가기도 벅차다고 느꼈다. Q는 환자의 말을 끊고 한마디 하는 데 많은 어려움을 느꼈고, 첫 면담이 끝날 무렵 도대체 어디서 무

엇을 시작해야 할지 갈피를 못 잡고 있다는 사실을 깨달았다. Q는 솔직히 자신이 R을 도울 수 있을지 의문스러웠다.

매주 면담이 진행되면서 R은 자신의 남편에 대한 여러 불만을 이야기하였다. 그녀는 남편이 최근 심장(관상동맥)수술을 받았지만 그것이 뭐 그리 대단한 일이냐고 하면서, 남편이 운동도 전혀 안 하고 나쁜 식습관을 가지고 있어서 그렇게 된 것이니 모든 것이 남편 탓이라고 말하였다. R은 그녀에게 무뚝뚝한 자신의 어머니에 대해서도 많은 말을 하였으며, 그녀의 두 딸 역시 그녀의 괴로움에 전혀 관심이 없다고 말했다. R은 마치 Q가 이미 자신에 대한 자세한 이야기를 다 알고 있는 듯 말하였다. 그녀는 Q가 모르는 사람에 대해서도 아무런 설명 없이 자주 그 이름을 거론하였다. Q는 자신이 그저 R의 이야기를 반사하는 공명판일 뿐이라고 느꼈다. Q가 좀 더 자세히 알기 위해 물으면 R은 Q가 알든 모르든 상관이 없다는 듯 얼버무렸기 때문이었다. Q는 자신이 이용당하고 있다고 느끼기 시작하였고, 그녀의 이야기 도중에는 자신이 질문하는 것도 어렵다는 것을 깨달았다. Q가 보기에 R은 진심으로 정신치료를 원하는 것이 아니며 단지 그녀의 관점을 아무 비판 없이 받아 주고, 가족이나 다른 사람들이 그녀에게 잘못한 것에 대해 동정해 줄 사람이 필요한 것 같았다. Q는 R과의 면담 시간에 저녁에 무엇을 먹을까 하는 고민이나 아기 돌보는 사람의 문제, 해야 할 연구 주제에 대해 생각하며 자주 시간을 보냈다. 그러다가 R의 이야기로 다시 돌아갔을 때 그녀의 이야기가 전날 자신의 어머니와 전화하였던 내용을 상기시킨다는 생각을 하였다. Q는 이런 자신의 모습에 몹시 당황하였고, R의 이야기로 재빨리 주의를 돌리곤 하였다.

환자에 대한 이와 같은 Dr. Q의 감정적인 반응은 우리 모두에게 익숙한 것이다. 제1장에서 언급하였던 것처럼 역동정신치료의 주요 개념은 면담실 내에 두 명의 주체(또는 두 명의 환자)가 존재한다는 것이다. 정신치료가 진행됨에 따라 서로 영향을 주고받는 두 명의 복잡한 인간이 서로에게 상호적인 영향을 주고, 상대에 대한 여러 가지 감정을 불러일으키는 것이다.

따라서 역전이는 언제나 존재할 수 밖에 없다. 코헛(Kohut)의 자기심리학이 나르시시즘을 일반화한 것처럼 정신분석 내에서 일인심리학(one-person psychology)에서 이인심리학(two-person psychology)으로의 이론적 변천은 역전이를 치료의 유용한 부분으로 정당화하였다. 프로이트가 말한 역전이(소위 협의의 관점)는 치료자가 해결되지 않은 갈등을 가지고 있기 때문에 역전이를 가지게 된다고 한다. 이러한 경멸적인 말은 이제 과거의 유산으로 간주된다. 역전이에 대한 프로이트적 관점은 한 부분일 뿐이고 현재 가장 우세한 관점은 역전이가 환자와 치료자의 기여로 이루어진 공동의 산물(joint creation)이라는 것이다. 다른 말로, 치료자는 그 자신의 과거를 가져오고, 환자는 치료자의 감정을 유발한다.

이러한 아이디어를 Dr. Q와 R의 경우에 적용하면 R은 특정한 방법으로 Dr. Q와 관계를 맺고 있는 것을 볼 수 있다. 그녀는 Dr. Q가 이야기하지 못하게 함으로써 회기를 조종하고, 다른 사람이 어떻게 그녀를 실망시켰는지 두서없이 이야기하며, Dr. Q에게 그녀의 관점을 비판 없이 받아들이도록 압력을 가한다. Dr. Q는 상호적인 대화에 참여하기 위한 유용한 말을 할 수 없기 때문에 압도되고, 자신이 쓸모없다고 느끼고, 화가 나게 된다.

많은 자기애적인 환자처럼 R은 송신기는 있었으나 수신기가 없었다. 타인을 공명판으로 사용하는 것은 컨버그(Kernberg)가 언급한 위성적 존재(satellite existence)를 유발한다. Dr. Q가 흥미를 잃고 회기를 두려워하는 것은 충분히 이해할 수 있는 부분이다. 더욱이 Dr. Q의 역전이는 R의 내부 세계가 R과 Dr. Q 사이의 영역에서 재창조되었다고 제안한다. R은 그녀에게 관심이 없는 어머니를 두었다고 하고, 두 딸도 어머니에게 관심이 없다고 하였다. 이러한 내적 대상들은 그녀 안에서 나타나고, 투사적 동일화를 통해서 정신치료 과정에서 외재화된다. Dr. Q는 그러한 투사된 흥미 없는 대상과 동일시되고 R의 정신에 있는 표상(representation)처럼 느끼고 행동하게 된다. Dr. Q는 그녀 자신의 과거를 치료 상황으로 가져오고, 이는 그녀의 어머니와의 전화 통화와 현재 치료 상황 사이의 유사점에 대한 생각으로 나타나게 된다. Dr. Q는 R이 자신의 어머니 또래이고 R과 자신의 어머니가 어떤 점에서는 비슷하다고 인식하게 된다. Dr. Q는 R을 그녀의 어머니처럼 가끔 무시한다고 느낄 수 있다. Dr. Q의 이런 스쳐가는 생각은 자신 안에 자신의 표상과 타인의 표상이 있다는 것을 말해 주고, R이 투사한 것에 쉽게 걸려들었다는 것을 말해 준다. 이러한 감정의 조심스러운 탐색 과정을 통해서 Dr. Q는 다른 사람(R의 딸들)이 R과 이야기할 때 느끼는 감정을 경험할 수 있게 된다.

1. 투사적 동일시와 역전이의 재연

투사적 동일시와 역전이의 재연(countertransference enactment)이라는 두 용어가 정신분석가와 역동정신치료자의 일상 용어로 등장하였다.

투사적 동일시와 역전이 재연은 둘 다 비슷한 과정을 포함하지만 전자는 클라인(Klein) 학파와 대상관계이론에서 발생하였고, 후자는 미국 자아심리학자의 노력으로 이루어졌다.

투사적 동일시 개념은 영국과 미국의 많은 학자에 의해서 발전되었는데(Bion, 1962a; 1962b; Gabbard, 1995; Klein, 1946/1975; Ogden, 1979, 1982, 1992; Rosenfeld, 1955; Scharff, 1992), 가장 학자들의 지지를 얻은 정의는 두 가지의 단계를 포함한다. 첫 번째는 정서 상태를 동반하는 자신 혹은 타인의 표상(self or object representation)이 무의식적으로 자기 안에서 부인되고 상대에게 투사되며, 두 번째는 투사자가 상대로 하여금 투사된 것을 무의식적으로 경험하거나 받아들이도록 압력을 가하는 것이다([그림 8-1]과 [그림 8-2] 참조). 여기서 첫 번째 단계는 전이, 두 번째 단계는 역전이로 간주된다.

그런데 만약 정신치료적 상황이라면 세 번째 단계가 일어난다. 투사를 받는 치료자는 문제자아 또는 타인 표상(object representation)을 받아들인 후 이를 포용(contain & tolerate)하고 투사된 내용을 잘 소화하여 다소 변화된 형태로 투사한 사람에게 다시 돌려주거나 환자에게 다시 받아들이도록(reintroject) 한다([그림 8-3] 참조). 이러한 방식

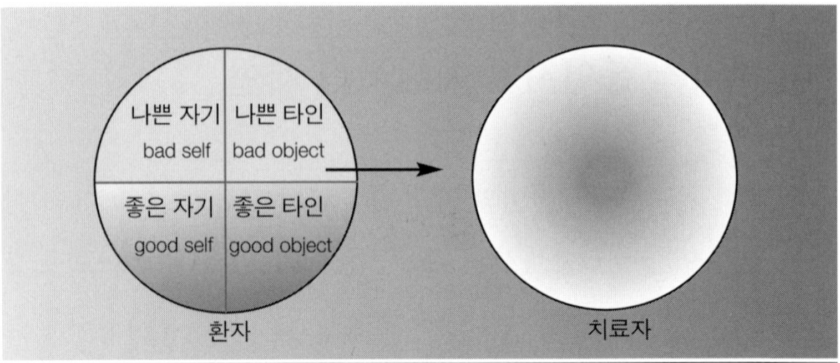

[그림 8-1] 투사적 동일시-1단계

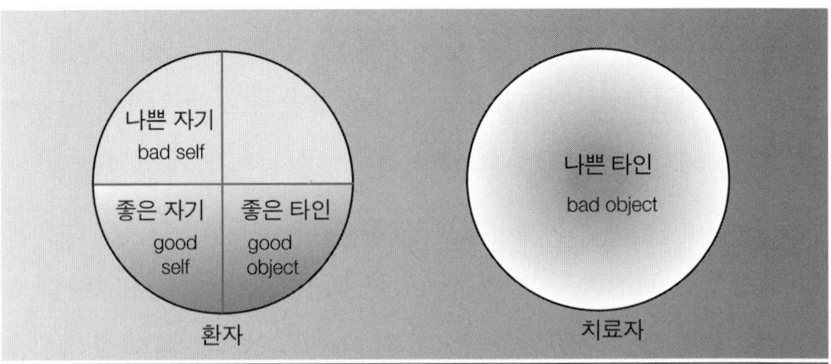

[그림 8-2] 투사적 동일시-2단계

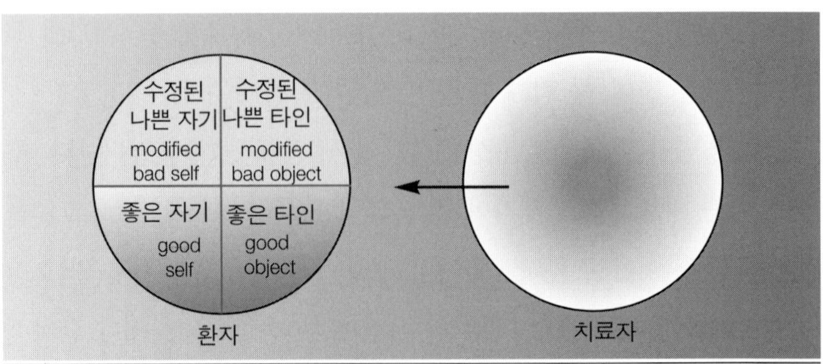

[그림 8-3] 투사적 동일시-3단계

으로 투사적 동일시는 정신내적 방어(intrapsychic defense)와 대인관계 소통의 두 가지로 보이게 된다. 또한 이 과정은 치료적 의미도 가지고 있다. 환자는 자기는 참기 어려운 심리 상태를 치료자가 감내하고 있는 것을 보고 배우게 된다. 환자가 투사된 내용을 다시 돌려받을 때 자아 표상 또는 타인 표상이 수정되고, 여기에 동반된 감정도 바뀌어 시간이 지나면서 환자의 내적 대상관계의 변화가 일어나게 된다.

투사적 동일시가 심리 상태의 신비적 또는 초자연적 교환이라기보다는 대인관계 압력 또는 자극에 달려 있다는 관점에서 보면, 치료자에게 일어나는 역전이 반응은 치료자 속에 있던 잠재적인 것이 환자의 자극에 의해서 유발되는 것으로 볼 수 있다. 이미 존재하는 치료자의 갈등과 방어기제와 내적 대상관계는 환자가 투사한 것을 치료자가 어떻게 받아들이는가의 여부를 결정할 것이다. 비록, 치료자가 역전이를 이질적인 것으로 경험한다고 해도 실제로 일어나는 것은 억압된 자아 또는 타인 표상이 환자의 압력에 의해서 활성화되었다는 것이다. 그러므로 이러한 억압된 자아의 출현에 의해서 치료자의 익숙하고 지속적인 자아는 혼란에 빠지게 되는 것이다. 사이밍턴(Symington, 1990)은 이러한 과정을 환자가 치료자로 하여금 치료자 자신의 생각 대신 환자의 생각을 하도록 괴롭히는 것이라고 설명하였다.

치료자들은 자신이 평소처럼 행동하지 않는다는 것을 경험할 때 투사적 동일시가 일어난다고 이해하기 시작한다. 그들은 비정상적으로 화가 나든가, 지나치게 관대하든가, 너무 지루해하거나 매우 관음적이 된다. '내 자신이 아닌 것 같다.' 는 느낌이 들 때 치료자들은 그들과 환자 사이에 무엇이 발생하고 있는지를 조심스럽게 생각해야 한다.

역전이 현상은 대단히 미묘해 포착하기 어려운 경우도 많이 있다. 전이와 마찬가지로 역전이는 적어도 초기에는 무의식적이다. 따라서 치료자는 여러 가지의 행동을 통해서 그들의 역전이를 알게 된다. 회기를 잊어버릴 수 있고, 전화를 하거나 문서 작업을 하느라 환자를 5분 늦게 보거나, 환자가 이야기할 때 주먹을 꽉 쥔다든지, 또는 환자를 보는 날에 특별하게 옷을 차려 입는 것 등이 포함된다. 이러한 행동은 감정의 첫 번째 징조일 수 있으나 여전히 무의식적이다.

투사적 동일시는 자신의 모습이나 자신 안에 존재하는 타인의 모습을 투사할 수 있다. 치료자가 환자가 투사한 환자 자신의 모습과 동일시할 때 '조화된 역전이'(Racker, 1968)라고 부르고,이러한 과정은 공감과 밀접하게 연관된다. 만약 치료자가 투사된 환자의 타인의 모습과 동일시하면 이는 '상보 역전이'(Racker, 1968)라 한다. 어린 시절의 심한 학대의 피해자인 성인 환자를 예로 들면, 이 환자의 내부에는 학대자인 타인의 모습과 피해자인 자신의 모습이 존재한다. 치료 기간 동안 치료자는 종종 이 타인의 모습과 같이 자신을 느낄 수 있고, 화를 내거나 말로써 환자를 학대할 수 있다. 한편으로는 환자가 화를 내고 요구적일 수 있고, 치료자는 피해자같이 느낄 수 있다. 치료자는 환자의 자기 표상과 동일시한다. 이때 환자는 자신의 학대자의 모습과 동일시하여 학대자로 행동하는 것이다.

이러한 상황에서 치료자는 역전이의 내용을 알아내야 한다. 즉, 환자의 문제와 치료자의 문제가 어떻게 혼재되어 나타나는가를 알아내는 도전에 직면하게 된다. 투사적 동일시가 너무 강렬해져서 치료자가 환자의 투사에 의해서 자신의 생각이 마비되고 명료하게 생각하지 못할 수 있다(Schafer, 1997). 따라서 무슨 일이 벌어지고 있는지 파악하는 데 많은 시간이 걸릴 수도 있다. 많은 경우 치료에 의해서 발생한 강력한 감정은 회기가 끝난 후에야 이해될 수도 있다.

우리는 종종 포용을 투사적 동일시가 대사(metabolize)되는 과정이라고 생각한다. 즉, 환자의 생각에 대해 생각하는 것에서 자신의 생각에 대해 생각하는 것으로 옮기는 것이다(Gabbard & Wilkinson, 1994). 포용 과정 동안 치료자들은 몇 가지의 각기 다른 활동에 참여하게 된다. 그들은 그들의 생각에 대한 환자의 무의식적 공격을 단순히 참고 견디기만 하는 것이 아니다. 그들은 조심스럽게 그들 자신의 기여와 환자의 것을 분류하고 어떻게 환자의 내적 대상관계에 자신이 참여하는지를 생각한다. 그들은 환자와의 갈등에 참여하면서 또한 환자에 의해서 그들 자신의 갈등이 어떻게 재활성화되는지를 동시에 보려고 노력한다. 치료자는 스스로를 분석하여 환자들이 어떻게 치료자의 갈등을 활성화하는지 성찰해야 하며, 이야기하기 전에 무슨 일이 일어나는지를 조용히 해석해 볼 수 있어야 한다. 마지막으로, 치료자는 환자에게 전이-역전이의 경험을 명료화하는 데 도움을 주기 위해서 환자에게 설명을 요구할 수 있다.

모든 치료자가 환자에 대해서 똑같은 역전이 반응을 보이지는 않을 것이다. 그리고 치료자의 내부세계가 환자의 전이 반응의 내용에 많은 영향을 끼치기도 한다. 오그던(Ogden, 1983)은 '투사적 동일시는 내적 세계가 외현화되는 일반적인 현상, 즉 전이다.' 라는 현상을 관찰하였다. 이러한 내면의 세계가 외현화될 때 여기에 참여하는 타인의 기여도가 어느 정도인가에 따라 다양한 모습을 보일 수 있다. 즉, 동일한 자극에 대해 여러 가지 반응이 나올 수 있다. 가끔은 다른 치료자에게 의뢰하는 것이 치료적 상황을 호전시킬 수 있다. 왜냐하면 새로운 치료자는 이전 치료자와는 완전히 다른 주관을 가지고 있고 쉽게 자극되지 않기 때문이다.

1990년대에 몇몇 미국 자아심리학자들은 역전이 재연(enactment)에 대한 논문을 내기 시작하였다(Chused, 1991; Jacobs, 1993a, 1993b; McLaughlin, 1991; Renik, 1993; Roughton, 1993). 역전이 재연은 투사적 동일시와 유사한 의미를 갖게 되었다. 기본적인 개념은 '역전이 재연은 전이 판타지를 현실화하려는 시도가 역전이 반응을 유발할 때 일어난다.' 는 것이다(Chused, 1991: 629). 이러한 재연은 협의의 역전이와 환자에 의해서 유발된 것 둘 다를 포함하는 것으로 간주된다. 로턴(Roughton, 1993)은 이를 '현실화(actualization)' 라고 표현하였다. 이는 환자의 미묘한 조작으로 치료자가 특별한 방법으로 환자를 대하여 환자의 전이 소망을 만족시켜 주거나 그러한 소망에 반대하여 방어하게 만드는 것을 말한다.

재연은 환자에 의한 치료실 내의 행동화일 수 있다. 그러나 미국 자아심리학자들은 치료자에 의한 그에 상응하는 치료실 내의 행동화도 있을 수 있다고 강조한다. 공동의 산물으로써 역전이 개념은 투사적 동일시와 역전이 재연으로 설명할 수 있다. 치료자의 실제적인 행동은 환자의 전이에 영향을 끼치고, 환자의 실제적 행동은 치료자의 역전이에 영향을 끼치게 되는 것이다.

2. 역전이의 관리

역전이의 관리를 논하기 위해서는 먼저 역전이를 반드시 확인하여야 한다. 앞에서 언급한 것처럼 재연이 치료자의 무의식적인 감정의 첫 징후일 수 있다. 환자에 대한 꿈도 역전이의 첫 번째 신호 중 하나일 수 있다. 환자에 대한 의식적인 분노 또는 에로틱한 감정 없이도 환자에 대해서 화가 난 꿈이나 환자와 침대에 함께 있는 꿈을 꿀 수 있다. 어떠한 경우든 역전이가 치료자의 의식 속에 들어와 이를 인식하게 되면 포용의 과정—치료자와 환자의 상대적인 기여에 대한 생각—이 시작된다.

그러고 나서 치료자는 특정한 역전이 감정을 다루기 위한 몇 가지의 선택 사항을 가지게 된다. 이런 모든 것이 상황에 따라 치료적일 수 있다.

역전이 감내

위니코트(Winnicott, 1971)는 환자는 반드시 치료자를 파괴하여야 하고 치료자는 환자의 공격에서 살아남아야 한다고 이야기하였다. 그런 후에야 환자가 치료자를 진정으로 치료에 이용할 수 있다고 하였다. 즉, 치료자의 내구력이 치료적 변화를 일으키는 데 중요한 요소라는 것이다.

따라서 치료자는 종종 아무것도 할 필요가 없고, 단지 그 느낌을 마음속에 간직하고 이를 이해할 때 환자에게 강력한 영향을 줄 수 있다. 감내할 수 없으리라고 생각되던 환자의 감정을 감내하는 치료자를 환자가 볼 때 치료 과정이 일어난다(Carpy, 1989). 그런 후 그들이 감정과 표상을 다시 받아들일 때 그들은 그것들에 압도되지 않고 다시 자신의 것으로 소유할 수 있다.

역전이를 이용하여 해석을 도움

역전이를 다루는 다른 방법으로는 환자의 내부세계에 대한 해석을 만들어 가는 데 역전이를 이용하는 것이다. 만약 환자의 내부에 있는 어떠한 것이 외현화되어 치료자와의 사이에서 어떤 현상을 만든다면, 이는 환자의 내부세계에 존재하던 나와 너의 모형(self-other constellation)이 반영되어 치료 시 그가 평소에 하던 대로 치료자와 관계를 맺음으로써 그의 대인관계에 대한 많은 정보를 제공하게 된다.

앞서 제시한 R과 Dr. Q의 사례에서 Dr. Q는 자신이 R에게 도움이 되지 않는다고 느꼈으며, R의 이야기를 듣는 것을 힘들어하였다. R이 자신의 어머니와 두 딸이 자신에게 무관심하다고 말한 것을 이용해 Dr. Q는 "당신은 내 의견을 말할 시간을 주지 않아요. 당신이 당신의 딸들과 어머니의 이야기를 들으려고 노력하지 않기 때문에 그들이 당신의 말을 듣지 않는 것은 아닌가요?"라고 해석할 수 있었을 것이다. 이 해석의 시작점은 치료자가 이야기를 할 수 없다는 역전이에서 비롯된다. 치료자의 이런 경험이 R의 딸과 어머니의 경험과 비슷하다는 점에 초점을 맞추어 치료 시의 현상이 집에서 일어나는 현상과 비슷할 것이라는 가설을 제공할 것이다.

그러나 이러한 전략이 반대의 결과를 가져올 수도 있기 때문에 치료자는 조심해야 하며, 언제 이 말을 할 것인가에 대해 세심한 주의가 필요하다(Gabbard, 1994). 제4장에서 언급하였듯이 전이 해석은 특히 혼란스러운 환자에게는 위험도도 높고, 소득도 많을 수 있는 제안이다(high-risk, high-gain proposition, Gabbard et al., 1994). 몇몇 환자들은 치료자가 해석을 통해서 치료자의 개인적인 감정을 푼다고 느끼면, 그 해석을 들으려고 하지 않을 것이다. 예를 들어, 경계선 성격장애를 가지고 있는 환자에게 매우 화가 난 치료자가 "제가 생각하기에 당신은 당신의 모든 분노를 저에게 투사하는 것 같네요."라고 말하였다. 환자는 잠깐 동안 말이 없다가 "더 좋은 방법이 있나요?"라고 말하였다. 환자는 증오와 경멸의 감정을 스스로에게서 떨쳐버리고 다른 사람에게 덮어씌우기 위해서 치료자가 '나쁜 대상'의 역할을 하는 것이 필요하다는 점을 분명히 하였다. 즉, 환자의 이 말은 치료자가 힘들었던 역전이의 느낌을 너무 빨리 환자에게 말하였다는 사실을 가르쳐 주었던 것이다.

전이와 역전이는 동전의 양면이라 할 수 있다. 가끔 치료자는 이런 어려운 느낌을 환자 안에 있는 것이라는 해석을 통해 그것에서 벗어나려고 한다. 하지만 강렬한 부정적 전이 상황(화, 증오, 시기, 또는 경멸)에서의 해석은 치료자가 환자에 대해서 공격자 또는 박해자라는 것을 확인하는 것으로 비추어질 수 있다. 카피(Carpy, 1989)는 환자가 해석을 사용할 수 있을 때까지 역전이를 이용한 해석을 연기해야 한다고 강조하였다. 이는 환자들이 치료자에게서 환자들의 모습을 인식할 수 있을 때까지를 의미한다. 치료자 역시 해석을 사용하기에 가장 좋은 심리 상태에 있어야 한다. 치료자의 마음이 투사적 동일시에 의해 온통 빼앗겨 있다면 생각할 수 있는 능력이나 해석을 명확히 할 수 있는 능력이 심각하게 손상을 입을 수 있다는 것이다.

해석의 시기는 치료의 분위기와 치료 순간에 크게 달려 있다. 만약 치료자와 환자가 둘 다 분석적 공간에 있다면 그 의미들을 여러 가지로 생각하고 이해할 수 있다(Ogden, 1986). 분석적 공간(analytic space)은 위니코트(Winnicott, 1971)의 잠재적 공간(potential space)이라는 개념에서 파생되었는데, 잠재적 공간에서 환자는 전이를 현실과 비현실로 경험하게 되고, 치료자도 역전이를 현실과 비현실로 경험하게 된다. 양자의 경험에는 '마치 ~인 것처럼 느껴진다(as if).'는 공통된 특성이 있다. 환자는 치료자가 불공평하고 부당하다고 느낄 수 있다. 그러나 환자는 치료자가 '어머니와 똑같다.' 고 주장하기보다는 '마치 어머니인 것처럼' 느끼고 있다는 것을 알고 있다. 분석적 또는 잠재적 공간에서 환자는 '나는 어머니와 싸울 때 어머니에게 가졌던 모든 강렬한 감정을 가지게 된다. 하지만 당신은 나의 어머니와는 다른 사람이고, 이러한 감정의 일부를 당신에게 보이는 것은 부당하다는 것을 알고 있다.' 고 생각할 수 있다. 강렬한 감정이 환자나 치료자에게 존재하면 '마치 ~인 것처럼 느껴진다(as if)' 는 것이 무너지게 되고, 두 사람의 생각과 느낌을 탐색하는 것이 어려워질 수 있다.

종종 해석 작업이 다음 회기로 연기될 수 있는데, 이러한 냉각은 도움이 된다. 치료자와 환자는 모두 상대에 대한 강렬한 감정은 처리하였고, 부적절하게 치료자에게 투사되었다는 사실을 환자가 알 수 있는 분위기가 형성될 수 있기 때문이다. 파인(Pine, 1986: 528)은 이러한 유용한 해석의 연기를 '쇠는 식었을 때 두들겨라.' 는 말로 설명하였다(쇠는 뜨거울 때 두드리라는 속담의 반어법 strike while iron is hot-역자주).

적절한 자신의 노출

제5장에서 언급하였듯이 환자에 대한 치료자의 신중한 감정 노출은 치료에 도움이 될 수 있다. 대부분의 치료자들이 그들의 사생활이나 개인적인 문제점에 대해 노출하는 것을 꺼린다. 하지만 치료적 상황(지금-여기)에서 만들어진 감정에 대한 노출은 환자 자신이 타인에 대해 가지는 영향력을 살펴보는 데 매우 효과적일 수 있다.

Dr. Q는 그녀가 느낀 바를 R에게 직접 이야기하는 것을 고려할 수도 있었을 것이다. R에게 "가끔 나는 당신에게 공명판에 불과하다고 느껴질 때도 있고, 내가 하는 이야기를 당신이 듣고 싶어 하지 않는다고 느낄 때가 있습니다."라고 말했을 수도 있다. 이러한 종류의 자기노출은 직면과 밀접하게 연관이 되어 있어 환자가 치료자를 어떻게 대하고 있느냐를 환자가 알 수 있도록 그의 주의를 유도할 수 있다.

하지만 자기노출은 반드시 조심스럽게 행해져야 한다. 왜냐하면 치료자들은 자신이 생각하는 것이 치료적인 효과가 있다고 생각할 수 있지만, 실제로는 치료자가 환자에게 보복을 하고 있거나 죄책감을 유도하고 있을 수도 있기 때문이다. 치료자들은 항상 환자들에게 자신의 감정을 드러낼 때 치료자의 동기에 대해 의심을 가져야 한다. 환자를 돕고자 하는 진실한 바람 뒤에는 많은 순수하지 않은 생각들이 자리 잡고 있을 수 있다. 그린버그(Greenberg, 1995)는 계획적인 자기노출에 대한 우려를 표현하였는데, 이는 다음과 같다.

> 각 개인의 참여에 대해서는 항상 여러 가지 관점이 있다. 이는 노출된 것이 단지 어느 한 순간에 한 사람의 이해를 의미할 뿐이고 그 문제에 대한 최종의 확답은 아니기 때문이다. 나는 내가 느끼고, 생각하는 모든 것을 알 수 있는 특별한 위치에 있지는 않고, 더욱이 그것은 말할 특전을 가지고 있다고는 생각하지 않는다(p. 197).

치료자 자신의 감정을 환자에게 노출할 때 치료자가 무슨 생각을 하고 있는지 확실하지 않기 때문에 자기노출을 하기 전에는 반드시 신중하게 생각해야 한다. 발생 가능한 뜻하지 않는 결과에 대해서 지도감독자와 의논하는 것은 현명한 방법이다. 하지만 종종 지도감독자와 의논할 기회가 없을 수 있다. 특히, 환자의 직접적인 질문으로 자기노출이 일어나게 된 경우에는 더욱 그러하다. 예를 들어, 환자가 치료자의 얼굴에서 화난 표정을 보고 "저한테 화가 났나요?"라고 물을 수 있다.

그러한 상황에서 치료자는 딜레마에 빠지게 된다. 만약 치료자의 얼굴이 빨갛고, 이를 꽉 다물고 있고, 목의 핏줄이 튀어 나와 있으면 화가 난 것이 분명하고 환자는 정확한 관찰을 하고 있는 것이다. 만약 치료자가 "아니에요. 화나지 않았어요."라고 이야기하면 환자는 화가 난 치료자와 솔직하지 못한 치료자의 두 가지 문제점을 가지게 된다. 만약 치료자의 화가 들통이 났다면, 환자의 감지가 정확하다고 하는 것을 인정하고 이를 치료적으로 이용하는 것이 더욱 좋다. 예를 들어, 치료자는 "제가 생각하기에 당신은 제 안에서 일어나고 있는 무엇을 집어 낸 것 같네요. 제가 생각하기에 당신이 하고 있는 것이 어느 정도 저를 짜증나게 하네요. 난 당신 때문에 화가 나는 것보다는 당신을 도와야 하기 때문에 당신과 같이 이에 대해서 생각해 보고 싶어요. 다른 사람과도 이러한 경험이 있었나요?"라고 이야기할 수 있다. 치료자는 그의 직업적 역할을 유지하는 동시에 그의 화를 인정함으로써 환자가 자신을 이해하는 것을 돕도록 노력할 수 있다.

어떤 종류의 느낌은 말하지 않는 편이 좋다. 이야기를 하면 환자가 너무 부담을 느낄 위험이 있고, 치료자를 '~처럼(as if)'이라고 지각하는 분석적 공간이 무너져 버릴 위험 부담이 있을 수 있다. 예를 들면, 환자에게 성적으로 끌리고 있는 감정을 드러내는 것은 거의 도움이 되지 않을 것이다. 만약 치료자가 환자에게 성적으로 끌리고 있는 감정을 갖고 있다고 인정한다면, 그 또는 그녀는 상징적 영역 내에서 성적인 감정에 대해서 이야기하는 것이 힘들어질 것이다. 모델(Modell, 1991)이 말한 것과 같이, '현실의 한 부분에서의 만족감은 다른 부분에서의 역설적 실망으로 이어진다(p. 26).' 상징적으로 남아 있어야 할 것이 환자에 대한 성적인 매력을 인정함으로써 구체화되었다. 비록, 딸이 아버지가 자기에게 성적 매력을 가지고 있다고 느껴도 아버지는 딸에게 그런 감정을 가지고 있다고 말하지는 않을 것이다. 아버지가 그러한 감정을 나타내지 않는다는 사실은 그녀로 하여금 중요한 발달 과정을 거치게 한다. 즉, 아버지가 설정해 놓은 경계 안에서 사랑의 대상으로서 아버지에 대한 환상과 이러한 환상을 가져도 괜찮다는 안전함을 가지게 된다(Gabbard, 1996).

이와 유사하게 여성 환자에게 성적인 감정을 표현한 남성 치료자는 그녀로 하여금 치료적 상황이 그녀가 이전에 생각한 만큼 안전하지 않다고 생각하게 만든다. 만약 그가 여성 환자로부터 그녀에게 성적인 느낌을 가지는지에 대해 직접적인 질문을 받게 되면 그는 자기노출을 수정해서 사용할 수 있을 것이다. 예를 들어, 그는 환자에게 "당신의 질문은 저를 딜레마에 빠지게 하는군요. 만약 제가 당신에게 성적인 매력을 느끼지 않는다고 하면 당신은 매우 상심하실 것이고, 제가 그렇다고 하면 당신은 이 치료가 이전에 생각한 만큼 안전하지 않다고 생각할 것입니다. 따라서 그 문제에 대해서는 대답하지 않는 편이 좋을 것 같습니다."라고 말할 수 있다.

환자에게 치료자의 직접적인 감정을 드러내는 것보다는 환자와 딜레마를 공유하는 것이 일반적인 원칙이다. 예를 들어, Dr. Q는 R에게 "저는 지금 딜레마에 빠졌습니다. 왜냐하면 제 관찰을 말하려고 하면 저는 당신의 말을 중단시키고 억지로 끼어들어야 하기 때문입니다. 다른 한편으로 만약 제가 아무 말도 하지 않는다면 저는 당신에게 아무런 도움도 되지 않는다고 생각됩니다. 이러한 딜레마를 해결하기 위한 좋은 방법이 없을까요?" 라고 말할 수도 있을 것이다.

3. 다양한 역전이

구원자 판타지(Rescue fantasies)

정신치료사가 되기를 원하는 사람들에게 환자를 구원해 주고 싶다는 소망은 흔한 것이다. 사실 치료자 모두 환자의 삶에 변화를 주려는 소망을 갖고 있으며, 이는 특히 치료자의 마음을 움직이는 특정 환자일수록 비록 엄격한 의미의 정신치료자의 역할에서 벗어나게 되더라도 적극적으로 환자의 구조 역할에 참여하고 싶어 하게 된다. 이런 구원자 판타지 중 어떤 종류는 치료자가 자신을 치유자로 생각하는 관점과 일치되기 때문에, 이것이 역전이라는 사실을 전혀 깨닫지 못하기도 한다. 예를 들어, 환자를 자살에서 구하려는 치료자의 영웅적인 노력은 도덕적이고 전적으로 적절하게 보인다. 이런 상황에서 치료자가 한밤중이더라도 환자의 전화를 받기 시작하고 치료 시간을 20, 30분씩 연장하기도 한다면, 이런 구원의 노력이 심각한 역전이로 인해 통제를 벗어나지 않았는가 생각해 보아야 한다.

많은 역전이적인 판타지는 특정 전이 판타지에 뒤엉켜 있기도 하다. 예를 들어, 황금환상(golden fantasy)(제7장 참조)을 가진 환자는 완벽한 구원자를 찾으려는 환상을 충족시켜 줄 치료자를 찾는다(Smith, 1977). 그들의 모든 환상이 정신치료적 관계의 경계 안에서는 충족되기 어렵다는 사실을 알게 된다면, 그들은 절망감을 느끼고 치료자가 무정하고 냉담한 괴물이라고 말할 것이다. 또는 구원받고 싶다는 그들의 소망이 치료자의 구원자 판타지와 만나게 된다면 치료자는 전문가적인 역할에서 벗어나 문자 그대로의 구조자가 되려 하기가 쉽다. 어떤 치료자는 환자를 포옹해 줄 수도 있다. 또는 환자가 식료품을 살 돈을 줄 수도 있다. 치료자가 환자를 염려하고 있으며, 단순히 직업으로만 그들을 대하고 있지 않다는 사실을 전하기 위해 환자를 치료 환경 밖에서 사적으로 만날 수도 있다.

이런 구원자 판타지에 대한 최선의 대처법은, 실제로 치료적인 경계를 벗어나기 전인 초기에 이를 깨닫도록 노력하는 것이다. 예를 들어, 여성 치료자가 그녀의 동성 환자에게 모성과 유사한 감정을 느껴 환자를 안아 주고 싶은 감정이 든다면, 그녀가 그런 판타지에 따라 행동할 위험성이 있다는 것을 깨달아야 한다. 그녀는 환자가 자신의 모든 판타지가 치료적인 관계에서 충족되지 못한 것에 대해서 애도 반응을 거치도록 돕고, 환자에게 다음과 같이 말해 줄 수도 있다.

> 내가 당신을 품어 주고 사랑해 주는 문자 그대로의 '엄마'가 될 수 없다는 것이 얼마나 당신에게 받아들이기 힘든 일인지 알고 있습니

다. 그러나 우리는 이런 소망이 어떻게 당신의 삶과 대인관계에 영향을 미쳤는지 이해해 볼 수 있을 것입니다. 나는 비록 직접적으로 당신의 그 기대를 만족시켜 줄 수는 없지만, 당신이 이런 이해를 하는 과정을 도울 수 있을 것입니다.

만일 환자의 바람을 충족시켜 주지 못하면 치료자가 가학적이어서 그런 것이 아닌가 하는 역전이 판타지가 생길 수 있고, 이 때문에 치료 한계의 설정이 더욱 어려워질 수 있다.

장기적으로 본다면, 환상을 충족시켜 주는 것은 잘못된 희망을 심어 주어 결국은 환자에게 더 잔인한 결과를 초래할 수 있다. 이때 애도 반응은 그냥 지나쳐서는 안 될 과정이다. 환자는 어릴 적에 부족하였던 것이 무엇인지, 현재의 치료자에게서 받을 수 없는 것이 무엇인지 깨닫고 이를 받아들이는 과정을 거쳐야만 한다.

지루함 또는 졸음을 느끼는 치료자

하루 종일 환자의 이야기를 듣는 것은 치료자를 지치게 할 수 있지만, 일부 환자는 다른 환자보다 더 치료자에게 지루함이나 따분함을 느끼게 하는 역전이를 불러오기도 한다. 초심자들은 이런 졸림이나 지루함에 대해 무언가 자신이 잘못하고 있다는 징후로 생각하고 죄책감을 느끼기 쉽다. 이럴 경우 대다수는 자신을 질책하며 정신을 집중하여 환자의 이야기를 들으려고 노력한다.

그러나 정신치료에서 중요한 것은 치료 과정 중에 깊이를 알기는 어렵지만 숨겨진 의미를 밝혀내기 위해 자신의 감정을 객관적인 방법으로 탐구해 나아가는 것이다. 왜 하필 이 날, 이 환자가 지루하게 느껴지는 것일까? 치료자가 당직을 서느라 밤을 샜기 때문일 수도 있다. 또는 바로 이전 환자가 이 환자와 달리 흥미진진하였기 때문일 수도 있다. 하지만 전날의 수면 상태가 똑같았다면, 왜 이 두 치료 사이에서 이런 차이가 생기는 것일까?

환자들은 여러 가지 이유로 지루하게 느낄 수 있으며, 치료자 역시 여러 가지 이유로 지루함을 느낄 수 있다. 몇몇 환자들은 그들의 특징상 모든 치료 환경을 지루하게 만들기도 한다. 예를 들어, 강박성 성격장애(OCPD)가 있는 환자라면 매우 자세하게 일관성 없는 세부사항을 감정 없는 단조로운 어조로 늘어놓아 자연스러운 모든 감정을 통제하려고 애쓸 수 있다. 환자들은 이렇게 치료자를 '마취' 시키는 형식으로 치료 시간을 조절함으로써 치료자가 할 수 있을 모든 예상 밖의 치료적 접근을 막으려 하기도 한다.

반대로 자기애성 성격장애(narcissistic PD) 환자는 온통 자기도취(total self-absorption)에 빠져 있는 독백을 함으로써 치료자를 지루하게 만들기도 한다. 이런 환자의 경우 치료자는 환자의 삶에서 의미 있는 역할을 맡지 못하며, 환자의 독백에 치료자가 설 곳이 없다고 느끼게 하여 결국 어떤 치료자든지 지루함을 느끼게 만든다.

그 외에 대다수의 치료 시간 동안은 생기 있게 참여하지만 어떤 날, 또는 어떤 문제에 대해서는 참기 어려운 따분함을 느끼게 하는 환자도 있다. 다른 어떤 역전이 감정과 마찬가지로 치료자는 그들 스스로를 분석하여 그들이 치료의 주제에 대해 문제점을 갖고 있는

가를 살펴보아야 한다. 이 따분함이 환자보다는 치료자에 대해 더 많은 것을 알려 주고 있을 수도 있다. 어떤 치료자들은 환자에 대해 분노를 느꼈기 때문에 졸려 하거나 지루해함으로써 이런 분노감의 강도를 누그러뜨리려 하기도 한다. 또는 환자가 치료자를 지루하게 만듦으로써 자신의 분노감을 표시하는 것일 수도 있다〔동물을 '잠들게 하는 것' 이란 '죽임' 과 같은 의미로 쓰인다는 것을 명심해야 한다(to put to sleep = to kill)〕.

지루함과 졸음의 원인이 무엇이든 간에 초심자는 이를 단순히 자신의 잘못이라고만 생각하고 졸음을 쫓아내기 위해 커피를 마시는 것으로 이를 해결하려는 것을 경계해야 한다. 이런 따분한 환자를 매혹적인 탐구 대상으로 바라보는 것이 바로 치료의 기술이다. 이 환자를 이런 상태로 만든 것이 무엇일까? 이렇게 환자의 변화를 적극적으로 탐색하는 것이 졸음을 유발하는 지루한 악순환을 깰 뿐 아니라 치료자가 다시 활발하게 치료에 임하도록 해 주는 방법이 될 수 있다.

이런 경우 사용할 수 있는 몇 가지 예를 들어 보자.

- 오늘 당신의 이야기는 당신도 별로 흥미가 없는 것같이 느껴집니다. 별생각 없이 그냥 이야기만 하려는 것처럼 보이네요.
- 당신이오늘 이야기하시는 동안 저는 당신이 자신의 이야기에 대해서 제가 관심을 갖기를 기대하지 않는 것 같다는 느낌을 받았습니다.
- 지금 우리 사이에 어떤 상황이 진행되고 있다고 생각하시나요?

이런 질문들은 치료자와 환자 사이에 일어나는 현재의 상황에 대해 탐색할 수 있도록 해 주는 동시에, 각자가 서로에게 영향을 미치는 치료적인 환경이라는 것을 환자에게 강조해 줄 것이다.

성애 역전이

환자에게 성적인 감정이 느껴지는 것은 치료자에게 상당히 혼란스러운 문제가 될 수 있다. 초심자라면 치료자의 성적인 감정을 환자에게 투사해서, 마치 그런 유혹적인 감정이 환자에게서 전적으로 나오는 것으로 생각하기도 한다. 이런 방어법은 여성 환자를 치료하는 초보 남성 치료자에게서 특히 빈번하게 관찰된다. 역전이에서 비롯되는 이 혼란스러운 성적인 감정을 다루기 위해서 남성 치료자는 여성 환자가 '유혹적'으로 행동하고 있다고 생각하기도 한다(Gabbard, 2000). 이런 방식으로, 문제는 치료자가 아닌 환자에게 있다고 바라본다.

다른 경우에서 성애 역전이는 무의식적으로 남아 있지만, 치료자는 환자에게 사소하지만 다소 특별한 관심을 보이고 있다는 것을 깨닫게 된다. 어떤 치료자는 환자를 만나기 전에 거울을 보기도 하고, 또 어떤 치료자는 그 환자를 만나기로 한 날 좀 더 신경을 써서 옷을 차려입기도 한다. 어떤 치료자는 자신이 환자에게 너무 동정적인 감정을 느낀다는 점을 깨닫기도 한다. 부정적인 주제는 환자를 불편하게 만들까 봐 피하는 경우도 있다. 이런 것을 잘 설명해 주는 한 사례가 있다.

Dr. S는 32세의 여성 전공의로, 34세의 남성 변호사를 치료 중에 있었다. 환자는 최근 실연당한 상태로, 이 일 때문에 자신이 얼마나 피폐해졌는지에 대해 말하면서 대부분의 치료 시간을 보내고 있었다. 환자는 그의 전 여자 친구가 그에게 얼마나 까다롭고 완벽한 기대치를 맞추기를 요구해 왔는지에 대해 말하였다.

S는 이 환자에게 신경이 많이 쓰였으며, 이 환자가 전 여자 친구로부터 전혀 말도 안 되는 기대를 요구받으며 부당하게 대접받았을 것이라고 생각하였다. 또한 이 환자가 진실한 관계를 맺으려 노력하는, 진심으로 따뜻한 사람이라고 생각하였다. 몇 주간의 치료 뒤에 S는 자신이 평소의 치료 방침에서 상당히 벗어나고 있다는 것을 깨닫게 되었다. 그녀는 환자에게 그런 문제 속에서 그의 역할이 어떤 것이었는지에 대해서는 단 한 번도 묻지 않았었다. 그녀는 그의 전 여자 친구가 말도 안 되는 요구만 함으로써 환자를 희생자로 만든 악역이라고 보려 하고 있었다. 또한 S의 모든 치료는 공감적인 면으로만 이루어지고 있었으며, 환자의 감정을 다치게 할 만한 어떤 직설적 발언도 꺼리고 있었다.

또 그녀는 그에게 좀 더 따뜻한 여자가 필요하며, 그가 좀 더 좋은 상대를 만났더라면 지금과 같은 상태에 결코 빠지지 않았으리라고 확신하기 시작하였다. 그녀는 그에게 요구만 하기보다 좀 더 따뜻하게 대해 줄 여자를 만나라며 환자를 격려하고 있는 자신을 발견하였다. 치료 중에 그녀는 순간적으로 치료관계가 아닌 곳에서 환자를 만났다면 자신이 그에게 좋은 연인이 되어 줄 수 있었으리라는 생각을 하였다. 그녀는 더구나 그 환자가 현재 그녀의 남편이 그녀에게 해 주지 못하는 것을 해 줄 수 있으리라는 생각까지 하게 되었다.

지도감독자의 도움으로 S는 점차 그녀의 역전이가 행동으로는 아니지만 그녀의 말에서 드러나고 있다는 사실을 깨닫기 시작하였다. 비록, 그녀의 행동은 전문가다웠지만 환자가 책임감에서 도망가도록 놔두었던 것이다. 그녀의 말 중 대부분은 그가 얼마나 괴로워하고 있는지에 대해 공감하기만 하였을 뿐, 환자 스스로가 어떻게 관계를 손상시켰는지 객관적으로 바라보게 하여 이후 다시 애정관계를 맺을 때 문제점을 반복하지 않도록 돕지는 않았다. 그녀의 지도감독자는 그녀가, 환자가 대인관계 속에서 어떤 패턴을 보이고 있는지 탐색하기보다는 환자와 마찬가지로 '완벽한 이성(Ms. Right)'를 찾아야 한다는 공상을 보이고 있다고도 지적해 주었다.

이런 성애 역전이는 구원자 판타지로 나타나기도 하는데, 이는 치료자가 자신의 성적 감정을 인정하기보다는 차라리 전문가적인 역할을 하고 있다고 의식하는 것이 좀 더 편하게 받아들일 수 있기 때문이다(Gabbard, 1994). 성적 감정은 환자의 유혹에 대한 반응으로 발생할 수도 있다. Dr. S는 환자가 자신을 잔인하고 냉혹한 여자 때문에 희생된 사람으로 묘사하였기 때문에 영향을 받은 것이다. 그는 Dr. S의 동정심을 얻으려 하였고, 그녀를 자신의 편으로 끌어들이려 하였다. Dr. S가 생각해 보았어야 할 치료 방침은 환자가 자신에 대해 설명하면서 그녀를 완전히 자신의 편으로 만들고 싶은 기대를 갖고 있다는 것을 해석해 보았어야 했다는 것이다. 다시 말하자면, Dr. S는 그 환자가 어떻게 자신의 이야기를 함으로써 그녀를 자신의 편으로 끌어들이려 하거나 그녀가 자신의 전 여자 친구보다 좋은 여자라고 생각하도록 말하는가에 초점을 두었어야 했다.

때때로 성애 역전이는 치료자가 손대기 어려운 것처럼 느껴진다. 일부 환자들은 대단히 매력적이기 때문에 치료자가 객관적으로 생각하기 어렵고, 환자 치료에 전심전력하기 어렵게 만든다. 이런 경우에는 지도감독이나 자문이 필수적이다. 그러나 동료 의사와 의논하는 것도 별도움이 되지 않고 문제가 지속된다면, 다른 치료자에게 환자를 의뢰하는 것도 고려해 보아야 한다. 어떤 치료자들은 대단히 매력적인 사람과 치료를 시작하는 경우에는 지도감독자를 미리 설정하기도 한다.

무력감 역전이

치료자라면 누구나 환자에 대한 치료자 자신의 반응으로 인해서 치료자로서 더 이상 판단할 수 없거나 전문가적인 역할을 할 능력이 없다고 느끼게 되는 시기를 맞을 수 있다. 이런 무능력한 순간은 여러 상황에서 일어날 수 있는데, 어떤 경우에는 치료자가 신체적으로 위협을 느껴 "이런 방식으로 저를 위협하신다면, 저는 생각을 할 수가 없습니다. 치료를 계속해 나가기 위해서는 안전한 환경을 만들 필요가 있습니다."라고 말할 수도 있다. 어떤 환자들은 지나치게 유혹적이며 드러내 놓고 성적인 행동을 함으로써 치료자가 치료자의 역할을 할 수 없다고 느끼게 만들기도 한다. 예를 들어, 한 남성 치료자가 자신의 여성 환자가 상의를 벗을 때 당황하여 아무 말도 못하고 있다가 결국 환자가 자신의 가슴을 노출하는 단계까지 가게 되었다면, 그는 치료를 계속하기가 불가능하다고 느끼고 환자에게 옷을 입고 자신의 자리로 돌아가라고 말할 것이다. 이런 순간에는 심사숙고하기보다 곧바로 직설적으로 말하는 것이 최선의 방법이라고 할 수 있다. 또는 강한 분노감의 폭발 상황이 치료자에게 무력함을 안겨 주기도 한다.

T는 경계선 성격장애를 겪고 있는 여성 환자로, Dr. U에게 8개월째 장기 역동정신치료를 받고 있었다. 그녀는 어머니와 전화할 때 한 싸움에 대해 반복적으로 이야기해 왔다. 하루는 바로 전날 전화 내용을 이야기하는 것으로 치료가 시작되었다. 그녀는 어머니가 그녀의 직장생활에 대해서 물었다고 말하면서, 어머니가 자신이 직장을 그만두었을 것이라고 생각하고 자신을 떠보는 것이라고 확신하였다. 이에 대해 U는 이전에 이야기하였던 일들과 비슷한 종류의 일인 것 같으며, 이전처럼 어머니의 관심을 가장 부정적인 면으로 해석하고 있는 것처럼 생각된다고 대답해 주었다. 그러자 T는 곧 새침한 표정으로 바닥만 뚫어지게 쳐다보다가 "네…… 저도 제가 가끔 그런 식으로 생각한다는 걸 알아요."라고 말하였다. 이에 U는 그녀가 상처받은 것처럼 보인다고 말하였다.

그러자 T는 갑자기 엄청나게 화를 내기 시작하였다. 그녀의 얼굴은 마치 폭발하기 일보 직전처럼 붉어져서 그를 향해 온 힘을 다해 소리치기 시작하였다. "난 당신이 왜 그렇게 말하는지 모르겠어요! 내가 이미 알고 있다고 말했잖아요! 당신이 뭐라고 말하기 전에 내가 말하게 할 수도 있잖아요! 나도 엄마가 말하는 걸 나쁜 쪽으로만 받아들이고 있다는 걸 알고 있다고요! 그게 내가 여기 있는 이유에요! 난 내 행동을 이해하려고 노력 중이라고요. 난 당신이 그런 식으로 단정적이고 바보같이 아무렇게나 말했다는 걸 믿을 수가 없어요!"

U는 전혀 예상하지 못했던 T의 분노에 완전히 당황해 버렸다. 그는 부끄럽고 어이없으면서도 화가 났다. 그는 그녀의 행동이 전혀 부적절한 반응이었기 때문에 자신이 무엇을 해도 소용이 없을 것이라고 느꼈다. 그래서 그저 침묵하기만 하였다. 환자 역시 치료자가 얼마나 화가 났는지 깨닫고 소리 지르기를 멈추고 바닥만 보면서 씩씩거렸다. 결국 그녀는 "그래, 할 말이 없나 보죠?" 라고 U에게 말하였다.

U는 일종의 자기노출을 하기로 마음먹고 "난 당신의 고함소리에 굉장히 놀랐고, 이 상황에서 내가 무슨 말을 해도 도움이 되지 않을 것이라고 생각하였습니다." 라고 말하였다.

두 사람 모두 한동안 침묵을 지켰고, 마침내 U가 입을 열었다.

"내가 노력하는 것은 당신의 반응방식이 좀 더 넓은 패턴이 되도록 도와서, 당신 어머니가 당신을 사사건건 간섭한다고 생각하기보다 자신이 왜 그런 생각을 하는지 이해할 수 있도록 하는 것입니다. 내가 이렇게 의도한 발언이 왜 당신을 그렇게 화나게 하였는지는 잘 모르겠습니다."

그러자 T는 겁먹은 표정으로 "제가 당신에게 상처를 준 것 같아서 죄책감이 드네요." 라고 말하였다. U는 "당신이 나의 감정에 대해 어떻게 생각하든 간에, 당신을 돕고자 하였던 내 의도가 잘못 이해되었다고 생각되네요. 당신이 그런 식으로 흥분한 이유를 잘 모르겠군요."라고 말하였다.

"화내는 게 좋은 거 아닌가요?"라고 T가 대답해서 U가 그런 생각을 하게 된 이유를 묻자, "글쎄요, 나를 검사해 주었던 심리학자가 말하길 내게는 분노가 좋은 것이라고 하던데요."라고 말하였다. U는 그녀에게 그 심리학자가 사람들에게 그녀의 감정을 폭발시키는 것이 좋은 것이라고 말해 준 것으로 생각하느냐고 물었다. 그녀는 잠시 생각하다가 "아마도 아닐 거 같아요. 나와 같이 집단치료를 받는 환자가 말하길, 그러면 사람들이 겁먹고 멀리한다고 하더라고요. 그리고 내가 말하는 것도 들으려 하지 않게 된다고요. 하지만 난 그렇게 해야 기분이 좋은 걸요. 화를 내는 게 나한테는 좋은 거니까 당신과 있을 땐 화를 내도 이해해 줬으면 하는데요."라고 말하였다.

U는 "만약 당신이 조금 전의 순간을 다시 떠올릴 수 있다면, 당시 나는 어떤 기분이 들었을지 생각해 볼 수 있겠어요?"라고 물었고, 이에 대해 T는 재빠르게 "만약 누군가 당신한테 소리친다면, 그렇게 소리칠 만큼 당신이 그들에게 의미가 있다는 말이에요. 그래서 당신에게 화가 난 거예요. 그리고 관심을 끌 것이고요. 그러면 나도 그들과 연결되어 있다는 느낌을 가지게 돼요. 나는 사람들이 내게 말없이 공격적인 태도를 보이는 것보다는 소리 지르는 것이 더 좋아요. 많은 사람들이 사실은 화가 나 있을 때도 아닌 척해서 화난 것을 모를 때도 많다고요."라고 말하였다.

U는 그녀에게 "그 말은 실제 내 느낌을 이해하려 하기보다 내가 당신처럼 느낄 거라고 당신이 상상하고 있는 것 같네요."라고 말해 주었고, 그 말에 그녀는 "글쎄요, 그럴 줄 알았는데……. 당신은 아마 다른

사람들과는 다르게 느낄 수도 있다는 생각이 드네요. 난 단지 내가 편하게 느끼는 대로 행동하고, 다른 사람들도 그 때문에 나를 멀리하려 하기보다 그냥 나를 받아들여 줬으면 좋겠어요."라고 대답하였다.

U는 자신이 그녀를 멀리하지 않을까 걱정되는지를 물었고, 그녀는 화나는 걸 참기보다는 터뜨리는 게 자신에게 좋기 때문에 상관하지 않는다고 말하였다. U는 "화를 폭발시키는 것과 참는 것 사이의 중간 지점이 있지 않을까요? 아마도 우리는 여기서 같이 치료의 목표로 삼을 것을 찾은 것 같네요."라고 대답해 주었다.

이 사례에서 Dr. U는 자신의 능력에 대해 완전히 낙담하여 무력하게 느끼던 면을 생산적으로 이용할 수 있도록 바꾸었다. 처음에 그는 할 말을 잊고 오직 침묵할 수밖에 없었다. 치료자는 마음이 준비될 때까지 반응하지 않고 기다리는 데에도 익숙해져야 한다. 특히, 경계선 성격장애 환자일 경우 치료자는 반사적으로 반응하기 전에 그 일에 대해 생각할 시간이 필요하다고 말해야 할 경우가 많다. Dr. U는 이런 방법을 유용하게 사용하였다. 즉, 일어났던 일에 대해서 같이 이야기해 보면서 T의 성찰 능력을 촉진시키는 방향으로 치료를 진행해 나갈 수 있었다. Dr. U는 그녀가 자신이 생각하는 방식으로 치료자가 느낄 거라고 상상한다고 계속 지적하였고, 그녀가 분노를 참든가 폭발시키는 이분법적인 극단적인 사고방식에 대해서 다시 한 번 생각해 보도록 하였다. 이렇게 해서 그녀가 양 극단 사이에서 중용의 균형을 찾도록 돕고 분노감을 다루는 가장 좋은 방법을 재고해 보도록 해 줄 수 있는 것이다.

요약

역전이는 어디에나 있을 수 있으며 부정적으로 인식되어서는 안 되는 현상이다. 역전이 감정은 환자와 치료자의 영향하에서 양자가 같이 만들어 가는 현상이다. 투사적 동일시(projective identification)와 역전이의 재연은 환자가 어떻게 미묘한 대인관계의 압력을 사용하여 치료자를 자신의 내적 표상과 비슷하게 변형시키는가를 각각 다른 이론적인 배경에서 설명하는 용어인 셈이다. 치료자가 역전이를 다루는 방법은 여러 가지가 있다. 역전이를 감내하며 포용할 수도 있고, 해석과 이해를 도와주는 도구로 이용하거나 적절하게 치료자 자신을 노출할 수도 있다. 흔한 역전이의 종류에는 구원자 판타지, 지루함 또는 졸림, 성적 감정과 무력감, 무능감 등이 있다.

chapter 9

훈습 과정과 종결

장기 역동정신치료를 배우는 치료자들은 치료가 충분히 이루어졌다고 판단되는 시점을 결정해야 할 때 종종 당혹스러워 하곤 한다. 다른 병원으로 근무지를 옮기게 되는 것과 같은 외부적 요인 때문에 환자와의 치료를 중단하거나 다른 의사에게 치료를 맡기게 되기도 한다. 정신치료에서 대부분의 작업이 반복처럼 보일 수 있고, 치료의 종결 시점은 제멋대로 정해지는 것처럼 보일 수도 있다.

프로이트가 정신분석을 창시하였을 때, 그는 '훈습 과정(working through)' 이 변화를 가져오고, 그 변화가 자연스럽게 치료의 종결로 이어진다고 생각하였다. 그러나 그의 저서에서 '훈습 과정' 이라는 용어는 다소 모호하게 정의되어 있다. 프로이트는 환자의 방어기제와 내적 대상관계(internal object relationship)의 특정 패턴이 다양한 상황에서 반복되어 나타날 때, 환자가 저항을 버리고 분석가의 이해와 해석을 수용할 때까지 그 패턴에 대한 해석을 하고, 관찰하고, 직면시키고, 명료화시켜 가는 일련의 과정을 훈습 과정이라고 생각하였던 것 같다. 이미 제6장에서 언급하였듯이 저항을 다루는 치료적 작업이 훈습 과정의 핵심적인 요소라고 할 수 있다. 셰퍼(Shafer, 1983)는 훈습 과정은 저항을 분석하는 것이라고 정의하였다. 반복적으로, 인내심을 가지고, 되풀이되고, 끊임없이 변형되고, 뒤섞이고 변주를 거듭하는 환자의 저항을 분석해야 한다는 것이었다(p. 76). 그는 또한 저항이나 방어가 환자 스스로 만들어 낸 것이며, 따라서 환자가 그것들에 대해 책임을 져야 한다는 점을 인식하게 하는 것도 저항에 대한 훈습 과정의 중요한 부분이라고 보았다. 그러므로 훈습 과정과 치료 종결을 결정하는 데 있어 가장 중요한 요소는 환자가 자신이 삶의 주체로서 자신의 삶을 만들어 간다는 것을 느끼고 있느냐는 것이다. 내 삶의 주인이 나라고 생각하고 있는지가 중요하다는 것이다.

정신역동이론이 역동-방어(drive-defense)보다는 대상관계와 애착이론에 더 많은 중점을 두게 되면서, 훈습 과정 또한 새로운 의미를 가지게 되었다. 과거 대상관계 패턴을 변형시킬 새로운 대상인 치료자와의 관계를 훈습하는 것이 중요해진 것이다. 또한 훈습 과정은 치료자와의 관계에서 어린 시절의 관계와 현재의 전이 외의 관계들이 어떻게 반영되고 있는지를 인식하게 되는 것을 포함한다([그림 9-1] 참조).

반복적으로 문제가 되는 관계에 대한 체계적인 훈습 과정 중, 이러한 관계 패턴에 대한 병식의 삼각형은 중요한 역할을 한다(Menninger, 1958). 치료자는 환자의 다양한 경험 가운데 반복되고 있는 이러한 관계 패턴을 규명해야 한다. 핵심적인 갈등관계의 주제에 대한 루

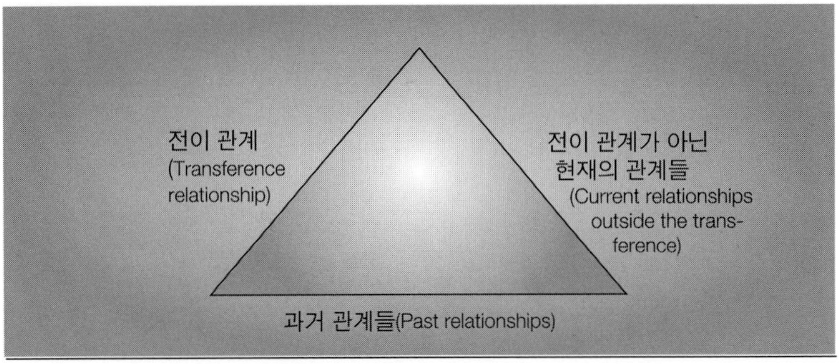

[그림 9–1] 병식의 삼각형(modeled after Menninger 1958).

* 출처: Gabbard, G. O. (2000). *Psychodynamic Psychiatry in Clinical Practice*, Third Edition Washington, D.C., American Psychiatric Press.

보스키(Luborsky, 1984)의 개념은 이러한 반복적인 과정을 이해하는 또 다른 방법이다(제7장 역동정신치료 시 꿈과 판타지의 사용 참조). 다른 사람이 어떻게 반응할 것인가에 대한 환자의 기대와 그러한 기대에 대한 방어적인 반응은 치료자와의 관계와 치료실 밖 다른 사람과의 관계 모두에서 반복되어 나타날 것이다. 치료자는 이런 패턴을 지적하고 이것이 환자의 초기 경험과 관련되어 있음을 설명한다.

환자의 독특한 대상관계를 직면시키고 명료화해 가는 과정에서, 치료자는 환자가 과거의 불행한 경험과 안 좋았던 대상을 떨쳐 버리지 못하고 그것에 집착하는 것(tenacious attachment)을 환자와 함께 탐색해 나간다. 예를 들어, 여성 환자가 불성실하고 정직하지 않은 남성과 반복적으로 교제를 하고 결국 가슴 아프게 헤어지게 되는 이유는 무엇일까? 치료가 계속되면서 여러 가지 설명을 제시할 수 있다. '나쁜 대상' 에 애착을 형성하는 것은 예상할 수 있는 일이고, 흔한 일이기도 하다. 또한 차라리 이미 알고 지내던 악마가 전혀 모르는 악마보다는 나을 수도 있다. 더구나 아무 대상이 없는 것보다는 '나쁜 대상' 이라도 있는 쪽이 더 나을 수 있다. 어쩌면 불성실하고 정직하지 못한 남자만 골라서 사귀는 그 여자는, 어릴 적부터 "남자를 절대 믿지 마라! 결국에는 아무도 엄마만큼 언제나 네 편이 되어 줄 수 있는 사람은 없다!" 라고 세뇌교육을 시키던 어머니와의 애착을 유지하고 있는 것일 수 있다. 어쩌면 그 여자는 자신이 '나쁜 남자' 를 '좋은 남자' 로 바꿀 수 있다는 환상을 가지고 있을 수도 있다.

환자는 치료실 밖에서 자기패배적(self-defeating) 관계를 반복하면서 치료자와의 관계도 부적절하게 이어갈 수 있다. 그녀는 적절한 남자를 만나지 못해서 생긴 문제라고 주장하면서, 치료자가 나쁜 경험에서 자신을 구해 주는 이상화된 완벽한 사람이 되어 주기를 기대할 수 있다. 아주 흔하고 비슷비슷한 이러한 판타지에 대해 치료자는 환자가 궁극적으로 자신의 삶을 구할 수 있는 사람은 번쩍이는 갑옷을 입은 백마 탄 왕자가 아니라 '그녀 자신' 뿐이라는 것을 인식할 때까지 반복적으로 직면시키고 해석해 주어야 한다.

판타지는 끈질긴 생명력을 가지고 있다. 따라서 훈습 과정에서 겪게 되는 어려움은 대부분의 경우 환자가 성숙에 이르는 정상적인 발달 과정을 가로막는 비현실적인 꿈과 환상을 버리게 하는 것과 그것을 포기하는 데 따르는 고통과 슬픔을 충분히 애도할 수 있게 돕는 과정에서 흔히 나타나곤 한다. 이러한 판타지들을 포기하는 것은 강한 저항을 동반할 수 있고, 환자는 지금까지 해 오던 대로 하려고 하기에 치료자와 싸우게 될 수도 있다.

훈습 과정이 진행되면서, 환자는 치료자가 보여 주거나 알려 준 방식으로 자기 자신과 자신의 내부세계를 볼 수 있게 되고 이를 내재화하게 된다. 치료자가 생각하는 방식을 수용하는 것이 훈습 과정의 일부인 것이다. 이때 치료자는 스스로가 치료자로서가 아닌 다른 어떤 중요한 존재가 되어야 한다는 생각에 빠지지 않도록 주의해야 한다(Aron, 1991). 현대적인 개념으로서 훈습 과정에서 다루어지고 훈습되는 것에는 환자와 치료자의 실제 관계도 포함된다. 이 과정에서 환자가 치료자를 열린 마음으로 받아들일 수 있도록, 또한 이 관계의 한계점을 받아들일 수 있도록 도와주어야 한다. 제5장에서 언급한 것처럼 단지 치료자가 '좋은 대상(good object)' 처럼 행동하였기 때문에 환자의 병이 나아지는 것이 아니다. 중요한 것은 그들의 삶에서 평생 반복되어 온 복잡한 관계 패턴이 치료자와의 관계에서도 반복된다는 것이다. 그러한 과정을 통해 부적응적인 자기 자신 및 대상 표상(object representation)과 관련된 과거의 신경망(neural network)은 점차 약화되고, 새로운 관계 유형을 경험함으로써 새로운 신경망이 강화된다. 환자의 방어가 전 생애 동안 발달해 가는 것처럼 대상관계를 표상하는 신경망 역시 그러하며, 이러한 구조에 쉽게 바뀌지 않을 변화가 일어나기 위해서는 충분한 시간이 필요하다.

요약하면, 치료자는 환자에게 새로운 대상으로서 기능해 주며, 그 새로운 대상은 환자에게 내재화된다. 하지만 치료자는 환자에 의해 환자의 과거 속에 문제를 일으켰던 인물의 역할을 하도록 끌려 들어갈 수 있다. 이때 치료자가 해야 할 역할 중 하나는 환자 스스로가 지금-여기에서 전이와 역전이 반응을 통해 대상관계에서의 갈등적 패턴을 어떻게 재현해 내고 있는지를 볼 수 있도록 돕는 것이다. 그러므로 환자가 타인과의 관계에서 어떻게 반복적으로 문제를 만드는가를 보여 주는 과정을 통해 얻게 되는 통찰(insight)은 환자가 치료자를 새로운 대상으로 인식하고, 관계에 대한 치료자의 생각과 치료자가 어떻게 관계를 맺는지를 보고 배움으로써 환자가 그것들을 내재화하는 과정을 통해 얻는다.

훈습 과정의 매우 중요한 요소 중 하나는 치료자의 관심이 1인칭 관점에서 3인칭 관점으로 변화하는 것이다(Goldberg, 1999). 즉, 치료자는 환자의 1인칭 경험을 공감적으로 인정해 주는 한편, 3인칭 관점으로 치료실 바깥 경험을 치료실 안으로 가지고 와서 이를 3인칭(제삼자)의 관점에서 보도록 하여야 한다(경험하는 Ego와 관찰하는 Ego의 관계-역자주). 치료자가 공감적으로 환자의 관점에 몰두하면, 이해받았다는 환자의 경험이 치료적 분위기의 일부를 형성한다. 그러한 가운데 환자는 자신에게서 한 발자국 떨어져, 스스로를 관찰하기에 처음에는 낯설어 보일 수 있지만 자신에 대한 중요한 무언가를 듣기 시작한다. 골드버그(Goldberg, 1999)는 "무의식은 1인칭적 현상으로 경험되는 것이 아니고 낯설고 동떨어져 보이는 무엇으로 경험하는 것이다."(p. 357)라고 강조하였다. 그래서 훈습 과정의 일부는 환자가 이런 무의식적 삶에 친숙해질 수 있도록 치료자가 점차적으로 환자를 외부의 경험에서 또는 3인칭적 관점으로 해석, 관찰, 직면시키는 것이다. 점진적이고 반복적인 과정을 통해서 환자는 무의식적인 것과 3인칭적 관점으로 본 내용을 1인칭적 관점의 일부로 받아들일 수 있게 된다.

1. 정신화(化) 능력 키우기

심각한 환자들, 특히 경계선 수준 정도로만 성격의 통합이 이루어진 사람들에게 1인칭 관점에서 3인칭 관점으로의 변화는 정신화(mentalization)하는 능력을 향상시킨다. 시간이 지남에 따라 환자는 치료자가 환자의 마음을 그림을 그리듯이 말로 기술해 가고 있다는 것을 인식하게 된다. 치료자가 환자가 가지고 있는 이미지와 내적 경험을 재구성해 가는 과정을 반복함에 따라, 환자는 점차 스스로를 다르게 보기 시작하고 치료자 및 타인에 대한 자신의 지각이 단지 표상일 뿐이라는 사실을 인식하기 시작한다(눈에 보이는 것이 진실이라는 생각에서 벗어남-역자주, Fonagy, 2000)

치료자와 환자의 치료적 관계가 돈독해지면 치료자는 환자와 치료자의 관점이 어떻게 다른지 좀 더 구체적으로 탐색해 볼 수 있으며, 1인칭 관점과 3인칭 관점 간의 차이에 대해서도 자유롭게 토의할 수 있게 된다. 이렇게 얻은 균형감각 속에는 위험을 감수하면서도 스스로 새로운 방식으로 사물을 보려는 태도와 새로운 애착관계 속에서 느끼는 안전감이 존재한다. 장기정신분석치료에서 발생하는 또 다른 변증법적 긴장은 수용과 변화에 대한 기대다. 좋은 치료자는 환자에게 그들이 가치 있는 존재며, 있는 모습 그대로 받아들일 수 있다고 표현한다. 이와 동시에 치료자는 환자의 고통을 인정하고 고통을 경감시키기 위해서는 다른 사람과의 관계에서 새로운 방식을 발견하려는 환자의 공동 노력이 중요하다는 점을 제시한다.

정신화 능력을 키우는 것을 목표로 하는 훈습 과정에서는 몇 가지 방법이 유용하게 사용된다. 치료자는 환자에게 치료자의 마음속에 무슨 일이 일어났다고 생각하는지를 묻고 이에 대한 환자의 판타지를 구체화하도록 요구한다. 환자가 아무런 생각이 안 난다고 할 때, 치료자는 치료자의 마음속에서 무슨 일이 일어나고 있는 것 같은지를 좀 더 생각해 보도록 환자를 격려한다. 또한 치료자의 내부세계에 있는 다양한 양상, 혹은 치료자의 1인칭적 존재, 즉 치료자의 마음속에서 무슨 일이 일어나고 있는지 환자에게 좀 더 생각해 보도록 한다. 이 생각은 환자의 생각과 같은 것일 수도 있고 다른 것일 수도 있다.

또 다른 유용한 기술은 환자의 정신 상태를 확인하고 그것에 초점을 맞추는 것이다. 예를 들어, 환자가 화난 것처럼 보일 때 치료자는 치료자의 눈에 비치는 환자 자신의 모습을 보도록 환자를 도와줄 수 있다. 환자가 이러한 분노의 일부를 받아들일 수 있으면, 자신의 감정이 타인에 대한 자신의 인지를 어떻게 변화시켜 나가는지를 알게 될 것이다. 예를 들어, 치료자는 "당신이 내게 화를 내는 그 순간, 당신은 당신을 도와주기 위해 내가 이 자리에 있는 사람이라는 것을 전혀 생각하지 못하는 것 같습니다."라고 말할 수 있다. 이런 유형의 설명은 부분적으로나마 환자들이 자신의 감정 상태가 타인을 지각하는 데 어떤 영향을 미치는지에 대해 인식하게 함으로써 정신화 능력을 향상시킨다.

결국, 환자들은 그들의 현실지각 방식이 내적 표상과 관련이 있다는 점을 깨닫기 시작하며, 이 내적 표상을 관찰함으로써 그들이 어떤 의미를 갖고 있다는 사실을 알게 된다. 환자들이 자기 자신에 대해 깨닫기 시작하면서, 그들은 치료자를 환자와 분리된 주체적인 존재로 인식하고 치료자의 내면세계는 환자의 내면세계와 다르다는 사실을 존중하게 된다.

환자가 감정에 치우쳐 충동적으로 행동할 때, 치료자는 환자가 아무 이유 없이 그렇게 행동을 하는 것이 아니라 환자의 어떤 정서 상태가 충동적 행동을 촉진시켰다는 것을 환자가 깨닫게 함으로써 정신화 능력을 향상시킨다. 환자가 충동적인 행동을 한 후, 치료자는 환자에게 "충동적인 행동이 나타나기 시작할 때, 머릿속에 어떤 생각이 스쳐 지나갔는지 기억하시겠습니까? 그때 느끼신 것은 무엇입니까?"라고 질문할 수 있다. 환자는 처음에는 "잘 모르겠어요." 또는 "기억이 나지 않아요."라고 대답할 수 있다. 그러나 치료자는 이러한 대답 대신 환자가 그 당시에 어떤 내적 경험을 하였는지를 생각하여 대답할 수 있을 때까지 가능한 부드럽게 환자를 이끌어 나가야 한다.

2. 치료의 교착 상태

훈습 과정에서 치료자는 막다른 골목에 도달한 것 같은 느낌을 여러 번 경험하게 된다. 해석을 제시하고, 저항을 직면시키고, 환자의 1인칭적 감정을 공감적인 태도로 인정해 주고, 또한 치료자의 관점에서 관찰한 내용들을 체계적으로 설명해 주고, 훈습 과정이 시작되었음에도 불구하고 치료가 전혀 진행이 되지 않고 교착 상태에 빠지게 되는 경우를 경험하게 되는 것이다. 이런 경우, 환자는 통찰을 통해 얻은 것들을 생산적으로 사용하지도 행동을 변화시키지도 못하는 것처럼 보인다. 이럴 때 치료자는 실망하기 시작하고 지금이 포기해야 될 때라는 생각까지 할 수 있다.

역동정신치료자는 이러한 곤경 또는 막다른 수에 몰린 듯한 상황이 앞으로 더욱 탐색할 필요가 있는 전이-역전이 반응의 핵심을 직접적으로 드러내는 것일 수도 있음을 기억해야 한다(Gabbard, 2000). 평온하게 정신치료가 진행될 것이라고 기대하지는 말아야 한다. 마르쿠스 아우렐리우스(Marcus Aurelius)는 산다는 것은 춤을 추는 것이라기보다는 레슬링을 하는 것과 더 유사하다고 하였으며, 이는 정신치료에도 똑같이 적용된다.

치료에 진전이 없을 때는 환자의 전이와 치료자의 역전이가 환자가 강력하고 집요하게 방어하고 있는 내적 대상관계를 재창조하고 있을 가능성을 탐색해 보는 것이 큰 도움이 될 수 있다. 이런 점에 대해 환자와 자유롭게 이야기를 나눌 수 있다면, 점차 치료의 진전이 가능해질 수도 있다.

남성 V는 Dr. W에게서 9개월 간 치료를 받아 왔다. 환자는 생산적인 일과 만족스러운 대인관계를 하고 싶다며 치료를 받기 시작하였다. 그는 수년 간 성공적으로 일을 하였으나, 어느 날 해고를 당했고, 그 후로 2년 동안 실직 상태였다. 그의 부인이 떠난 후, 그는 스스로의 힘으로 자신을 추스를 수 없다는 사실을 깨달았다. V는 우울증으로 인한 신체적 증상을 치료하기 위하여 항우울제를 복용하였으나 생산적이지 못한 생활은 계속되었다. 그는 치료자에게 "좋아지기 위해서 무엇을 해야 하는지를 말해 주세요."라는 말을 반복하였다. 치료자는 환자가 치료자와 협력하여 무엇이 가장 큰 도움이 될지를 찾아보는 것이 중요하다고 반복해서 강조하였다.

V는 치료 시간을 빼먹지 않고 병원에 오기는 하였다. 하지만 그는 좋아진 것이 있다 해도 항상 이를 과소평가하였다. 그는 직장을 가지려는 노력을 거의 하지 않으면서, 흥미를 끄는 것이 아무것도 없다는 이야기만 반복하였다. W는 환자가 처한 상황과 환자를 실망시키고 있는 것들에 대해 이야기를 하려고 하였지만, V는 그것들에 대해 이야기를 나누는 것을 피하였으며, 치료와는 아무런 관계가 없어 보이는 외부 사건들에 대한 이야기만 장황하게 늘어놓곤 하였다. 치료 시 그가 보여 준 태도는 그의 일상생활과 아주 흡사하였다. 한번은 V의 성장한 아이들이 그를 위해 생일 파티를 준비하였다. 그의 여동생과 그녀의 남편도 파티에 참석하였다. 파티가 좋았었느냐고 묻는 W에게 그는 "별로였어요."라고 말하며, 그의 자녀들과 여동생 부부가 그를 도우려는 노력을 별로 하지 않았다는 말만 되풀이하였다.

그는 치료 시간에 아무것도 변한 것이 없다는 말을 자주 하였다. W가 그에게 회사에 이력서를 보낸 것은 어떻게 되었는지를 물었을 때, "아직 보내지 못했어요. 생산적인 일을 하지 못하는 것 때문에 정말 많이 실망하고 있죠."라고 대답하였다. 한편, 어떤 치료 시간에는 "내가 일을 잘할 수 있는 곳이 있을지 모르겠다."라고 말하기도 했다. W는 "당신은 이제 전화가 오면 전화를 받을 수 있고, 이전보다 덜 울며 운동 프로그램에도 참여하기 시작하였습니다. 또한 가족을 만나고, 이전처럼 낮에 많이 자지도 않아요." 라고 말하며 용기를 북돋아 주려고 하였다. 그러나 그는 "나는 그리 운동을 많이 하지도 못하고 있으며, 기분은 예전과 같아요. 선생님께 이런 말을 하고 싶지는 않지만 그것이 사실인데 어쩌겠어요?" 라고 반문하였다.

W는 환자에게 일어난 긍정적인 면을 강조하는 것만으로는 더 이상 이 난국을 헤쳐나갈 수 없다는 사실을 깨달았다. 다음 치료 시간에도 그는 "여전히 우울해요."라고 말하였다. W는 "당신은 이 치료가 정말 도움이 된다고 생각하십니까?" 라고 물었고, 그는 "거의 안 됩니다." 라고 대답하였다. 그러자 W는 다음과 같은 해석을 제시함으로써 이 난국을 새롭게 조명하고자 하였다. "나는 당신이 정말 성공하고 싶어 하는지, 혹은 당신을 도와주려는 사람들의 노력을 좌절시키려고만 하고 있는 것은 아닌지 하는 의문이 들었습니다." 이 말을 들은 V는 이러한 W의 해석에 다소 놀라는 듯했지만 놀랍게도 "저는 TV에서 Dr. Phill이 그것과 비슷한 말을 하는 것을 들은 적이 있어요. 제가 생각하기에도 어느 정도 그런 면이 있는 것 같아요."라고 말하였다. W는 "당신이 성공하고 더 나아지면 무슨 일이 일어날 것 같아 두렵습니까?" 라고 질문하였다. V는 잠시 생각하더니 "노력을 해서 뭘 조금 이루면 그것 때문에 버림을 받거나 거부를 당할 것 같아 두려운 것 같아요."라고 대답하였다. 치료자는 "최근에 누군가에게 그런 일을 당한 적이 있었습니까?" 라고 묻자 V는 울기 시작하였으며, 그의 형이 그에게 "너란 녀석에게 진저리가 난다. 더 이상은 참을 수가 없어!"라며

몹시 화를 냈었다고 하였다. W는 "계속 같은 상태로 있으려는 경향과 당신을 도우려는 다른 사람의 노력을 수포로 만드는 당신의 행동이 결국은 다른 사람들이 당신을 거부하게 만드는 결과를 가져오게 하는 것 같네요."라고 해석해 주었다.

이 치료 사례에서, V가 옴짝달싹 못하고 전혀 변화가 없는 상태로 있는 이유에는 변화에 대한 불안이 포함되어 있었다. 치료자의 도움을 통해 그는 자신이 그렇게 행동하였던 것이 그를 도우려는 사람들에 대한 분노와 연관되어 있었음을 깨닫기 시작하였다. V는 자신의 입장을 고수하며 어떤 종류의 변화에도 저항함으로써 가족과 치료자 모두가 그에 대해 진절머리가 나도록 하였다. Dr. W가 성공하지 않는 상태로 있으려는 그의 노력을 지적한 이후, Dr. W와 환자는 문제가 되는 대인관계 패턴에 대해서도 함께 탐색하였다.

치료가 계속되면서, 치료자는 동일한 상태를 계속 유지하고자 하는 환자의 강렬한 동기를 파악하기 시작하였다. 환자는 다른 사람의 도움을 받을 때면 자신을 초라하고 부적절한 사람으로 느꼈다. 또한 Dr. W의 도움을 받을 때면, V는 자신이 가지지 못한 통찰력을 가진 치료자에게 질투심을 느꼈다. 그는 자신에 대한 해석적 이해를 스스로의 힘으로 했어야만 한다고 생각하였다. 치료자에 대한 질투심을 해결하기 위해서 그는 치료자의 도움을 받아들이지 않아야만 했고, 여전히 기분이 나아지지 않았다고 말함으로써 치료자의 도움을 평가절하하려고 하였다.

치료자의 정확하고 유익한 해석에도 불구하고 점차 악화되는 치료 상황을 부적 치료 반응(negative therapeutic reaction)이라고 한다. 이를 처음 발견하였던 프로이트는 일부 환자가 정확한 통찰을 받을 때 오히려 증상이 악화되는 것을 발견하고, 이를 부적 치료 반응이라고 명명하였다. 최근의 정의에 의하면, 부적 치료 반응은 환자들이 치료자에게 도움을 받게 된 이후 더욱 악화되는 상황을 말한다. 부적 치료 반응의 원인은 다양하고, 각각의 치료 사례마다 내면에 존재하는 동기들을 주의 깊게 평가하여야 한다.

그러나 많은 치료 사례에서 전이와 역전이 차원에서 나타나는 현상은 환자의 어린 시절부터 지속되어 온 일정한 패턴의 결과를 반영한다. 복수와 관련된 판타지들은 종종 부적 치료 반응의 핵심이 된다(Gabbard, 2000). 치료자는 전이 반응에서 부모가 되고, 환자는 치료자의 노력을 무력하게 만들면서 커다란 만족을 얻는다. 어떤 환자들은 자신의 부모가 자녀의 성공을 위해 엄청난 투자를 한 이유가 자신의 성공을 통해 부모가 자기도취적인 만족을 얻기 위해서였다고 생각한다. 이 같은 생각이 사실이든 아니든 간에 그런 환자들은 이 생각을 굳게 믿고 부모의 기대가 성취되는 것을 막기 위해 실패하기로 결심한다. 이런 관점에서 볼 때, 실패는 성공과 동일한 가치를 지닐 수도 있다. 환자가 실패함으로써 부모의 기쁨을 뺏기 원하는 것과 마찬가지로 성공적인 치료를 통한 치료자의 기쁨을 뺏고자 할 수 있다. 이러한 환자들은 부모가 자신이 학교나 과외활동 등에서 성공을 거두는 것으로 그들의 공로를 인정받았던 것과 마찬가지로 치료자도 자신을 성공적으로 치료함으로써 공로를 인정받게 될까 봐 과도한 걱정을 하기도 한다.

이러한 정신역동을 지니고 있는 환자는 심지어 치료가 종결된 이후까지도 실질적으로 호전된 부분을 나타내지 않으려 할 수 있다. 그들은 치료 기간 동안의 호전에 대해 치료자가 기뻐하는 것을 원치 않는 까닭에, 더 이상 치료자를 보지 않아도 될 때까지 자신의 삶에 진정한 변화를 가져오지 않으려 한다. 이러한 환자들은 변화를 통한 만족을 이끌어 냈을 때에도 치료자는 모르게 혼자만 즐거워하는 것을 상상한다. 치료 종결 후 수년이 지난 뒤 이들을 만나게 되었을 때, 치료자는 그들이 너무도 잘 지내고 있다는 점에 종종 놀라기도 한다.

양자 간 심리학(Two-person psychology)의 영역에서는, 이처럼 복수와 관련된 판타지들 때문에 치료가 진척되지 않을 경우 이것이 전적으로 어느 한쪽에 의해 나타난 것이라고 가정하지 않는다. 치료자도 종종 이 같은 부적 치료 반응에서 일정 역할을 수행하게 된다. 즉, 의식적이든 무의식적이든 치료자는 환자의 치료가 성공하기를 바라고 또한 환자를 도와줌으로써 환자의 감사를 받고 싶어 하는 소망이 치료자를 패배시키고 싶어 하는 환자의 소망과 상호 작용하여 나타날 수 있다(Gabbard, 2000). 많은 치료자들은 스스로가 사심이 없는 헌신적인 구원자 역할을 하며 치료자의 기대대로 환자가 따라오면서 치료자에게 감사하게 되는, 특별한 내적 대상관계를 갖고자 하고 이러한 오래된 소망을 실제 치료 과정에서 드러내게 된다(Feiner, 1979; Gabbard, 2000; Gorkin, 1985). 매우 바람직한 이러한 관계 양상은 적절하게 평가받고 인정받지 못한 과거의 관계를 회복하기 위해 무의식적으로 형성된 것일 수 있다.

이런 식으로 드러나는 치료자의 욕구와 관련된 문제는 환자가 자신이 치료자의 목적을 위해 이용된다고 느끼게 할 수 있다. 그러나 환자가 치료 과정 중 치료자에게 만족감을 주기를 바라는 것은 단지 몇몇 치료자에게만 있는 병적인 현상이 아니다. 치료자가 환자에게 도움을 주고 싶은 소망을 품는 것은 필수불가결한 것이고, 이는 실제 정신치료 영역에서 활동하는 거의 대부분의 치료자에게 존재한다. 치료자가 제공한 도움에 대해 감사를 받고 싶어 하고 전문가로서 치료자의 자존감을 유지하기 위해 환자가 나아지기를 바라는 치료자의 욕구를 환자들도 알아차린다. 이러한 점을 고려해 볼 때, 환자가 나아지는 것을 거부하고 치료자에 대해 고마워하지 않는 태도를 유지하면서 치료자를 괴롭히는 것이 환자에게는 매우 유쾌한 일이 될 수 있다. 따라서 치료에 실패하는 것은 치료자에 대한 환자의 승리라고 할 수 있다.

치료자 중 그 누구도 환자를 돕고 싶다는 소망에서 완전히 벗어날 수는 없지만, 더 이상 진척되지 않는 환자의 치료 경험에서 배울 수 있는 명백한 교훈은 치료자가 치료에 지나치게 열정적이 될 경우, 스스로 이를 지속적으로 관찰해 보아야 한다는 것이다(Gabbard, 2000). 치료자는 성공적인 치료라고 하더라도 그것이 환자가 위협적으로 받아들인다면, 환자가 변화에 저항하고, 심지어는 치료를 무력하게 만들 수 있다는 사실을 알아야 한다. 치료자는 환자의 욕구를 무시한 채 변화를 강조하며 이를 고무시키려는 치어리더가 되기보다는 병적인 상태나 역기능적인 상태에서 환자가 벗어나고 싶어 하는 것과 치료자를 좌절시킴으로써 얻고자 하는 즐거움에 대해 체계적으로 분석하며 조언을 해 줄 수 있어야 한다. 이러한 환자의 판타지가 심도 있게 탐색될 때, 환자는 자신이 '남을 해치려다가 도리어 자신이 손해를 본다.'는 사실을 직면하게 된다. 즉, 환자는 치료자의 노력을 방해하려는 노력이 결과적으로는 환자 자신만 손해를 보는 셈이 된다는 사실을 이해하게 되는 것이다.

치료자가 치료자 자신의 역전이 소망을 면밀히 관찰할 수 있다면, 환자를 변화시키려는 지나친 노력으로부터 적당한 거리를 두는 것이 오히려 환자의 조망을 변화시킨다는 점을 알게 된다. 병이 낫는 것을 거부해도 치료자가 쉽게 압도되지 않는다는 점을 환자가 깨달으면, 더 이상은 치료자의 노력을 좌절시키는 재미를 추구하지 않게 된다. 그 대신 환자는 관점을 안으로 돌려, 자신의 내면을 바라보고 과연 그들이 하고 있는 일이 무엇인지를 성찰해 보게 된다.

치료자가 자신의 역전이와 환자의 자기파괴적 정신역동을 면밀하게 살펴봄에도 불구하고, 어떤 환자들은 기능이 약화되든지 더 잦은 자살 시도를 하게 된다. 이러한 경우 초심자들은 어떤 때는 좌절하고, 어떤 때는 전문가의 역할에서 벗어나 치료적 경계를 넘어서는 사적인 수준에서 환자를 대하게 되기도 한다(Gabbard, 2003). 이런 선택은 환자나 치료자 모두에게 바람직하지 않은 일이다. 이럴 경우 더 나은 대안은 진척되지 않는 치료 상황의 정신역동을 좀 더 체계적으로 평가해 보거나 ECT(electroconvulsive therapy)나 약물 처방 등을 고려하거나 선배에게 도움을 구해 보는 것이다.

부적 치료 반응에 안주해 있는 환자들의 일부는 치료가 실패할 수도 있다. 변화에 대한 환자 저항의 정신역동을 파악한 후에도 여전히 변화를 보이지 않는 환자들은 치료 종결이나 다른 치료자에게 부탁하는 것을 고려해 봐야 한다. 이러한 문제는 상당한 부분에서 치료자의 역전이를 내포하고 있을 수 있다. 따라서 치료 종결을 결정하기 전에 치료적 난국에 대해서 지도감독자나 조언자와 상담하는 시간을 가지며 가능한 모든 대안을 고려해 보아야 한다.

3. 치료의 종결

많은 수련의는 수업 시간이나 책을 통해 장기 역동정신치료의 종결이 순서에 따라 체계적으로 이루어진다고 배운다. 그러나 실제 그러한 경우는 매우 드물다. 이러한 신화적 가정은 초심자들로 하여금 자신이 하는 치료가 이상적인 종결에 현격히 못 미친다는 생각을 가지게 만든다. 신화적인 가정대로라면, 종결이라는 것은 치료 초기에 설정하였던 목표가 성취되고, 치료자에 대한 전이감정(transference feelings)이 해소되며, 내면(intrapsychic)의 변화가 실제 삶의 변화를 가져오고, 또한 수주 내지는 수개월 간 치료 종결 과정의 일부로서 환자와 치료자가 잠정적인 종결 기간을 가져 보는 것에 합의하는 것이다.

그러나 사실 장기 역동정신치료에서 이렇게 상호 만족스러운 종결은 운이 좋은 일부 사례에 한해서 일어나는 편이다. 실제로는 시간, 돈, 치료자 또는 환자의 이사, 그리고 치료 목표에 대한 환자와 치료자 간의 불일치 등의 이유로 상호 합의에 의한 종결이 이루어지지 않는 경우가 더 흔하다. 임상현장에서 종결은 다양한 형태로 존재하게 된다(〈표 9-1〉 참조).

치료가 시작되기 전에 40~52회 정도로 치료 회기를 설정하였다면, 환자와 치료자 모두는 치료가 시작되는 시점부터 종결 시점에 대한 충분한 이해를 가지고 치료에 임하게 된다. 반면에 종결이 계획되어 있지 않은(open-ended) 역동치료에서는 종결이 논의되는 시점이 다르다. 이러한 경우에는 환자와 치료자 양측, 또는 치료자나 환자 어느 한쪽에서 치료를 끝내야겠다고 생각을 하기 시작한 시점부터 그러한 문제가 논의된다. 수련의들이 수련센터를 떠나게 되면서, 또는 환자 및 치료자가 다른 도시로 이동하게 되면서 어쩔 수 없이 치료를 종결해야 되는 경우도 있다. 마지막으로 일방적으로 치료를 종결하는 경우가 있는데, 이는 어느 한쪽에서는 치료를 종결

표 9-1 종결의 여러 모습

- 치료 목표에 대한 치료자와 환자 상호 간의 일치를 통한 종결
- 미리 계획한 치료 회기 기간 내의 종결
- 치료자가 졸업을 하거나 다른 병동으로 옮기게 되어 어쩔 수 없이 하게 되는 종결
- 이사를 하게 되는 등 환자의 이유로 하게 되는 종결
- 환자의 치료비를 제공하던 제3자의 경제적 어려움으로 인한 종결
- 환자가 치료를 계속할 필요가 없다고 느껴서 일방적으로 통보하는 종결
- 치료자가 치료를 계속할 가치를 못 느끼거나 다른 치료자에게 치료를 맡기기 위해 하는 종결
- 종결에 실패하여 평생 치료를 필요로 하는 환자를 만드는 경우
- 치료적 전술로서의 종결을 미리 만들어 놓는 것

해야 되는 시점이라고 느끼지만 다른 한쪽에서는 그렇다고 생각하지 않는 경우다.

치료 종결의 행태가 다양하다는 것을 경험하게 되면, 교과서나 논문에 제시되어 있는 것보다 종결 과정이 훨씬 더 어렵고 복잡하다는 사실을 깨닫게 된다. 또한 많은 환자들이 치료 종결 후에 다시 치료를 받게 된다는 점에서, 치료 종결이 사실상 종결이 되지 않을 수 있다. 그래서 때로는 종결이라는 말보다는 일시적 중단이라는 용어가 더 정확할지도 모른다. 벡 등(Beck et al., 1987)의 연구에 의하면, 미국의 지역사회보건센터에서 정신치료를 받은 환자 중 약 20% 미만의 환자만이 실제 상호 합의에 의한 종결을 한다고 하였다. 또한 치료자는 소수이나마 절대로 치료를 종결할 수 없는 환자군이 있음을 인정해야 한다. 월러스틴(Wallerstein, 1986)은 메닝거 정신치료연구계획(Menninger Psychotherapy Research Project)에 찾아왔던 환자 중 이러한 환자군을 일컬어 '평생 치료를 필요로 하는 사람' 이라고 하였다. 그는 이런 환자들은 치료에 종결이라는 것이 없다고 생각할 때 잘 생활한다고 하였다. 이러한 환자 중 일부는 치료자를 계속해서 볼 수 있다는 확신이 있는 경우에는 3~6개월에 한 번 정도 치료를 받으면서도 잘 지낸다. 그러나 치료자가 종결을 위협적으로 강요하는 것처럼 느낄 때, 환자는 당황하고 증상이 악화될 수도 있다.

종결 준비의 여부 평가

종결이 계획되어 있지 않은 장기적 역동정신치료에서는 환자 스스로가 종결하기 적당하다고 판단되는 시점을 종결이 시작되는 시점으로 한다. 환자가 치료를 종결하고 싶다고 하였을 때, 치료자는 환자와 함께 치료 초기에 세웠던 치료 목표가 성취되었는지의 여부를 중심으로 환자에 대한 자세한 평가를 해야 한다. 환자와의 대화를 통해 치료자는 치료를 종결하고자 하는 환자의 내재된 이유를 알 수 있게 된다. 이때 치료자는 스스로에게 '환자가 무언가로부터 도망가려는 것일까?', '정신치료에 실망한 것일까?', '치료자에 대한 분노 때문에 그만두려는 것일까?', '아니면 갑자기 건강해진 것으로 착각하는 것일까(enacting a flight into health)?' 라는 질문을 해야 한다. 제6장에서 언급하였듯이 환자가 처음으로 종결을 요구할 때 이는 대부분의 경우 환자의 저항일 가능성이 높다.

환자가 치료를 종결할 준비가 되어 있는지에 대해 평가할 때 고려해야 할 핵심적인 요소는, 환자가 충분히 치료 과정을 내재화하여 치료자가 제시한 사고 및 감정의 처리 과정을 독립적으로 수행할 수 있는지의 여부다. 예를 들어, 치료자가 휴가 때문에 부재중일 때 환자는 자신의 어머니와 갈등을 겪었고, 이때 환자는 치료자에게 말하는 것처럼 스스로 내적인 대화를 할 수 있었다. 그는 "어머니를 괴롭히고 더욱 첨예한 갈등을 만들어 내려는 나에 대해 치료자는 뭐라고 말할까?" 라고 내면의 치료자에게 질문하고 대화하면서 어머니와의 악순환적인 갈등의 고리를 끊을 수 있었다. 그러나 치료 시간에 배웠던 것들을 치료 시간 밖의 생활 속에서 적용할 수 없는 환자에게는 치료가 더 필요할 것이다.

치료자의 수많은 역전이는 환자가 치료를 종결할 준비가 되어 있는지를 주의 깊게 평가하는 것을 방해할 수 있다. 초심자들의 경우, 치료를 이상화하고 치료 결과에 대해 지나치게 완벽한 기대를 가질 수 있다. 또한 현실적이지 못한 구조적인 변화나 전이의 해소 같은 것을 열망하기도 한다. 환자의 내적인 변화가 얼마나 일어났든지 간에 실생활에서 환자가 기능을 얼마나 잘하고 있느냐가 치료 성공의 주요 지표가 되어야 한다. 수련의의 경우에는 환자 자신이 가지는 나아지고자 하는 소망보다 환자가 나아지기를 바라는 치료자의 갈망이 훨씬 더 크다 보니 역전이 오류를 범하여 치료 종결을 가로막기도 한다. 치료자가 자신의 이익을 위해 환자를 붙잡아 둘 수도 있으며, 구원자 판타지(rescue fantasies)가 작용할 수도 있다. 어떤 환자는 치료에서 치료자의 자존감을 높여 주기도 하는데, 이 때문에 치료자는 환자가 치료자의 도움 없이 스스로 자신의 길을 가는 것을 방해하는 역할을 할 수도 있다.

부정적인 역전이 감정 때문에 치료가 종결될 수도 있다. 어떤 환자들은 치료자 내면에 존재하는 경멸감, 지루함, 미움, 분노 등을 불러일으킨다. 이 경우 환자가 종결을 이야기한다면 치료자는 환자를 더 이상 안 봐도 되고 이러한 감정에서 해방될 수 있기에 안도감을 느껴 환자가 종결을 원하는 이유에 대해서는 탐색하려 하지 않을 수 있다.

단기간 그리고 한시적으로 이루어지는 역동정신치료에서 정해진 회기 이상의 치료가 필요할지의 여부를 결정할 때에도 역전이 감정이 관여할 수 있다. 예를 들어, 40주로 계획되었던 치료에서 예정된 치료 회기가 완료된 후에도 환자가 치료자와 이야기해야 될 문제들이 여전히 존재하기에 치료가 더 필요하다고 말하면 초심자는 치료가 실패하였다고 느낄지도 모른다. 그러나 환자는 그들 나름대로의 변화의 속도, 저항을 극복해 가는 속도를 가지고 있으며, 오랫동안 지속되어 온 갈등과 불안을 극복하는 데에도 그들만의 속도가 있다는 사실을 명심해야 한다. 환자 내면의 시간표는 외부 정책에 영향을 받아 세워진 치료자의 치료 계획표와는 현저히 다를 수 있기 때문이다.

치료 기간을 정해 놓은 치료든 그렇지 않은 치료든 간에, 역전이에 의한 실패가 정신치료의 초심자들이 겪게 되는 가장 흔한 실패의 이유다. 일반적으로 환자와 치료자 모두 치료에 대한 비현실적일 수 있는 기대를 가지고 치료를 시작한다. 완벽한 치료에 대한 판타지, 또는 이와 유사한 판타지를 가지는 환자는 궁극적으로 자신이 완벽한 부모 또는 무조건적으로 사랑해 주고 돌봐 주며 더할 나위 없이 행복한 관계를 맺을 수 있는 부모를 대신할 다른 누군가를 찾을 수 있을 것이라고 기대한다. 이런 경우 치료자는 어느 정도 환자를 실망시킬 수밖에 없다. 환자들은 다른 사람이 자신이 평생 동안 지녀 온 열망을 만족시켜 주는 데는 한계가 있음을 결국에는 받아들여야 한다. 이와 마찬가지로 초심자들도 다른 사람의 아픔을 치료하고 환자의 불안, 스트레스, 우울, 보다 근본적인 존재론적 의문 등으로부터 환자를 보호할 수 있다는 환상이 사라져 가는 것에 대해서 애도의 시간을 가질 필요가 있다. 환자가 오랫동안 품어 온 환상을 애도할 때, 치료자 또한 전문가로서의 한계에 대해 애도할 필요가 있는 것이다.

치료 종결 작업

만약 환자가 수련기관에서 치료를 받는 경우라면, 종결 작업은 때로는 치료를 시작하는 첫 합의의 순간부터 시작되곤 한다. 장기 역동정신치료적 관점에서 치료가 이루어질 경우, 환자는 치료자의 치료센터 근무 기간에 대해서 알 필요가 있다. 치료자가 졸업을 하거나 새로운 부임지로 전근 가는 것이 확실한 경우, 치료가 시작되는 초반에 환자는 이러한 사실을 정확히 알고 있을 필요가 있다. 많은 수련의는 환자가 더 오랫동안 근무할 치료자에게 치료를 받고 싶어할 것이라고 생각하여 자신이 일정 기간 동안만 근무한다는 사실을 숨기려 한다. 이와 유사하게 졸업이 다가오면 많은 초심자들은 종결에 대해 말하는 것을 피하고 싶어 하고, 치료가 곧 종결될 것이라는 말을 환자에게 상기시키지 않을 수 있다. 환자들 또한 치료 초반부터 알고 있었던 종결에 대해서 잊고 있을 수 있으므로, 치료자는 적절하다고 생각되는 때에 주기적으로 치료의 종결과 관련된 내용을 환자에게 알리는 것이 치료에 도움이 된다.

어떤 환자들은 이러한 전환의 과정을 치료자들과 협력하여 훌륭히 소화해 내기도 한다. 종결 과정의 마지막 한 달여 동안, 새로운 치료자는 서로 소개를 할 수 있는 자리로 지금의 치료자와 치료 회기에 동참할 수 있다. 이와 같은 만남의 자리에서 환자의 치료 목표를 논의할 수 있고, 환자도 새로운 치료자에게 궁금한 것을 질문할 수 있는 기회를 가질 수 있다. 환자에게 새로운 치료자로 선호하는 성별이 있는지 물어볼 수 있고, 치료자가 바뀌는 시점에서 어떻게 치료가 전환되었으면 하는지에 대해서도 물어볼 수 있다. 이러한 협력 작업은 환자로 하여금 일종의 권한을 가지게 함으로써 버림받았다는 생각이 들지 않도록 할 수 있다는 점에서 유용하다.

치료가 자연스럽게 종결되거나 상호 합의하에 종결되는 경우에도, 일방적으로 치료가 종결되는 경우에 나타나는 것과 동일한 과정이 일어나게 된다. 즉, 언제나 필요할 때면 치료자를 만날 수 있으리라는 환상이 깨어지므로 이에 대한 애도의 과정이 있어야 한다. 환자는 인간관계란 궁극적으로 일시적이라는 현실을 직면해야 한다. 이때 이전의 버림받았던 경험이나 단절되었던 관계에 대한 기억들이 다시 떠오를 수 있는데, 이는 환자에게 그러한 것들을 더 상세히 탐색할 수 있는 기회를 제공해 줄 수 있다.

치료의 종결과 관련된 문제로 어려움을 겪는 환자들은 치료자에게 자신의 감정을 말하는 것에 어려움을 느낄 수 있다. 이러한 걱정들은 종종 다양한 형태의 증상적 행동(symptomatic behavior)으로 나타나기도 한다. 이러한 행동들은 치료의 종결에 대한 반응으로 해석되어야 하며, 단순히 통제되어야 하는 하나의 증상으로 받아들여서는 안 된다.

X는 24세 여성으로, 경계선 성격장애(Borderline Personality Disorder)와 신경성 거식증(Bulimia)의 진단하에 Dr. Y에게 주 1회의 개인 정신치료를 11개월간 받아 왔다. 그녀는 치료 종결 과정을 시작하기 수개월 전부터 자해 행동을 전혀 보이지 않았다. 또한 충동적으로 행동하기 전에 객관적으로 생각하고(mentalize) 심사숙고하는 능력도 현저히 향상되었다. Y는 수련기관을 졸업하기 4개월 전에 종결에 관한 이야

기를 하기로 결정하였고, 치료가 시작되고 약 10분 후 치료 종결에 관한 이야기를 하였다. X는 조용히 울기 시작하였고, 나머지 40여 분 치료 시간 내내 울다가 멈추는 것을 반복하였다. 그녀는 슬프다고 하였으며, 새로운 치료자와 다시 시작하지 못할 것 같다고 하였다. 또한 그녀는 이제 막 스스로에 대해서 마음을 열고 이야기하려고 하는데, 치료자가 떠나게 되어 치료자에게 화가 난다고 하였다. Y는 환자를 떠나는 것에 대해서 죄책감을 느꼈으나 환자와 이러한 점을 충분히 이야기하고 종결할 수 있게 된 점을 다행스러워 하였다. Y는 개업 후 X를 계속해서 치료할 생각까지도 하였다. 그러나 지도감독자는 현재와 같은 낮은 치료비로 환자를 치료하는 것에 대해 우려를 표하였으며, 죄책감 때문에 내린 결정은 결국 나중에 가서 후회하게 될 것이라고 하였다.

다음 치료 시간에 와서 X는 "어제 손목을 그었어요."라고 이야기하였다. Y는 최근에는 나타나지 않았던 자해 행동이 환자에게 다시 나타난 것이 괴로웠고, 치료를 종결하는 것에 대한 죄책감을 다시 느끼기 시작하였다. X는 감옥에 있는 남자 친구를 방문한 후 바로 손목을 그었다고 하였다. 그녀는 그 남자 친구에게 전화를 걸어 절교를 선언하였다고 했다. 그녀는 절교로 인한 마음의 아픔을 달래기 위해 손목을 그었다고 이야기하였으나, 이것이 실제적으로 도움이 되는 행동은 아니었음을 스스로 인정하였다. 그녀는 치료의 종결을 이야기하였던 이전 회기의 내용과는 전혀 연결되지 않는 다른 이야기를 시작하였으나, Y는 치료의 종결이 언급된 이후에 그녀가 바로 자해 행동을 한 점을 지적하였다. X는 잠시 생각한 후, 자해하기 이전에 자해 행동을 하면 병원에 입원을 하게 될지도 모른다는 공상을 했었다고 하였다(X는 발병 이후 입원한 적이 없었다). Y는 왜 그러한 공상을 하였는지를 물었고, 그녀는 자신이 입원하면 어머니, 남자 친구와 같은 주변 사람들이 자신에게 더 많은 관심을 보이고 책임감도 느낄 것이라는 생각을 했다고 하였다. Y는 그녀를 더 많이 돌봐 줄 수 있는 주변 인물에 더 이상 자신은 포함되어 있지 않음을 알게 되었다. 그러나 X는 지나가다 보았던 남성 치료자 중 한 명이 자신의 치료자가 될 것인지에 대해서 질문하였다.

다음 치료 시간에 환자는 자신이 혼란에 빠진 듯 느낀다고 하였다. Y는 이런 느낌이 곧 있을 치료의 종결과 관련되어 있는지를 궁금해하였다. X는 이번에는 그러한 연관성을 인정하며 울기 시작하였다. 그러나 곧 재빨리 주제를 바꾸었고, Y에게 직업 선택에 관한 의견을 구하였다. 이에 Y는 그녀가 치료 종결이라는 주제를 회피하고 있음을 지적하였고, X는 다시 울기 시작하였다. 잠시 후 그녀는 차분한 목소리로 "좋은 일에는 다 끝이 있는 거죠?"라고 말하였다. 침묵이 흐른 후, 그녀는 7세 때 아버지가 어머니를 두고 떠난 것을 회상하였고, 이어서 14세 때 할머니가 돌아가신 것을 이야기하였다. 그리고 마지막으로 고교 시절 그녀의 첫 남자 친구와의 고통스러운 이별 경험에 대해 이야기하였다. 그녀는 이러한 상실의 경험들이 지금 치료자를 잃는 것과 비슷한 느낌이었다고 하였다. 그러나 Y가 떠나는 것은 Y의 선택이 아니라는 것을 알고 있다면서 분노의 감정을 부인하였다. 치료 시간이 끝나갈 무렵 X는 이러한 문제점에 대해 직접 말하고 울었더니 기분이 훨씬 좋아진 것 같다고 하였다.

이 사례에서 환자는 치료자를 떠나보내는 감정을 행동으로 표현하였다. 종종 치료가 종결되는 시점에서 증상이 다시 재발하는 경우가 있는데, X가 수개월 간 충동 조절을 잘해 오다가 다시 자해를 한 것이 바로 그러한 경우에 해당된다. 어떤 측면에서는 증상의 재발은 치료자의 상실에 대한 일종의 항의일 수 있다. Dr. Y는 환자가 문제 행동을 표출하는 것이 치료자를 잃어버린다는 내면의 참기 힘든 감정과 어떻게 연관되어 있는지를 환자가 깨닫게 하는 데 큰 도움을 주었다. X가 이러한 감정에 대해서 구체적으로 말할 수 있도록 도움으로써 Dr. Y는 이러한 정서적 고통이 즉각적으로 사라지는 것은 아니지만 참을 수 있는 것임을 깨닫게 해 주었다.

그러나 어떤 환자의 경우에는 이러한 행동에 대한 치료자의 해석에 반응하지 않으므로 일시적으로 치료자가 뒤로 물러설 필요가 있을 수 있다. 종결과 관련이 있는 환자의 말이나 행동에 대해서 치료자가 지속적으로 해석을 하는 행동은 오히려 문제를 악화시킬 수 있는데, 이는 환자가 더 이상 탐색할 것이 없다고 계속 주장할 것이기 때문이다. 만약 이 주제가 반복적으로 언급된다면, 환자는 자신이 원하는 내용이 아닌 치료자가 원하는 내용으로 치료자의 계획대로 이끌고 나간다고 느낄 수 있다.

치료를 종결하는 시기는 치료의 경계가 더욱 모호해지는 시간일 수 있다. 환자들은 치료자에게 개인적인 질문을 할 권리가 있다고 느낄 수 있다. 죄책감을 느끼는 치료자의 경우에는 더 개인적인 접근을 할 필요가 있음을 느끼며, 치료자 자신에 대해서도 더 많은 노출을 하게 된다. 환자와 치료자 모두 서로에게 특별한 관계를 잃게 되는 것을 힘들어하게 되고, 그래서 헤어짐을 서로 부인하는 일종의 암묵적 합의를 할 위험성이 있다. 이러한 암묵적 합의는 치료자로 하여금 치료 이후의 만남을 계획하게 하거나 치료 외적인 사회적 관계를 가지는 것을 상상하게 할 수도 있다. 종결 시기 동안 치료자들은 전문가로서의 경계를 잘 유지하도록 더욱 주의하여야 한다. 어떤 환자들은 마지막 회기에 치료자에게 작은 선물을 주고 싶어 할 수 있다. 그리고 종종 치료자들은 선물의 의미를 해석할 시간이 없기 때문에 정중히 선물을 받기도 한다. 그러나 선물이 너무 비싼 것이거나 치료자가 그 선물의 개인적 의미를 걱정하게 되는 경우, 치료자는 선물을 거절하며 선물을 받지 않기로 한 치료자의 결정에 대한 환자의 반응에 대해서도 이야기를 하고자 할 것이다. 한편 몇몇 환자들은 마지막 회기에 치료자를 자연스레 포옹하려 할 수 있다. 이때 치료자는 포옹을 거절하며, 이것에 대해서는 이후에 논의할 시간이 없다는 점을 생각해야 한다. 대부분의 치료자들은 환자를 가볍게 안아 주며 환자가 잘 지내기를 소망한다. 지나치게 유혹적이거나 또는 성적 전이 감정이 있는 환자들의 경우라면, 미리 이에 대해서 이야기하고 마지막 회기에서의 포옹의 의미에 대한 이야기를 나눔으로써 그러한 일이 일어나는 것을 피할 수 있다.

일부 환자들은 문제가 생길 때 다시 치료자를 찾아도 되는지를 질문할 것이다. 종결 후 치료가 계획되어 있지 않고 서로 합의하에 종결을 한 경우라도, 다시 치료를 받을 수 있다는 사실에 대해서 자유롭게 이야기할 수 있어야 한다. 그리고 치료자는 환자에게 언제나 다시 치료를 받을 수 있다는 것을 말해 주어야 한다. 그러나 환자가 종결 이후 다른 치료자에게 치료를 받게 되는 경우라면, 새로운 치료자를 만나는 동안 옛 치료자를 계속해서 만나는 것으로 인해 환자와 새로운 치료자 사이를 멀어지게 될 가능성이 높기 때문에 치료 종결 이후의 만남은 그리 바람직하지 않다.

치료 전술로서 종결

치료자는 환자가 치료를 생산적으로 활용하지 못하고 있다는 것이 명백할 때, 임의로 치료를 종결해야 할 필요성을 느낄 때가 있다. 어떤 환자들은 목표를 성취할 동기가 결여되어 있을 수 있고, 어떤 환자들은 치료자를 단순히 자신의 이야기를 들어 주는 사람 정도로만 생각할 수도 있다. 말을 들어만 주는 것은 친구가 할 역할이다. 환자가 자신의 무의식적인 동기를 탐색하거나 부적응적인 행동 양식을 바꾸는 데 관심이 없다면 치료는 시간과 돈의 낭비일 뿐이다. 한편, 어떤 환자들은 충분히 호전되었음에도 불구하고 치료 종결에 대해서 이야기하기를 거부하고 심지어는 이에 대한 생각조차 하지 않으려 할 수 있다. 이러한 환자들에게는 임의적으로 종결하는 날짜를 정해서 그 이면의 의미를 탐색하도록 강요해 볼 수 있다. 때로는 종결을 명시하는 것이, 종결 이전에 환자가 치료를 통해 얻고자 하는 것이 무엇인지와 종결과 관련하여 치료 작업을 방해하는 것이 무엇인지에 대해 초점을 맞추어 이야기하는 것을 가능하게 한다. 앞에서 언급하였던 것처럼 어떤 환자들은 종결 과정 중에 자신이 치료를 종결할 수 없는 사람이라는 점을 깨닫게 된다. 이렇듯 평생 치료를 필요로 하는 사람은 종결이 시도되고 수년이 지난 뒤에야 그들이 그러하다는 사실을 알게 된다. 그들은 종결하고자 할 때, 다시 심각한 증상을 보일 수 있고, 어떤 환자들은 입원을 하기도 한다. 치료자들은 3개월, 6개월 또는 12개월마다 정기적으로 만날 필요가 있는 사람들로 구성된 소그룹 모임을 통해서 병이 재발하는 것에 대처해야 한다. 그러나 이러한 결정을 내리기에 앞서, 이것이 치료자의 역전이에 의한 죄책감 때문인지에 대한 자문을 구하고 지도감독자와 상의하는 것이 필요하다.

일방적인 치료의 종결

치료자들은 때로는 일방적으로 치료를 종결해야 한다. 어떤 환자는 치료에 필요한 환경을 조성하는 것을 거부할 수 있다. 불법적인 약물복용을 중단하거나 한밤중에 전화를 걸어오는 것을 금지하는 것과 같은 치료적인 규칙을 세워도 환자가 지속적으로 치료에 방해가 되는 행동을 할 때에는 치료를 종결할 수밖에 없다. 환자가 치료비 내기를 거부하는 경우에도 치료는 종결되곤 한다. 때로는 치료자의 역전이가 너무 강해 치료자가 치료에 관해서 원활한 사고를 하지 못하여 치료를 일방적으로 종결하는 경우도 있다. 이러한 경우에는 환자를 다른 치료자에게 의뢰하는 것 외에 다른 방법이 없다. 치료가 위기에 처해 있다면 치료자는 선배에게 자문을 구하고 치료 중단의 장점과 단점을 의논하는 것이 현명하다.

한편, 환자가 치료 시간에 오지 않아서 일방적으로 치료가 종결되기도 한다. 환자가 미리 전화하지 않고 치료에 불참하였다면 대부분의 치료자는 기다리며 다음 치료 시간에는 어떤 일이 생기는지를 지켜볼 것이다. 자살의 위험성이 있는 환자가 연락 없이 치료 회기에 불참하였다면 대부분의 치료자는 아마도 전화를 걸어 환자에게 자살 사고가 있는지 또는 자해 행동 등을 계획하고 있는 것은 아닌지를 알아볼 것이다. 그러나 자살 위험성이 없는 환자일지라도 연속하여 두 번 불참할 경우에는 전화를 하여 치료를 지속하고자 하는 의사가 있는지의 여부를 알아보아야 한다. 환자가 치료 회기에 불참한 이유에 대해서 합리적인 설명을 하고 치료를 지속하기를 원한다면 치료자는 이를 허용할 수 있다. 환자가 치료자에게 연락을 주지 않거나 계속해서 불참할 경우, 대부분의 치료자들은 편지를 보내어 치료가 중단되고 있음을 알릴 것이다. 자살 및 타살의 가능성을 자세히 평가한 환자인 경우 대부분은 치료를 종결하는 데 법적인 문제는 없다. 치료 종결을 문서로 알릴 때, 환자가 치료를 다시 받고자 할 때 진료 가능한 치료자나 진료 가능한 병원 목록을 제시하기도 한다.

훈습은 치료 시간과 치료 시간 이외의 관계에서 지속적으로 반복되어 나타나는 환자의 패턴을 체계적으로 해석하고 관찰하며 직면시키고 명료화해 나가는 것이다. 심각한 문제 행동을 보이는 환자들에게는 훈습 과정 중에 나의 마음과 타인의 마음, 의도를 읽고 객관적인 입장에서 심사숙고한 이후 행동하는 능력(mentalization)을 향상시키려는 노력이 포함된다. 그리고 이들이 자신의 감정 상태나 내적 표상을 근거로 상대방을 인식하고 있다는 사실을 깨달을 수 있도록 고안된 방법을 사용하기도 한다.

훈습 과정에서 치료자의 많은 노력에도 불구하고, 어떤 치료적 관계는 정체되어 전혀 진행이 되지 않는 어려움에 빠지기도 한다. 이러한 치료의 교착 상태가 되면 전이 및 역전이를 세심하게 살펴볼 필요가 있다. 이런 경우에는 부적 치료 반응일 가능성이 있는데, 부적 치료 반응은 치료자가 환자를 돕고자 노력할수록 환자의 상태가 점점 더 악화되는 현상을 말한다.

치료 종결은 환자의 치료 목표가 달성되었는지의 여부에 따라 환자와 치료자의 상호 협력하에 결정하여야 한다. 종결 시점에서 환자는 다시 증상을 보일 수 있으며, 이는 종결에 대한 느낌을 표현하는 환자의 표현 방식일 수 있다. 어떤 환자들은 치료의 종결에 대해 완강한 저항을 보이기도 하는데, 이런 경우 다양한 치료적 전략을 고려해 볼 수 있다.

chapter 10

지도감독의 이용

장기 역동정신치료는 환자-치료자 간에 이루어지지만, 이를 배우는 것은 환자-치료자-지도감독자의 삼각관계 안에서 이루어진다. 환자는 자신의 고통과 부끄러움을 치료자에게 말하고, 이를 치료자가 이해하고 수용해 주기를 기대한다. 마찬가지로 치료자도 이러한 과정을 지도감독자에게 말하고, 치료자가 다루기 어려운 점들을 지도감독자가 도와주길 원한다. 초심자들에게 지도감독자는 역할모델이다. 지도감독 시간 중에 치료자는 지도감독자를 내재화하여 치료 중 그들이 마치 지도감독자처럼 행동하게 되는 것이다. 실제로 치료자들은 자신의 치료실로 지도감독자의 내적 표상을 데려가 치료의 어려운 순간을 이끌어 가게 된다.

개인 지도감독 시간은 보통 주 1회 치료 중 일어난 일들에 대해 지도감독자에게 설명하는 형식을 취한다. 훌륭한 지도감독자는 터무니없는 실수를 한 경우를 제외하고는 권위적인 태도로 치료자가 이러이러한 형식으로 하라는 직접적인 언급을 피하며, 어떠한 형식의 개입이 이루어졌을 때 일어날 수 있는 결과의 가능성에 대해 질문을 던진다. 즉, 지도감독자는 정신치료가 최대한의 효율성을 가질 수 있는 방식을 가르치는 것이다. 이런 면에서 볼 때 지도감독자의 의사전달 방식은 독재적이라기보다 민주적이어야 한다(Greben & Ruskin, 1994).

1. 지도감독 시간의 자료

지도감독 시간의 자료로는 치료센터에 따라서 녹화, 녹음, 상세한 진료기록 등 선호하는 경향이 각각 다르며, 이들은 각기 장단점이 있다.

녹화는 실제로 치료 중 이루어지는 것들을 관찰하고, 환자와 치료자 사이의 비언어적 소통을 관찰할 수 있는 장점이 있다. 지도감독자는 치료자가 어떻게 실제적으로 치료를 수행하고 적절하게 생각하고 있는지를 관찰할 수 있다. 그러나 중요한 단점으로, 동물 행동학자들이 자연 상태에서도 동물들의 자연스러운 행위를 관찰하기 어렵다고 얘기하는 것처럼 카메라의 존재가 정신치료의 기본 구조를 바꾸어 버릴 수 있다. 사적으로 보장된 공간에서 이루어져야 할 대화들이 보이지 않는 관찰자들에게 공개되어 버리는 것이다. 환자들은 카메라를 의식적 · 무의식적으로 느끼면서 자신의 문제를 스스로 걸러 내면서 이야기할 수도 있다. 따라서 수치스러운 비밀은

은폐할 수 있고, 누군가가 나를 보고 있다는 생각 때문에 그들을 당황하게 만들 수 있는 고통스러운 감정적 경험을 피하려 한다. 초보 치료자들 역시 비슷한 이유로 녹화 시에 제한을 받을 수 있다. 이 제한은 치료자가 더 형식적인 태도를 취하거나 지도감독자의 인정을 받을 수 있도록 '정확한' 치료적 개입을 하기 위해 자연스러운 행동을 피하게 한다. 따라서 치료 시간의 녹화는 두 사람을 연기하는 것처럼 느끼게 만들 수 있다.

또한 녹화는 환자들로 하여금 치료 초반부터 그들의 사적 정보가 노출되도록 강요받는다는 생각을 하게 만들 수 있다. 그러나 환자들은 이러한 생각을 말하기 대단히 어려워할 수 있고, 이것이 환자의 마음속에 존재하는 한 치료에 중요한 영향을 미치게 된다. 초보 치료자는 이와 같은 비디오의 존재를 환자에게 꼭 설명하고, 이런 녹화 과정이 선택 가능한 것임을 환자에게 확인시켜 주어야 한다. 녹화의 또 다른 단점은 지도감독 시간을 지나치게 길게 만들어 결국 지도감독자가 치료의 전반적인 흐름을 짚어 주기보다 치료의 세세한 장면을 강조하게끔 만든다.

녹음은 녹화에 대한 대용적 수단으로 이용되어 왔으나, 이 역시 녹화와 비슷한 문제점을 가진다. 또 녹화와 유사한 윤리적인 문제도 가지고 있다. 치료자-환자에게 미치는 억제 효과도 같다. 또한 시각적 · 비언어적 자료를 볼 수 있는 녹화의 장점이 녹음 시에는 사라진다.

환자와 치료자의 대화를 면밀히 검토하는 것이 현재 수련 방법에서 가장 선호되고 있는 방법이다. 이런 선호도는 주로 정신분석적 작업에서 어떻게 '자료' 가 정의되는지와 관계가 깊다. 정신치료가 기본적으로 환자-치료자가 함께하는 항해임을 고려하였을 때, 지도감독자는 치료자의 내면에서 어떤 일이 일어나고 있는지에 대해 알고 싶어 한다. 진료기록을 자문 시간에 발표할 때, 지도감독자는 치료자가 환자를 어떻게 느꼈고, 어떤 치료적인 개입을 하였으며, 당시 느낌이 어떠하였고, 그때 환자의 반응을 본 느낌은 어떠하였는지 알고자 한다. 이런 면에서 '자료' 라는 것은 모든 치료적 상황에서의 치료자의 주관적 느낌 및 역전이 감정을 포함하는 것이다. 치료자가 치료의 시작을 연기하였나? 치료 중 지루하거나 견디기 어려웠는가? 치료를 제 시간에 마치기 힘들었나? 만약 그랬다면 왜 그랬는가?

이런 것들을 지도감독 시간에 얘기하는 데 있어서 방해물은 치료자가 너무 치료 시간에 이야기한 모든 것을 기록하려고 한다는 점이다. 이렇게 너무나 세부적인 대화 내용에 신경을 쓴 나머지 치료자가 동요를 느꼈던 중요한 점들을 놓치는 경우가 있다. 환자의 모든 말을 적어 내려는 노력은 환자에 대한 공감적 몰입, 미묘한 전이, 치료자의 역전이 감정을 방해하게 만든다. 이런 이유로 치료 시간 중에 기록하는 것은 권장되지 않는다. 치료자는 환자에게 항상 열려 있어서 환자의 감정 상태를 공유할 수 있어야 하기 때문이다.

치료 후 기록하는 것은 자문 시간에 매우 유용한 정보를 제공하는 데 도움이 될 수 있다. 이 기록은 치료 중 주로 다루어진 주요 주제뿐 아니라 치료자가 행한 치료적 개입들도 함께 기록되어야 한다. 치료자가 지도감독을 시작하면서 치료 중 주로 나타난 전반적인 주제 및 치료자의 특별한 노력 등을 언급할 수 있다면 지도감독 시간은 보다 생산적인 시간이 될 것이다. 예를 들면, 치료자가 다음과 같은 문제를 가지고 왔다고 가정해 보자.

> 나는 내가 환자에게 뭘 해야 좋을지 모를 때가 있습니다. 그는 내면의 느낌이나 무엇이 그를 힘들게 하는지에 대한 언급 없이 오로지 외적인 사건만 장황하게 늘어놓으며 한 시간을 보냅니다. 그는 내게 언급할 시간을 주지 않으며 어쩌다 한마디한다 해도 그것을 무시해요. 매주 치료 시간이 닥쳐 오는 것이 두려워지고, 가끔은 힘든 시간을 겪고 싶지 않아 치료 시간을 늦추기도 합니다. 치료 시 마음이 혼란스러운 이런 악순환을 끊기 위해서는 선생님의 도움이 필요합니다.

이런 치료의 문제에 대해 전반적인 정리를 한 뒤, 이어서 이러한 문제들을 보여 주는 특정한 세부 회기를 논의함으로써 전반적인 주제를 보여 줄 수 있다. 이런 식으로 논의함으로써 치료자는 문제를 명확히 인식할 수 있으며, 지도감독자는 특정 문제에 대해 초점을 맞춰 지도감독 시간을 진행할 수 있다.

2. 지도감독 동맹

지도감독을 구하는 치료자들이 지도감독 시간에 느끼는 취약점은 마치 치료자-환자 관계에서 환자들이 치료자에게 느끼는 그것과 유사하다. 이에 치료적 동맹과 비슷한 개념인 '지도감독의 동맹' 개념을 생각할 수 있다(Lomax et al., 출판 예정). 지도감독자는 지도감독을 구하는 치료자들에 대한 많은 책임을 지고 있다. 그들은 치료자에게 합당한 치료를 하게 하고, 정신치료의 기본 기술을 교육시켜야 한다. 각각의 치료자들의 장단점을 파악하고, 이를 지도교수에게 알려야 할 필요가 있으며, 안전하고 편안한 환경을 만들어 치료자들이 편안하게 자신을 내보일 수 있도록 해 주어야 한다. 이러한 편안함을 조성하는 것은 각각의 치료자들의 취약점을 고려하여 세심하게 조절되어야 한다.

로맥스(Lomax) 등은 치료자가 치료 중에 발생하는 일들을 정직하게 서술할 수 있는 안전한 환경을 만드는 것, 즉 지도감독 관계의 동맹을 만드는 것에 대해 몇 가지 제안을 하였다. 지도감독자들은 대체로 치료자들이 정신치료에 대해서 어느 정도 알고 있는 것과 그들의 이전의 수련 내용에 대해서 알아봄으로써 지도감독 시간을 시작하려 한다. 또 치료자들이 이전 정신치료에서 겪었던 어려운 점들을 알려 한다. 이런 과정을 통해 지도감독자는 이 치료자가 무엇을 얼마나 기대하고 있으며, 왜 특정한 지도감독자를 선택하였는가에 대한 중요한 답을 알게 될 수 있다. 두 사람 모두 지도감독에 대해 어떤 생각을 하고 있으며, 어떻게 이것을 유용하게 활용할 수 있을지 솔직하게 논의해 보는 것이 필요하다. 배움을 촉진하는 유용한 정보를 지도감독자가 제공해 주는 것도 필요하다. 지도감독 시간의 재조정 및 취소에 대한 문제를 자유롭게 논의할 수 있어야 한다. 환자와 관련되지 않는 주제들이 간헐적으로 나올 수 있을 정도로 지도감독 시간은 융통성이 있어야 한다. 그러나 지도감독자는 항상 이러한 논의가 무엇을 위한 것인가에 대한 분명한 시각을 가지고 있어야 하고, 지도감독 시간을 통해 치료자가 좋은 배움의 기회를 가질 수 있어야 한다는 기본적인 인식을 가지고 있어야 한다.

치료자가 치료 시간에 일어나는 모든 일에 대해서 지도감독자에게 알릴 수 있는 분위기를 조성하는 것은 지도감독에 있어서 가장 도전이 되고 있는 부분이다. 초보 치료사들은 그들이 제대로 하고 있는지의 여부도 파악하지 못하는 상황에서 마치 전문가인 것처럼 치료한 것을 지도감독자에게 말하는 것이 매우 힘들 수 있다. 일부 치료자들은 이러한 두려움을 극복하기 위해 오로지 환자의 말과 행동에만 신경을 쓰며, 치료자 자신의 행위와 감정을 무시하게 된다(Issacharoff, 1984). 특히, 정신과 전공의들은 치료 시 두 사람 사이에 오고 간 일들을 이야기하기보다는 일반 의학계에서 하듯 환자를 하나의 대상물로 보고 그들에 대한 데이터를 보고하는 것이 더 편할 수도 있다. 반면에 정신치료 수련의들은 치료 내용의 발표를 통해서 칭찬받고 인정받고 싶은 욕구가 있으나 치료 시의 갈등과 어려움을 숨김 없이 보여 줌으로써 배움의 기회는 늘 수 있을지라도 기대만큼 인정받지 못할지도 모른다는 것에 대한 갈등을 겪을 수 있다(Greenberg, 1980; Wallace & Alonzo, 1994).

불행히도 부끄러운 일들을 감추고 치료 기록을 거짓 작성하여 지도감독자의 비판을 피하고 칭찬을 기대하는 경우가 빈번하게 발생한다(Betcher & Zinberg, 1988; Chrzanowski, 1984; Hantoot, 2000). 평가를 받아야 하는 상황에서 호의적인 인상을 받을 수 있을 만한 자료만을 선별하는 것은 어떻게 보면 피할 수 없는 일일지도 모른다. 그러나 초기에 형성된 확실한 지도감독 관계의 동맹은 비판받고 부끄러움을 느끼는 것에 대한 걱정을 최대한도로 줄이는 환경을 만들 수 있다. 지도감독자들은 때때로 수련의가 실수하거나 불확실하다고 생각하는 것을 듣고자 하는데, 이를 통해서 배움을 극대화할 수 있기 때문이다. 지도감독자들은 수련의가 현 시점에서 유능한 정신분석가이기를 기대하는 것은 아니라는 것을 알려 줌으로써 수련의들이 솔직하게 자신들의 실수를 털어놓도록 돕는다. 게다가 지도감독자들은 수련의가 그들의 갈등과 치료 과정을 솔직하게 공유할 수 있는 능력이 수련의의 역량과 관계 있다는 점을 강조해 줌으로써 수련의들이 보다 솔직해질 수 있도록 해 주어야 한다.

수련의들은 수련 후에도 정신치료를 하면서 자신들이 느꼈던 점과 혼란스러움에 대해서 동료들의 조언을 구할 수 있고, 이것이 치료자로서 배움의 과정을 촉진해 준다. 이러한 과정을 통해서 치료자들이 정신치료의 정도(正道)에서 벗어날 수도 있는 유혹에서 보호받을 수 있다. 이런 측면에서 초심자들이 꼭 염두에 두어야 할 두 가지 개념이 있다(Gabbard, 1996). 첫째는 만약 당신이 지도감독자나 자문의사와 상의할 수 없는 일들이 환자와의 관계에서 발생한 경우, 당신은 치료적 경계가 붕괴되는 위험한 길로 들어간 것일 수도 있다. 둘째는 지도감독 시간에 다루기를 원치 않는 것이야말로 가장 중요한 것이며, 당신이 지도감독자와 다루어야 할 핵심 사항이다.

지도감독자와 수련의가 치료에 관하여 논의할 때, 지도감독자는 아마도 치료의 틀(frame of treatment)에 대해서 수련의가 설명하기를 원할 것이다. 이러한 방법으로 지도감독자는 현 치료에서 일반적인 치료적 경계를 벗어나는 것들이 어떤 것들이 있는지, 그리고 그것에 관해 수련의가 어떤 합당한 이유를 가지고 있는지 알아보게 된다(Gabbard, 2000; Waldirger, 1994). 45~50분 해야 할 치료를 60~65분으로 연장한 수련의들은 왜 회기를 마치는 순간을 늦추게 되었는지에 대해 설명할 수 있어야 한다. 밀린 치료비를 받지 않거나 반대로 환자의 재정 문제에 무심한 치료자들에 대해서도 마찬가지다. 이러한 설명을 들음으로써 지도감독자는 치료자들의 역전이를 이해하게 해 주고, 이를 통해 환자와 적절한 경계를 형성하는 데 도움을 줄 수 있다. 이런 접근법이 환자와 적합한 경계를 설정하는 것을 방해하는 역전이가 일어날 수 있는 것을 막는 데 도움이 될 수 있다.

3. 지도감독에서의 경계 문제

지도감독 시간에 수련의들이 공개하는 정보를 토론하는 것은 넓게는 양자 간의 경계 문제와 관련이 있다. 명확한 경계는 양자 간의 신뢰적인 관계를 나타내 주는 것이다. 예를 들어, 대부분의 정신건강 전문기관에서는 지도감독자와 수련의 사이의 성적인 접촉을 금지하고 있다. 수련의들은 어떠한 특별한 도움을 지도감독자에게 기대하고, 이러한 것들이 지도감독자의 개인적인 관심으로 인해서 오염되어서는 안 된다. 그러나 이보다 더 복잡한 경계는 치료와 교육 사이에 발생하는 문제다(Gabbard & Lester, 2003). 이들 두 사람 사이에서 발생하는 문제를 중요시하는 현대의 시점에서 치료자는 자신의 많은 점을 의논하는 것이 중요하고, 지도감독자는 선생이라는 경계를 벗어나 치료자가 되지 않도록 경계를 늦추지 말아야 한다. 수련의가 환자가 이해하기 전에 조급하게 해석을 하였을 때, 지도감독자는 정신치료에 대해 가르쳐 주는 방식으로 실수를 지적해 줄 수 있다. 그러나 치료 기술상의 문제가 분명한 역전이의 문제에 대해서는 치료자의 개인적인 문제를 지적해야 할지의 여부에 대해 지도감독자는 갈등할 수 있다.

지도감독의 범위 안에서 역전이를 다루는 것이 좋을 것인지에 대한 문제는 양쪽 모두의 타협과 이해가 필요하다. 그럼에도 불구하고 이런 역전이 문제는 명확한 선을 긋기가 어려운 것이 사실이다. 수련의가 이러한 전이-역전이 문제로 갈등을 겪을 때 지도감독과 치료의 경계 또한 모호해질 수 있다.

수련의들은 그들의 개인적인 문제나 소아기의 경험에 대해 언급하지 않고, 그들이 환자들과 치료 당시에 있었던 일들에 대해 지도감독자에게 말함으로써 교육과 치료 사이의 경계를 유지할 수 있다. 지도감독자 역시 수련의의 과거 어떠한 경험이 환자와의 관계에서 되살아났다는 역동적인 접근보다는 환자가 치료자에게 일으킨 역전이 자체에 관심을 둠으로써 이러한 교육-치료 간의 경계를 유지할 수 있다. 다시 말해, 지도감독자는 수련의의 역전이에 관해서 소아기와 관련된 해석은 하지 않는다는 것이다(Gabbard & Lester, 2003). 이러한 방법으로 지도감독자는 수련의의 역전이를 환자가 일상에서 일으키는 대인관계 문제의 상징적인 표현으로 간주하며, 수련의의 개인적인 갈등이 역전이를 일으키는 이유로 보지 않는다. 이렇게 역전이를 다루는 선을 명확히 긋는 것은 수련의가 지도감독을 통해 보다 편안하게 자신의 감정적인 반응을 드러내는 긍정적인 지도감독의 동맹을 맺는 것을 돕는다. 역전이는 언제나 있는 것이며, 받아들일 수 있다는 것을 설명함으로써 수련의들이 그들의 감정을 노출하는 것을 도와줄 수 있게 된다. 이런 이유로 지도감독자가 수련 중인 치료자의 역전이를 비난한다거나 잡아 내려는 자세는 피해야 한다. 과거에는 역전이를 일종의 방해물로서 치료자의 개인분석으로 제거될 수 있는 것으로 보았다. 그러나 현재는 더 이상 역전이를 이러한 개념으로 보지 않고 있으며, 이런 역전이에 대한 좋지 않은 시각들은 사라져야 한다.

제8장에서도 언급하였듯이 역전이는 때로 완전히 무의식적이며, 다양한 종류의 행동으로 표출된다. 지도감독 과정은 이렇게 감추어진 역전이가 나타나는 비옥한 대지 역할을 하기도 한다. 수련의가 치료 과정을 지도감독자에게 보고해야 하는 과정에서 환자가 치료자에게 대하였던 것과 같은 방법으로 치료자는 지도감독자를 대할 수 있다. 이러한 과정을 흔히 병행 과정(parallel process)이라고 부른다(Doehrman, 1976; Gabbard & Lester, 2003; Gediman & Wolkenfeld, 1980). 병행 과정의 기전은 재연(enactment)의 기전과 큰 차이가 없으며, 환자들이 기억하는 것에 저항하는 것을 행동으로 반복하는 것처럼 수련의들도 자문 중에 어떠한 것들을 말로 표현해 내기보다 행동화하기도 한다. 이러한 재연행동을 통해, 치료자들은 무의식적으로

환자들과 자신을 동일시하며 치료에서의 전이 감정을 지도감독자에게 복제하듯 나타내게 된다. 심지어 환자들이 치료자들을 대하는 것처럼 치료자 역시 지도감독자를 대하게 되어, 지도감독자가 치료자가 환자를 대하며 느끼는 것과 비슷한 역전이를 느끼게끔 한다.

여성 수련의인 Dr. Z는 점점 Dr. AA와의 지도감독 시간에서 좌절을 느끼기 시작하였다. 그녀는 환자에게 효과적이고 유용한 도움을 주는데 어려움이 많다고 느끼고 있었다. 매주 그녀는 환자에 대해 묘사하면서 그녀가 어떤 갈등을 다루려고 할 때마다 환자가 얼마나 모호한 태도를 보이는지 지적하였다. 환자는 추상적이고 형이상학적으로 말하였고, 그가 자신의 인생에서 실제로 바꾸고 싶은 구체적 사항을 이야기하지 않았다. Z는 그녀의 지도감독자와 치료 시간에 있었던 내용에 초점을 맞춰 수많은 가설을 세워 보았지만, 어떠한 것도 환자를 설명할 수 없었다. 예를 들어, Z가 환자에게 "무엇을 바꾸는 것이 두려워서 목표를 세우지 않으려는 것은 아닌가요?"라고 말하면, 환자는 "아뇨, 저는 항상 너무 힘들어요, 그래서 이런 것들을 바꾸고 싶어요." 라고 대답하는 식이었다.

이런 종류의 해석이 성공을 거두지 못하자, 지도감독자인 AA는 Z에게 혹시 환자가 Z에게 도움을 받는 것을 견디지 못해 Z를 좌절시키려 하는 것은 아닌가 하는 조언을 하였다. Z가 다시 이런 가능성을 치료에서 다루자 환자는 부정하며 정말 도움을 받고 싶다고 반응하였다.

이런 식으로 제안을 하는 방식이 치료와 지도감독 시간에 계속 반복되었다. 결국 지도감독자 AA는 자신이 지도감독 시간에서 느끼는 느낌을 통해서 Z가 치료에서 얼마나 무기력감을 느끼고 있는지 깨닫기 시작하였다. 그는 Z에게 무력감을 느끼는지 물었고, Z는 그녀가 환자에게 무슨 말을 해도 아무런 변화도 일어나지 않고 치료자로서 무능력하다는 생각이 든다고 말하였다. AA는 자신도 지도감독 시간의 병행과정에서 자신이 해 준 조언이 모두 무위로 돌아가는 것을 보고 치료자처럼 지도감독자로서 자질이 없는 것처럼 느껴졌다고 말하였다. 그리고 Z에게 다음과 같은 질문을 던졌다. '그녀와 환자 사이에 일어나는 일이 환자의 내면세계를 반영하는 것이 아닐까?' '그가 Z에게 패배감과 무력감을 느끼게 하는 데는 어떤 이유가 있지 않을까?' Z는 다시 치료 시간이 되었을 때, 해석과 제안을 하는 대신 치료 상황에 대한 관찰과 그녀가 말하는 것들이 무위로 돌아갔을 때 자신이 느낀 점에 대해 말하였다. 그녀는 이것이 무엇인가의 재현이 아닐까 궁금하다고 말하였고, 환자는 즉시 자신의 어머니도 항상 그런 말을 하였다고 하였다. 그래서 치료자는 환자가 치료자에게 자신이 굴복시키고 싶어 하는 어머니에 대한 전이를 일으킨 것에 대해 다룰 수 있게 되었다.

정신치료에서 치료자는 환자가 투사하는 고통스러운 감정 상태를 해독(detoxify)하여야 한다. 이와 비슷한 일은 지도감독 시간에도 일어나며, 지도감독자는 수련의가 겪고 있는 힘든 감정을 같이 겪게 된다. AA는 이러한 감정을 참아 내고, 수련의가 그 감정을 효과적으로 사용할 수 있도록 도와주었다(Gabbard & Lester, 2003; Gabbard & Wilkinson, 1994). 그는 이러한 무력감을 수련의가 환자와 치료 과정을 이해하는 데 도움이 되는 말로 바꾸어 주었다. 지도감독자가 이

상황에서 보여 준 자기노출은 치료자가 환자에게 하는 것만큼이나 가치 있는 것이었다.

이러한 사례는 지도감독자도 자신이 가지고 있는 자기와 대상에 대한 내적 표상과 그에 따른 감정을 수련의에게 투사할 수 있음을 보여 준다. 다시 말해, 이 사례에서는 지도감독자가 지나치게 치료자의 역할을 떠맡아서 일일이 어떻게 치료를 해야 할지 말해 주는 모습으로도 볼 수 있다. 따라서 수련의는 환자가 스스로 알아서 하도록 격려하기보다는 무엇을 할지 하나하나 말해 줄 필요가 있는 사람으로 대하였다. 지도감독자와 수련의 사이에 무슨 일이 있는지 이해하더라도, 가장 중요한 원칙은 치료 시 발생하는 어려움이 무엇인지 알기 위해서 서로 용기 있게 터놓고 이야기해야 한다는 사실이다. 지도감독 관계의 동맹에서 신뢰가 쌓이면 역할 연기를 해 보는 것이 치료자의 숨겨진 역전이나 맹점을 찾아내는 좋은 방법이 될 수 있다. 수련의는 환자 역할을 하고 지도감독자가 치료자 역할을 하면, 수련자는 지도감독자가 환자가 말하는 문제를 어떻게 다루는지 배울 수 있는 기회를 가지게 된다. 또한 환자 역할을 하는 동안 수련의는 환자를 도와주려는 치료자의 노력을 환자가 어떻게 경험하고 있는가에 대해 많은 것을 공감할 수 있을 것이다.

4. 지도감독 과정에서 일어나는 흔한 문제

사적인 대화를 하려는 지도감독자

지도감독자는 실제로 많은 시간을 환자를 만나 그들의 문제를 듣고 있는 임상가들이다. 그래서 수련의들이 오면 환자의 문제를 갖고 그들을 도와주기보다는 잡담을 나누기를 원할 수 있다. 실제로 그들은 종일 환자의 문제를 듣고 있으므로, 수련의가 오는 것을 가벼운 사회생활의 기회로 생각할 수도 있다. 몇 분 정도의 사담(私談)은 별문제가 없고 편안한 환경을 조성해 줄 수도 있지만, 이것이 일상이 되어 교육을 방해해서는 안 된다.

어떤 지도감독자는 개인 의원에서 외로움을 느껴 수련의와 아는 사람들에 대해 잡담을 하고 싶어 할 수도 있다. 그들은 수련의가 소속된 병원에 대해서나 자신이 아는 사람의 최근 신변 상황에 대해 수련의가 이야기해 주길 바라기도 한다. 어떤 이들은 환자를 보는 데 지쳐 영화나 TV, 책에 대해서 이야기하고 싶어 할 수도 있다.

이런 문제를 해결하기 위하여 어떤 수련의들은 그들이 들어오자마자 환자 이야기를 시작하기도 한다. 이런 사무적인 태도는 지도감독자로 하여금 수련의가 환자에 대한 도움을 받고자 왔다는 사실을 깨닫게 한다. 만일, 이 방법이 효과가 없고 지도감독자가 계속 잡담을 하려고 하면, "선생님, 죄송하지만 저는 오늘 이 환자에 대해 정말 도움이 필요합니다. 실례가 안 된다면 다시 환자 이야기를 할 수 있을까요?"라고 얘기를 해 볼 수 있다. 많은 수련의가 지도감독자가 자신을 평가하는 강력하고 뛰어난 인물이라는 전이를 가지고 있어서, 자신들의 권리를 주장하는 데 지나치게 소극적이 된다. 그러나 이러한 일리 있는 주장을 하면, 지도감독자들은 자신들의 의무를 깨닫고 곧 이에 응해 줄 것이다. 그 뒤에도 만일 지도감독자가 이런 행동을 지속한다면, 수련의는 자신의 지도교수에게 이 문제를 상의할 필요가 있다.

졸음에 빠지는 지도감독자

지도감독자들은 환자를 보는 데 기력을 너무 소진한 나머지 환자를 보는 것보다 부담이 덜한 지도감독 시간에 집중을 잘 못할 수도 있다. 심지어 지도감독 시간 중에 졸음에 빠질 수도 있다. 이런 일은 빈번한데, 수련의는 자신이 잘못해서 지도감독자를 졸리게 하였다는 생각에 당황하기도 한다. 사실 수련의가 지도감독자를 즐겁게 할 의무는 없다. 하지만 때로 지도감독 시간에 어떤 형태의 현상이 두 사람 사이에 일어나는지 알아볼 가치가 있다. 수련의가 지도감독자에게 "제가 보기에는 선생님이 졸리신 것 같습니다. 혹시 제가 지도감독을 받는 방식이 선생님을 졸리게 하였을 수도 있을 것 같습니다. 지도감독 시간을 좀 더 생동감 있게 받을 수 있는 방법은 없는지요."라고 말할 수도 있다. 이런 방법은 수련의가 자신도 책임이 있을 수 있다고 말하면서도 지도감독을 받는 방식을 바꿀 수 있는 여지를 마련할 수 있게 한다. 때론 서로 커피를 한 잔씩 마시는 것도 도움이 될 수 있다.

경계를 넘는 지도감독자

한 여성 수련의가 남성 지도감독자의 사무실을 찾아 왔고, 지도감독자는 수련의에게 환자용 소파에서 자신의 옆 자리에 앉으라고 하였다. 그녀는 자신은 그냥 의자에 앉는 것이 좋다고 정중하게 거절하였다. 이러한 지도감독자를 대할 때, 모든 수련의가 한계를 주장할 수 있는 마음의 여유를 가지고 있지는 못한다. 어떤 이는 전이 때문에 겁을 먹기도 한다. 그들은 지도감독자의 기분을 따르는 것 말고는 다른 방법이 없다고 느끼기도 한다. 그러한 경계의 무너짐은 온갖 질문을 하는 형태로 나타나기도 한다. 어떤 지도감독자는 수련의가 결혼을 하였는지, 동성애자는 아닌지, 개인치료나 분석을 받는지, 어린 시절 어떤 어려움이 있었는지 등등을 물어볼 수 있다. 어떤 지도감독자의 경우 수련의를 안는다거나 뺨에 키스를 하려고도 할 수 있다. 이런 경우 수련의는 지도감독자가 행하는 행동이 자신을 불편하게 하고 있다고 이야기하는 것을 주저해서는 안 된다. "선생님이 이러시면 제가 좀 불편합니다."라고 분명하게 말하는 것이 이런 문제를 해결할 수 있다. 만일 그래도 해결이 안 된다면 지도교수에게 보고해야 할 필요가 있다.

권위적인 지도감독자

지도감독 시간의 모든 상황에서 마치 정답을 알고 있는 것처럼 보이는 지도감독자는 수련의에게 경외의 대상일 것이다. 정신치료에서 너무나 많은 것이 불확실하므로, 지도감독자의 확신에 찬 모습은 실제로 수련의들에게는 엄청나게 매력적인 것으로 비친다. 그런 지도감독자의 확신은 자기의 이론적 학설이 진실의 구현이라는 믿음에서 나온 것일 수 있다. 그래서 권위적인 지도감독자는 수련의가 할 일은 이런 이론적 모델을 모든 문제를 해결하는 정답으로 받아들이는 것이라고 가르칠 수 있다.

비록, 지도감독자의 확신이 매력적일지라도, 많은 수련의는 그들이 지도감독자가 선호하는 이론을 따르지 못할 때마다 자신이 스승의 기대에 미치지 못한다고 느끼게 된다. 최소한 수련의들은 지도감독자에게 그들의 충고의 기초가 되는 이론적 배경에 대해 설명을 요구할 수 있어야 한다. 예를 들어, 지도감독자가 자기심리학에 관심을 가진 사람이어서 수련의에게 환자의 관점에 대해서 더 많은 공감이 필요하다고 한다면, 수련의는 지도감독자에게 공감적 접근의 타당성에 대해 설명해 달라고 말하고 다른 접근 방법에 대해서 지도감독자가 문제시하는 것을 토의할 수 있다. 수련의는 환자에게 그들의 지도감독자가 선호하는 이론을 억지로라도 적용해야 한다고 생각해서는 안 된다. 만일 다른 관점이 이 환자에게 더 적합하다고 본다면, 그 문제를 지도감독 시간에 터놓고 이야기하여야 한다. 환자들은 지도감독자의 권위적인 지시에 따르는 치료자에게는 거의 도움을 받지 못한다. 수련 중인 치료자는 다른 모든 치료자와 마찬가지로 치료적 상황에서 유연하고 자발적이어야 한다.

지도감독을 마치는 데 대한 저항감

매년 수련 과정이 끝나면, 대부분의 수련기관은 수련자들로 하여금 지도감독자를 바꾸어서 다른 스타일의 지도감독을 받고 정신치료의 이론을 접하도록 한다. 일부 수련의는 그들의 지도감독자와 지나치게 밀착되어 지도감독자를 바꾸는 데 어려움을 겪는다. 심지어는 그 지도감독자에게 한 해 더 배우고 싶다고 요구할 수 있다. 비록 이것이 지도감독자에게 듣기 좋은 말일 수는 있다. 그러나 수련자에게는 수련 기간 동안 다양한 관점을 배우는 것이 최선이다. 때때로 지도감독자가 지도감독 관계를 끝내고 싶지 않아 수련의를 더 가르치고 싶다고 요구하기도 한다. 그런 경우에 수련생들은 다른 지도감독자에게 가길 원하는 것이 지도감독자의 마음을 상하게 할지라도 그렇게 하는 것이 바람직하다. 수련기관에서는 지도감독의 기간에 한도를 두어 그런 문제가 생겼을 때 수련의가 그 방침에 의거하도록 할 수 있다.

5. 지도감독에서 자문까지

수련을 받을 때 지도감독 시간을 효과적으로 활용한 것이 이후 자신의 전문 분야에서 자문에 대한 자세를 결정한다. 치료자는 그들이 자신의 모든 문제를 스스로 해결할 필요는 없다는 자세를 가져야 한다. 비록, 치료자들은 정말 큰 도움이 되는 개인치료의 경험이 있을지라도 여전히 자신이 보지 못하는 부분이 있다. 전이-역전이의 문제에서 비교적 자유스러운 자문 시간은 환자와의 치료적 난국에서 치료에 크나큰 도움을 주는 외부의 관점을 제시해 준다.

일단 수련을 마치면 자문 시간은 추가적인 비용을 의미한다. 대부분 돈을 내야 하며, 때로는 자문을 받기 위해 시간을 내어 자문 의사에게 가야 하기도 한다. 그래서 치료자들은 그들이 실제로 힘든 상황에 빠져 있어도 자문을 받지 않으려고 온갖 변명을 생각해 낸다. 정신치료자가 되기로 결심한 많은 이들은 완벽하게 비밀이 보장된 막으로 싸인 오직 일 대 일만의 관계를 꿈꾸는 무의식적 소망을 가질 수 있다(Gabbard, 2000). 이러한 제3자를 배제한, 어떤 의미로는 근친상간에 가까운 관계는 외부인의 근접을 막는 비밀스러운 행동을 하게 만들 수 있다. 치료적 경계의 무너짐은 치료자가 평생을 두고 조심해야 할 문제며, 제3자에 의한 관찰은 이것이 심각하게 일어나는 것을 막아 줄 수 있는 중요한 요소다. 자문 의사가 이 문제에 개입하면 이것은 더 이상 치료자와 환자 만의 문제가 아니며, 준(準) 근친상간적인 관계는 관찰자의 등장으로 깨지게 된다. 자문 의사는 일종의 보조적인 초자아로 기능하면서, 치료자로 하여금 치료적 관계의 적절한 한계에 대해 생각하도록 하고, 이런 한계를 넘으려는 시도를 합리화하지 못하게 돕는다.

환자의 치료적 비밀에 대한 걱정이 자문의 장애물이 될 수 있다. 하지만 자문 의사도 치료자와 동일하게 비밀을 지킬 의무가 있으며, 다른 사람에게 환자에 관한 이야기를 해서는 안 된다. 치료적 비밀을 더 잘 지키기 위해서 치료자는 환자의 이름이나 개인 정보를 알리지 않을 수도 있다. 때로는 다른 지방에 사는 자문 의사에게 전화로 자문을 받음으로써 환자의 정보를 지킬 수도 있다.

자문 의사에게 아주 부분적인 정보만을 제공하여 자문 과정을 쓸모없게 만드는 경우도 있다. 또 어떤 이들은 흔히 자신의 의견에 동의할 자문 의사를 고르기도 한다. 만일 그들이 정신치료에서 의문스런 행동을 할 때 자문 의사가 그들의 행동을 인정할 방식으로 자문 의사에게 보여 주고는, 그들의 비정상적인 행동을 마치 자문 의사가 승인한 것처럼 기록해 놓기도 한다. 이상적인 자문 의사는 포용적이고 허용적인 분위기를 조성하면서도 치료에서 나타난 문제가 있는 말이나 행동에 대해 치료자에게 지적할 수 있는 사람이어야 한다. 효과적인 자문은 자문 의사를 잘 고르는 것에서 시작한다. 지도감독이든 자문이든 치료자와 환자의 문제를 제시하는 것은힘들지만 엄격하게 정직을 지키는 것만큼 중요한 것은 없다.

요약

장기 역동정신치료의 개인 지도감독 시간은 주로 주 1회다. 지도감독은 녹화, 녹음 혹은 치료에 대한 자세한 기록을 가지고 진행할 수 있다. 일단 지도감독이 시작되면 치료자가 편안하게 치료 과정을 보고할 수 있도록 지도감독자와 수련의는 지도감독 동맹을 만들기 위해 노력하여야 한다. 초심자들은 그들이 지도감독 시간에 가장 말하기 힘든 것이 지도감독자와 다루어야 할 가장 중요한 문제라는 점을 기억하여야 한다. 지도감독자는 역전이를 다룰 때 치료자의 개인적 문제와 어린 시절의 경험을 다루기보다는 환자가 치료자에게 일으킨 문제에 중점을 두어서 지도감독의 경계를 지켜야 한다. 지도감독자와 수련의가 환자와 치료자가 만든 관계를 재현하는 병행 과정이 종종 일어난다. 지도감독의 상호관계(supervisory dyad)에 있는 두 사람은 모두 이런 일의 발생 여부에 주의를 기울여야 한다. 수련이 끝난 이후에도 초보 치료자들은 주기적으로 자문을 구하는 것이 자신의 기술을 향상시키고 치료적 경계를 무너뜨리지 않게 막아 주는, 직업적 생활의 일부라고 생각하여야 한다.

chapter **11**

장기 역동정신치료의 핵심 능력 평가

정신치료사의 평가 과정은 항상 도전의 과정이라고 할 수 있다. 특성상 정신치료는 비밀이 보장되어야 한다. 제10장에서 언급한 바와 같이 녹음기기나 제3자의 관찰 같은 시도가 있는 경우는 치료자와 환자가 사적인 공간 안에서 하는 경우와는 다르게 행동할 수 있다. 마찬가지로 기록에 의해서 정신치료 내용을 가늠하는 경우에도 기호에 맞게 허구적으로 만들어진 기록일 가능성이 높다는 것을 생각해 보아야 한다.

또한 유능(competent)의 정의가 실제로 뜻하는 바가 무엇인지에 대해서도 생각해 보아야 한다. 옥스퍼드 영어사전(New Shorter Oxford English Dictionary, 1993)에 따르면, '양, 범위, 정도 면에서 충분하거나 적당한' 으로 정의되어 있다(p. 459). 이 정의는 신중한 기댓값을 보여 주는 것으로, 유능한 치료자란 적정선에만 도달하면 되는 것이지 반드시 그 분야의 전문가가 되어야만 하는 것은 아니다. 숙련되고 훌륭한 정신치료자는 보통 자신을 평생 기술을 개선해 가야 하는 학생이라고 생각한다. 진정한 전문기술이란 숙련된 치료자라 할지라도 확실히 장악하기 어려운 미묘한 것이다. 대다수의 치료자들은 환자와의 잘못된 의사소통, 공감의 실패, 역전이를 다루면서 치료기술의 숙달을 위해 항상 고군분투하고 있는 것이다. 우리가 할 수 있는 최선은 이런 단점을 계속 확인하면서 이에 따른 치료적 관계의 손상을 복구하는 데 최선을 다하는 것이다. 위니코트(Winnicott)의 명언으로 말하자면, 우리는 '충분히 좋은(good enough)' 치료자가 되고자 희망하는 것이다.

이러한 맥락하에서 정신과 레지던트와 정신건강전문가 교육과정에 있는 사람들은 그들의 수련 과정과 경험의 정도에 따라 평가받아야 한다. 유능함이란 수련교육 담당교수나 지도감독자가 결정한 최소의 요구로, 이는 수련기관을 졸업하는 사람에게서 기대할 수 있는 합리적인 적정선을 말한다. 이런 면에서 수련 과정을 졸업한 사람들은 필요한 환자에게 정신치료를 할 수 있고, 또한 지도감독이나 전문가와 자문을 통해서 지식과 기술의 연마를 지속해 나아갈 수 있는 사람이어야 된다.

정신과수련의리뷰위원회(Psychiatry Residency Review Committee)는 정신치료에서의 능력을 세 개의 분야, 즉 '지식', '기술', '태도'로 나누어 제안하고 있다. 미국 정신과수련의감독위원회(American Association of Directors of Psychiatric Residency Training)는 유진 베레신(Eugene Beresin)과 리사 멜먼(Lisa Mellman)의 지도 아래, 유능감 연구위원회(Task Force on Competency)를 조직하였으며, 이 조직은 각 분야에서 여러 척도에 관해 연구하고 있다. 다른 교육자들 역시 능력의 척도를 만들었는데(Bienefeld et al., 2000; Beitman & Yue, 1999; Weerasekera, 2003), 이런 노력들이 이상과 현실 사이의 간극을 좁히는 데 일조를 해 왔다. 여기에서는 이러한 여러 연구와 다른 사람과의 수많은 대화를 통해 나눈 장기 역동정신치료에 필요한 지식과 기술, 태도의 유능함를 얻는 방법에 대해 정리를 해 보았다.

1. 역동정신치료 능력의 여러 면

지 식

장기 역동정신치료자의 수련 과정이 종료되면, 수련자는 다음에 대해 기초적인 이해를 가지고 있어야 한다.

- 기본적인 정신역동적 발달이론과 임상 적용 시의 의미
- 현대의 신경과학과 관련된 무의식적인 정신 기능과 정신치료
- 전이, 저항, 역전이
- 장기 역동정신치료의 적합성
- 성격(personality)의 기본 구성
- 방어기제의 체계
- 자아 구성(ego organization)에서 신경증적(neurotic)과 경계선적(borderline) 수준의 차이점
- 정신화/숙고 성찰 기능

- 장기 역동정신치료의 적응증에 해당하는 특성을 지닌 환자와 해당 정신과적 장애
- 장기 역동정신치료의 비적응증에 해당하는 특성을 지닌 환자와 해당 정신과적 장애
- 치료적인 틀을 만드는 전문적인 경계를 만드는 기본 요건
- 치료에서 표현-지지의 연속선
- 장기 역동정신치료의 다양한 목표
- 장기 역동정신치료 행위의 여러 방법
- 정신치료 시 나타나는 여러 형태의 저항과 그것들이 치료 시 어떻게 나타나는가?
- 꿈 위장의 기본 기제
- 꿈을 다루는 치료기법의 원칙
- 판타지의 정신적 기능
- 장기 역동정신치료에서 훈습 과정
- 치료적 난국과 부적 치료 반응
- 다양한 종결과 이들의 관리
- 언제 다른 치료자에게 환자를 보내야 하는가에 대한 지식

기 법

수련 종료 시 수련의는 다음과 같은 기법을 습득하고 있어야 한다.

- 환자의 이야기를 공감하며 들을 수 있는 능력
- 환자의 증상과 문제의 이해를 위해 환자의 협력을 이끌어 내어

치료적 동맹을 맺을 수 있는 능력
- 환자의 비언어적 의사소통을 평가와 치료에 통합할 수 있는 능력
- 방어기제를 찾아낼 수 있는 능력
- 환자가 장기 역동정신치료에 적합한지를 평가할 수 있는 능력
- 생물정신사회모델(Biopsychosocial Model) 내에서 정신역동을 만들어 낼 수 있는 적당한 능력
- 전문가의 경계를 유지하면서 필요할 때 적절한 유연성을 보이는 능력
- 환자에게 병식을 제공하는 해석을 명확히 말하고 전달할 수 있는 능력
- 정신치료에서 일어나는 전이와 역전이를 찾아낼 수 있는 능력
- 환자의 적절한 치료 목표를 설정할 수 있는 능력
- 저항을 찾아내고, 해석하고, 직면시킬 수 있는 능력
- 꿈을 이해하기 위해서 환자와 협력할 수 있는 능력
- 판타지를 찾아내고, 이를 분석할 수 있는 능력
- 환자 관점에서 공감적으로 대하는 능력과 제3자의 입장에서 관찰하는 입장 사이를 왔다갔다 할 수 있는 치료기술
- 환자와 치료 과정의 이해를 증진시키기 위해서 역전이를 사용할 수 있는 능력
- 종결 과정을 관리할 수 있는 능력

태 도

태도를 가늠하는 것은 어렵지만 치료자의 전문가 역할을 정의하

는 데 매우 중요하다. 이는 다음과 같다.

- 공감과 측은지심
- 치료 한계 설정에 있어서의 단호함과 치료 틀의 고수
- 환자의 내적 경험과 판타지에 대한 호기심
- 환자의 생각, 느낌 그리고 행동에 대한 판단의 자제
- 지도감독에서의 솔직함과 수용성
- 성적인 문제에 대한 민감성
- 환자의 성과 성적 행동에 대한 열린 마음
- 횡문화적인 문제에 대한 민감성
- 강한 저항에도 불구하고 이해를 추구하는 집요성
- 자신보다는 환자의 요구를 먼저 생각하는 윤리의식
- 환자에 의해서 유발된 역전이 감정의 수용

2. 최적의 경험

유능한 치료자가 되기 위한 지식, 기술, 태도 등을 습득하기 위해서 초심자들은 교과서보다 더 많은 지식이 필요하다. 이는 실제로 환자를 치료하면서 배우는 것보다 더 좋은 것은 없다. 남보다 빨리 배우는 사람이 있는가 하면 여러 다른 양식으로 배우는 사람도 있기 때문에 적절한 경험의 양을 정의하기는 어렵다. 장기치료의 진정한 경험을 갖기 위해서는 정신치료 경험은 반드시 수련 기간의 비교적

초기에 시작되어야 한다.

수련 프로그램은 '어떻게 하면 충분한 임상경험을 제공하여 레지던트들이 역동정신치료에 유능해질 수 있는지' 에 대해서 고민한다. 수련 기간 시 정신치료 외에도 다른 많은 경험이 요구되어 장기전을 요하는 정신치료의 기법을 배우는 것이 시간적으로 쉽지 않다. 대부분의 프로그램에서는 2년 차 때부터 역동정신치료에 대해 심도 있게 배우게 되며, 이는 교수진의 전문성과 환자의 이용도에 따라서 차이가 있을 수 있다. 예를 들어, 2년 차 레지던트 때는 두 명의 환자들에게 개인 역동정신치료(individual psychodynamic psychotherapy)를 시작할 수 있다. 수련 기간 동안 매년 매주 2시간의 지도감독이 수련의지도위원회(Residency Review Committee)의 의무 사항이다.

레지던트 3년 차 때는 최소 한 명 이상의 환자를 장기 역동정신치료를 해야 한다. 2년 차 때 시작하였던 환자들이 3년 차, 4년 차까지 지속되어 후에 장기치료 시 나타나는 많은 도전을 겪을 수 있을 것이라 예상할 수 있다. 하지만 몇몇 환자들은 오랜 기간 지속하는 것에 관심이 없으며, 레지던트는 이것을 피할 수 없는 일이라고 받아들여야 한다. 레지던트 3년 차는 두 명의 지도감독자들과 매주 지도를 받아야 한다. 부가적으로, 3년 차 때 소아, 청소년 그리고 가족치료를 경험하는 것은 발달의 여러 면을 배우는 데 좋은 기회가 되며, 이는 후에 성인치료에도 많은 도움이 된다.

레지던트 4년 차 때는 정신치료에 관심이 있는 레지던트는 다른 것도 배우는 동시에 더 많은 역동치료의 경험을 쌓을 수 있다. 또한 남성 환자, 여성 환자 등 양성의 장기치료 경험을 할 수 있다. 치료자와 환자의 성(gender constellation)에 따라서 각각 다른 전이와 역전이가 나타날 것이다. 수련 기간 동안 지도감독자의 도움 아래 이러한 도전에 직면하는 것이 이상적이라 할 수 있다.

3. 평가 방법

핵심 능력을 평가하는 데 중요한 지식, 기술, 태도 등은 평가하는 사람이 원하는 정보의 종류에 따라 각기 다른 평가 방법이 요구될 수 있다. 어떤 요인은 어떤 특정 도구에 의해 더욱 쉽게 평가될 수 있다. 평가 시 고려하여야 할 여러 종류의 평가 방법이 있으며, 이들은 능력의 특정한 면을 평가하는 데 각기 장단점을 가지고 있다.

사례 기록

환자에 대한 자세한 평가보고서는 수련의가 숙달한 지식에 관하여 많은 정보를 제공한다. 보고서를 읽는 사람들은 수련의가 기본적인 발달이론에 대한 이해가 있고 이를 임상에 적용할 줄 아는가, 전이나 저항 같은 기본적 정신역동 개념에 대한 이해 정도를 보고서에서 알아볼 수 있다. 특히, 이러한 보고서들이 실제 정신치료 시 일어난 일들을 기술하고 있다면 더욱 그러하다.

유능감에 요구되는 태도는 사례 보고를 통해 평가하기 어려우나 보고서를 통해 수련의가 문화적이고, 성적(gender)인 문제의 민감도를 어느 정도 식별할 수 있으며, 환자에 대해 기본적으로 호기심을 가지고 있는가를 알아볼 수 있다. 특정 기술, 예를 들면 생물정신사회모델(Biopsychosocial Model) 내에서 정신역동을 만들어 낼 수 있는 능력 등은 사례 보고서를 통해 쉽게 평가할 수 있다. 그러나 다른 기술, 예를 들면 수련의가 어떻게 치료동맹을 맺고, 치료 조정 내지 중재를 언제 하는지 등은 기록을 통해 평가하기가 어렵다.

사례회의에서의 구두 발표

사례보고회의에서 임상 정보를 수련의가 어떻게 보고하느냐를 보고 수련의가 가진 지식, 기술, 태도 등에 대한 많은 부분을 알 수 있다. 대부분의 발표가 사례보고 기록에 의존함으로써 기록에서 평가할 수 있는 모든 유능감이 사례회의 시 구두 보고를 통해 평가될 수 있다. 또한 수련의의 기술과 태도에 대한 추가 정보는 수련의가 사례에 대해 어떻게 말하며, 동료의 질문에 어떻게 반응하는가를 보고 알 수 있다.

예를 들어, 환자에 대해 가치 판단을 하지 않는 태도 등은 치료자가 환자에 대하여 어떻게 말하는가를 보고 알 수 있다. 마찬가지로 환자로부터 생긴 역전이 반응을 수용하는 태도는 환자에 대한 치료자의 느낌을 통해 쉽게 평가할 수 있다. 이러한 측면이 사례보고를 기록할 경우에는 기록이 되지 않는 경우가 많다. 사례 기록과 구두 발표 사이에 중요한 차이점 중 하나는 구두 발표 시에는 참석자들과 의견을 교환할 기회가 있다는 것이다. 어떤 능력에 대한 의구심이 들었다면, 여러 질문을 통하여 수련의의 숙달 정도를 알아볼 수 있다.

필기시험

시험은 시험관이나 피시험자 모두에게 많은 부담을 안겨 주지만, 기본적인 지식을 다른 수련기관의 수련의와 비교해 볼 수 있는 장점이 있다. 지식은 선다형 시험으로 평가할 수 있다. 또한 자세하게 기록된 사례가 제출되면 다른 기술들, 예를 들면 방어기제를 찾아내는 것 등도 평가할 수 있다. 그러나 시험을 통해 태도를 평가하기는 대단히 어렵고, 필기시험을 통해서 적절하게 평가할 수 없는 기법들도 많이 있다.

구두시험

구두시험은 십여 년에 걸쳐 교육을 받은 수련의에게 응분의 대우를 해 주지 않는 듯한 면도 있으나, 지식과 여러 기법을 평가하는 데 유용한 방법일 수 있다. 구두시험이 사례 중심으로 이루어진다면, 수련의가 환자의 과거, 현재 기록과 면담을 통해 사례를 분석 체계화할 수 있는가를 평가할 수 있다. 또한 구두시험은 지식이나 기술 면에서 의구심이 생기면 직접 물어볼 기회를 제공한다. 그러나 구두시험의 단점 중 하나는 시험 불안으로 인하여 실제로 가지고 있는 능력을 충분히 발휘하지 못할 수 있다는 점이다.

비디오 촬영 및 직접 관찰

정신치료를 직접 관찰하거나 비디오로 촬영하는 것은 초심자들이 환자들과 어떻게 상호 작용을 하고 있는가를 평가하는 데 커다란 장점이 있다. 이런 방법을 통해 평가자는 치료자의 태도를 평가함에 있어 많은 정보를 얻을 수 있으며, 치료자가 환자와 라포를 형성하고 치료 동맹을 맺는 능력도 쉽게 볼 수 있다. 또한 평가 교수는 환자의 비언어적 의사소통을 직접 관찰할 수 있고, 초심자가 이들을 알아내는 데 얼마나 숙달되어 있는가를 쉽게 평가할 수 있다.

또한 치료 회기가 끝난 후, 혹은 비디오를 본 후에 평가자는 회기 시 실제로 무슨 일이 일어났는가에 대해 구체적인 질문을 할 수 있다. 이러한 방법으로 지식, 기술, 태도의 세 가지 영역을 동시에 평가할 수 있다. 그러나 제10장에서 본 바와 같이, 이러한 방법의 주된 단점은 치료자와 환자 사이의 비밀보장 문제다. 환자가 동의서에 쉽게 허락을 한다 하여도 의심을 하여야 한다. 왜냐하면 환자는 전이 현상 때문에 이를 거부하기가 쉽지 않기 때문이다. 만약 자신이 동의를 하지 않으면 치료자가 언짢아 할 것이라고 생각할 수도 있다.

직접 관찰은 대부분 일면경을 통해 이루어지지만, 환자는 보이지 않는 관찰자의 존재를 힘들어할 수 있다. 또한 환자는 다른 사람들이 관찰하고 있다는 것을 알기 때문에 의사 표현의 내용을 조심스럽게 취사선택할 수 있다. 마찬가지로 치료자들도 조심스러워져서 관찰 시 보여 준 행동이 그들의 평소 모습과 다를 수 있다.

녹 음

정신치료 내용을 녹음하는 것은 비디오 촬영과 비슷한 장단점을 가지고 있다. 목소리나 잠시 쉬는 것, 치료 시 한 말들을 전부 들을 수 있다는 장점을 가지고 있으나, 비언어적인 표현을 알 수 없다는 것이 단점이다. 녹음은 거의 모든 기법과 태도의 여러 면을 평가하는 좋은 방법이다. 그러나 비디오 촬영이나 직접 관찰과 마찬가지로 치료의 장으로 침입해 들어간다는 문제가 있으며, 이는 복잡한 문제를 일으킬 가능성이 있다.

지도감독

치료자의 능력을 평가하는 데 가장 널리 사용되는 방법은 지도감독이다. 이 방법은 오랜 기간에 걸쳐 평가를 할 수 있다는 장점을 가지고 있다. 지도감독자와 수련의는 여러 달 동안 정기적으로 만나기 때문에 지도감독자는 수련의의 능력과 개선할 점을 심도 있게 평가할 수 있다.

경과기록(process note)을 사용하든 녹음 혹은 비디오테이프를 사용하든 간에 치료자의 지식, 능력, 태도는 시간이 지나면서 분명해진다. 지도감독자는 수련의와 함께 개선하여야 할 점을 계속 평가하게 된다. 또한 제10장에서 토의된 바와 같이 지도감독자는 수련의가 지도감독 시간에 환자에 대하여 어떻게 언급하는가를 보고 역전이 반응을 직접 보게 된다. 역할놀이(Role Playing)를 통해 수련의가 환자에 대하여 느끼는 감정이입의 능력도 평가할 수 있다. 6개월

표 11-1 여러 평가 방법의 장단점

평가 방법	지식 (Knowledge)	기술 (Skills)	태도 (Attitudes)
사례 기록(Case write-ups)	++	±	−
구두 발표(Oral presentations at case conferences)	++	+	±
필기시험 (Written examinations)	+++	±	−
비디오 촬영 혹은 직접 관찰 (Videotape recordings or direct observations)	+	++	++
녹음(Audiotape recordings)	+	++	+
지도감독(장기간, Supervision)	+++	++	++

* +=유용, ++=매우 유용, +++=대단히 유용, ±=복합적 유용, −=별로 유용치 않음

혹은 12개월 후에 지도감독자는 정신치료 능력을 알아보는 지식, 기술, 태도 검사문항을 검사하여, 수련의의 능력을 평가하고, 또한 개선하여야 할 부분도 알아볼 수 있다.

요약

장기 역동정신치료 능력을 평가하는 것은 대단히 복잡하다. 유능함이란 비교적 평범한 기대 수준을 말한다. 즉, 수련의는 정신치료의 기본적인 요소를 숙달하여 수련 종료 후 치료를 할 수 있을 정도로 준비가 되어야 한다는 것이다. 이러한 능력의 평가는 수련 경험 정도와 연륜을 고려해야 하며, 정신치료의 지식, 기술, 태도 등이 여러 가지 방법에 의하여 평가되어야 한다.

평가 방법으로는, 첫째 사례 기록, 둘째 사례 구두 발표, 셋째 필기시험, 넷째 구두시험, 다섯째 비디오 촬영 혹은 직접 관찰, 여섯째 녹음, 일곱째 지도감독 등이 있다. 이들 방법 중 어떤 것은 지식 평가에 더 적합하고, 어떤 것들은 기술과 태도 평가에 더 적합하다. 지도감독은 수련의의 능력을 장기적인 조망하에 볼 수 있으므로 평가의 핵심적인 방법이라 할 수 있다.

참고문헌

제1장 역동정신치료의 핵심 개념

Ainsworth, M. S., Blehar, M. C., & Waters, E. et al. (1978). *Patterns of Attachment: A Psychological Study of the Strange Situation*. Hillsdale, NJ: Erlbaum.

Anderson, E. M., & Lambert, M. J. (1995). Short-term dynamically oriented psychotherapy: a review and meta-analysis. *Clin Psychol Rev, 15,* 503-514.

Barber, J., Morse, J. Q., & Krakauer, I. D. et al. (1997). Change in obsessive-compulsive and avoidant personality disorders following time-limited expressive-supportive therapy. *Psychotherapy, 34,* 133-143.

Bateman, A., & Fonagy, P, (1999). The effectiveness of partial hospitalization in the treatment of borderline personality disorder: a randomized controlled trial. *Am J Psychiatry, 156,* 1563-1569.

Bateman, A., & Fonagy, P. (2001). Treatment of borderline personality disorder with psycho-analytically oriented partial hospitalization: an

18-month follow-up. *Am J Psychiatry, 158,* 36-42.

Benjamin, J. (1990). An outline of intersubjectivity: the development of recognition. *Psychoanalytic Psychology,* 7[suppl], 33-46.

Bowlby, J. (1988). *A Secure Base: Clinical Applications of Attachment Theory.* London, Routledge.

Chodorow, N. J. (1996). Theoretical gender and clinical gender: epistemological reflections on the psychology of women. *J Am Psychoanal Assoc, 44* [suppl], 215-238.

Crits-Christoph, P., Cooper, A., & Luborsky, L. (1988). The accuracy of therapists' interpretations and the outcome of dynamic psychotherapy. *J Consult Clin Psychol, 56,* 490-495.

Feldman, M. (1997). Projective identification: the analyst's involvement. *Int J Psychoanal, 78,* 227-242.

Fonagy, P. (2001). *Attachment Theory and Psychoanalysis.* New York: Other Press.

Fonagy, P., & Target, M. (2003). *Psychoanalytic Theories: Perspectives From Developmental Psychopathology.* London: Whurr.

Freud, S. (1958). The dynamics of transference [1912]. In J. Strachey (Ed.), *The Standard Edition of the Complete Psychological Works of Sigmund Freud, Vol 12,* 97-108. London: Hogarth Press.

Freud, S. (1961). The ego and the id [1923]. In J. Strachey (Ed.), *The Standard Edition of the Complete Psychological Works of Sigmund Freud,* Vol 19, 1-66. London: Hogarth Press.

Freud. S. (1959). Inhibitions, symptoms and anxiety [1926]. In J. Strachey (Ed.), *The Standard Edition of the Complete Psychological Works of Sigmund Freud,* Vol 20, 75-175. London: Hogarth Press.

Friedman, L. (1991). A reading of Freud's papers on technique. *Psychoanal*

Q, 60, 564–595.

Gabbard, G. O. (1995). Countertransference: the emerging common ground. *Int J Psychoanal, 76,* 475–485.

Gabbard, G. O. (2000). *Psychodynamic Psychiatry in Clinical Practice* (3rd ed.). Washington, D.C.: American Psychiatric Press.

Gabbard. G. O., Gunderson, J. G., & Fonagy, P. (2002). The place of psychoanalytic treatments within psychiatry. *Arch Gen Psychiatry, 59,* 505–510.

Greenson, R. R. (1967). *The Technique and Practice of Psychoanalysis.* New York, International Universities Press.

Gunderson, J. G., & Gabbard, G. O. (1999). Making the case for psychoanalytic therapies in the current psychiatric environment. *J Am Psychoanal Assoc, 47,* 679–704.

Gunderson, J. G., Frank, A. F., & Katz, H. M. et al. (1984). Effects of psychotherapy in schizophrenia II: comparative outcome of two forms of treatment. *Schizophr Bull, 10,* 564–598.

Heinicke, C. M., & Ramsey–Klee, D. M. (1986). Outcome of child psychotherapy as a function of frequency of session. *J Am Acad Child Psychiatry, 25,* 247–253.

Hoffman, I. Z. (1998). *Ritual and Spontaneity in the Psychoanalytic Process: A Dialectical Constructivist View.* Hillsdale, NJ: Analytic Press.

Joseph, B. (1989). Psychic Equilibrium and Psychic Change: Selected Papers of Betty Joseph. Edited by M. Feldman, E. B. Spillius. London: Routledge.

Joyce, A. S., & Piper, W. E. (1993). The immediate impact of transference in short–term individual psychotherapy. *Am J Psychother, 47,* 508–526.

Kohut, H. (1971). *The Analysis of the Self: A Systematic Approach to the Psychoanalytic Treatment of Narcissistic Personality Disorders*. New York: International University Press.

Kohut, H. (1977). *The Restoration of the Self*. New York: International Universities Press.

Kohut, H. (1984). *How Does Analysis Cure?* Edited by A. Goldberg with the collaboration of P. E. Stepansky. Chicago, IL: University of Chicago Press.

Mental health (1995). does therapy help? *Consumer Reports*, November, pp. 734–739.

Monsen J., Odland T., & Faugli, A. et al. (1995a). Personality disorders: changes and stability after intensive psychotherapy focusing on affect consciousness. *Psychother Res, 5,* 33–48.

Monsen, J., Odland, T., & Faugli, A., et al. (1995b). Personality disorders and psychosocial changes after intensive psychotherapy: a prospective follow-up study of an outpatient psychotherapy project, 5 years after end of treatment. *Scand J Psychol, 36,* 256–268.

Ogden, T. H. (1979). On projective identification. *Int J Psychoanal, 60.*

Reiss, D., Hetherington, E. M., & Plomin, R. et al. (1995). Genetic questions for environmental studies: differential parenting and psychopathology in adolescence. *Arch Gen Psychiatry, 52,* 925–936.

Sandell, R., Blomberg, J., & Lazar, A. et al. (2000). Varieties of long-term outcome among patients in psychoanalysis and long-term psychotherapy: a review of findings in the Stockholm Outcome of Psychoanalysis and Psychotherapy Project [STOPP]. *Int J Psychoanal, 81,* 921–942.

Sherwood, M. (1969). *The Logic of Explanation in Psychoanalysis*. New

York: Academic Press.

Silberschatz, G., Fretter, P. B., & Curtis, J. T. (1986). How do interpretations influence the process of psychotherapy? *J Consult Clin Psychol, 54,* 646–652.

Spillius, E. B. (1992). *vKlein and Bion.* Edited by R. Anderson. London: Tavistock/Routledge pp. 59–73.

Squire, L. R. (1987). *Memory and Brain.* New York: Oxford University Press.

Stanton, A. H., Gunderson, J. G., & Knapp, P. H. et al. (1984). Effects of psychotherapy in schizophrenia, I: design and implementation of a controlled study. *Schizophr Bull, 10,* 520–563.

Stern, D. N. (1985). *The Interpersonal World of the Infant: A View From Psychoanalysis and Developmental Psychology.* New York: Basic Books.

Stern, D. N. (1989). Developmental prerequisites for the sense of a narrated self. In A. M. Cooper, O. F. Kernberg, & E. S. Person, *Psychoanalysis: Toward the Second Century,* 168–178. New Haven, CT: Yale University Press.

Stevenson, J., & Meares, R. (1992). An outcome study of psychotherapy for patients with borderline personality disorder. *Am J Psychiatry, 149,* 355–362.

Stolorow, R. D. (1995). An intersubjective view of self psychology. *Psychoanalytic Dialogues, 5,* 393–399.

Svartberg, M., Stiles, T. C., & Seltzer, M. H. (in press). Effectiveness of short–term dynamic psychotherapy and cognitive therapy for Cluster C personality disorders: a randomized controlled trial. Am J Psychiatry.

Target, M., & Fonagy, P. (1994a). The efficacy of psychoanalysis for children with emotional disorders. *J Am Acad Child Adolesc Psychiatry, 33,* 361–371.

Target, M., & Fonagy, P. (1994b). The efficacy of psychoanalysis for children: prediction of outcome in a developmental context. *J Am Acad Child Adolesc Psychiatry, 33,* 1134–1144.

Thoma, H., & Kachele, H. (1987). *Psychoanalytic Practice, Vol 1: Principles.* Translated by M. Wilson, D, Roseveare. New York: Springer-Verlag.

Westen, D. (1999). The scientific status of unconscious processes: is Freud really dead?, *J Am Psychoanal Assoc, 47,* 1061–1106.

Westen, D., & Gabbard, G. O. (2002a). Developments in cognitive neuroscience, I: conflict, compromise, and connectionism. *J Am Psychoanal Assoc, 50,* 53–98.

Westen, D., & Gabbard, G. O. (2002b). Developments in cognitive neuroscience, II: implications for theories of transference. *J Am Psychoanal Assoc, 50,* 99–134.

Winnicott, D. W. (1965). *Ego distortion in terms of true and false self, in The Maturational Processes and the Facilitating Environment,* 140–152. New York: International Universities Press.

Winston, A., Laikin, M., & Pollack, J. et al. (1994). Short-term psychotherapy of personality disorders. *Am J Psychiatry, 151,* 190–194.

■ ■ 제2장 평가, 적응증, 정신역동의 도식화

Alexander, P. C., Anderson, C. L., & Brand, B. et al. (1998). Adult attachment and long-term effects in survivors of incest. *Child Abuse Negl,*

22, 45–61.

American Psychiatric Association (2000). *Diagnostic and Statistical Manual of Mental Disorders* (4th ed.), Text Revision. Washington, DC: American Psychiatric Association.

Blatt, S. (2004). *Experiences of Depression.* Washington, D.C.: American Psychological Association.

Dare, C. (2001). Psychodynamic psychotherapy for eating disorders. In G. O. Gabbard, *Psychiatric Disorders* (3rd ed.), 2169–2192. Washington, D.C.: American Psychiatric Press.

Fonagy, P., & Target, M. (1997). Attachment and reflective function: their role in self–organization. *Dev Psychopathol, 9,* 679–700.

Fonagy, P., Leigh, T., & Steele, M. et al. (1996). The relation of attachment status, psychiatric classification, and response to psychotherapy. *J Consult Clin Psychol, 64,* 22–31.

Freud, S. (1958). Remembering, repeating and working–through [further recommendations on the technique of psycho–analysis II] [1914]. In J. Strachey (Ed.), *The Standard Edition of the Complete Psychological Works of Sigmund Freud, Vol 12,* 145–156. London: Hogarth Press.

Gabbard, G. O. (2000). *Psychodynamic Psychotherapy in Clinical Practice* (3rd ed.). Washington, D.C.: American Psychiatric Press.

Gabbard, G. O. (2001). Psychoanalysis and psychoanalytic psychotherapy. In W. J. Livesley (Ed.), *Handbook of Personality Disorders: Theory, Research, and Treatment,* 359–376. New York: Guilford.

Gunderson, J. G., & Gabbard, G. O. (1999). Making the case for psychoanalytic therapies in the current psychiatric environment. *J Am Psychoanal Assoc, 47,* 679–704.

Kassaw, K., & Gabbard, G. O. (2002). Creating a psychodynamic formulation from the clinical evaluation. *Am J Psychiatry, 159,* 721–726.

Kernberg, O. F. (1976). Technical considerations in the treatment of borderline personality organization. *J Am Psychoanal Assoc, 24,* 795–829.

Lucas, R. (2003). The relationship between psychoanalysis and schizophrenia. *Int J Psychoanal, 84,* 3–8.

Patrick, M., Hobson, R. P., & Castle, D. et al. (1994). Personality disorder and the mental representation of early experience. *Dev Psychopathol, 6,* 375–388.

Peebles–Kleiger, M. J. (2002). *Beginnings: The Art and Science of Planning Psychotherapy.* Hillsdale, NJ: Analytic Press.

Sandler, J. (1981). Character traits and object relationships. *Psychoanal Q, 50,* 694–708.

Shevrin, H., & Shectman, F. (1973). The diagnostic process in psychiatric evaluations. *Bull Menninger Clin, 37,* 451–494.

Sperry, L., Gudeman, J. E., & Blackwell, B. et al. (1992). *Psychiatric Case Formulations.* Washington, D.C.: American Psychiatric Press.

Stalker, C. A., & Davies, F. (1995). Attachment organization and adaptation in sexually abused women. *Can J Psychiatry, 40,* 234–240.

Vaillant, G. E., & Vaillant, L. M. (1988). The role of ego mechanisms of defense in the diagnosis of personality disorders. In J. W. Barron (Ed.), *Making Diagnosis Meaningful: Enhancing Evaluation and Treatment of Psychological Disorders,* 139–158. Washington, D.C.: American Psychological Association.

Woody, G. E., McLellan, T., & Luborsky, L. et al. (1985). Sociopathy and psychotherapy outcome. *Arch Gen Psychiatry, 42,* 1081–1086.

■ ■ 제3장 정신치료의 기본 요소

Frieswyck, S. H., Allen, J. G., & Colson, D. B. et al. (1986). Therapeutic alliance: its place as a process and outcome variable in dynamic psychotherapy research. *J Consult Clin Psychol, 54,* 32–38.

Gabbard, G. O. (2000). Psychodynamic Psychotherapy in Clinical Practice (3rd ed.). Washington, D.C.: American Psychiatric Press.

Gabbard, G. O., & Lester, E. (2003). *Boundaries and Boundary Violations in Psychoanalysis.* Washington, D.C.: American Psychiatric Publishing.

Gibbons, M. G. C., Crits–Christoph, P., & de la Cruz et al. (2003). Pretreatment expectations, interpersonal functioning, and symptoms in the prediction of the therapeutic alliance across supportive–expressive psychotherapy and cognitive therapy. *Psychotherapy Research, 13,* 59–76.

Greenberg, J. R. (1995). Psychoanalytic technique and the interactive matrix. *Psychoanal Q, 64,* 1–22.

Gutheil, T. G., & Gabbard, G. O. (1993). The concept of boundaries in clinical practice: theoretical and risk management dimensions. *Am J Psychiatry, 150,* 188–196.

Gutheil, T. G., & Gabbard, G. O. (1998). Misuses and misunderstandings of boundary theory in clinical and regulatory settings. *Am J Psychiatry, 155,* 409–414.

Horvath, A. D., & Symonds, B. D. (1991). Relation between working alliance and outcome in psychotherapy: a meta–analysis. *J Couns Psychol, 38,* 139–149.

Horwitz, L., Gabbard, G. O., & Allen, J. G. et al. (1996). *Borderline Personality Disorder: Tailoring the psychotherapy to the patient.* Washington, D.C.: American Psychiatric Press.

Krupnick, J. L., Sotsky, S. M., & Simmens, S. et al. (1996). The role of therapeutic alliance in psychotherapy and pharmacotherapy outcome: findings in the National institute of Mental Health Treatment of Depression Collaborative Research Program. *J Consult Clin Psychol, 64*, 532–539.

Luborsky, L. (1984). *Principles of Psychoanalytic Psychotherapy: A Manual for Supportive Expressive Treatment.* New York: Basic Books.

Martin, D. J., Garske, J. P., & Davis, K. K. (2000). Relation of the therapeutic alliance with outcome and other variables: a meta-analytic review. *J Consult Clin Psychol, 68*, 438–450.

Poland, W. S. (2000). The analyst's witnessing and otherness. *J Am Psychoanal Assoc, 48*, 16–35.

Winnicott, D. W. (1954). *Metapsychological and clinical aspects of regression within the psycho-analytic set-up, in Collected Papers: Through Pediatrics to Psychol-Analysis.* New York: Basic Books.

■ ■ 제4장 치료적 중재

Gabbard, G. O. (2000). Psychodynamic Psychotherapy in Clinical Practice(3rd ed.). Washington, D.C.: American Psychiatric Press.

Gabbard, G. O., & Wilkinson, S. (1994). *Management of Countertransference With Borderline Patients.* Washington, D.C.: American Psychiatric Press.

Gabbard, G. O., Horwitz, L., & Allen, J. G. et al. (1994). Transference interpretation in the psychotherapy of borderline patients: a high-risk, high-gain phenomenon. *Harv Rev Psychiatry, 2*, 59–69.

Horwitz, L., Gabbard, G. O., & Allen, J. G. et al. (1996). *Borderline*

Personality Disorder: Tailoring the Psychotherapy to the Patient. Washington, D.C.: American Psychiatric Publishing.

Killingmo, B. (1995). Affirmation in psychoanalysis. *Int J Psychoanal, 76,* 503–518.

Kohut, H. (1971). *The Analysis of the Self.* New York: International Universities Press.

Lohser, B., & Newton, P. M. (1996). *Unorthodox Freud: The View From the Couch.* New York: Guilford.

Westen, D., & Gabbard, G. O. (2002). Developments in cognitive neuroscience, II: implications for theroies of transference. *J Am Psychoanal Assoc, 50,* 99–134.

■ ■ 제 5장 치료 목표와 치료 행위

Adler, G., & Buie, D. (1979). Aloneness and borderline psychopathology: the possible relevance of child developmental issues. *Int J Psychoanal, 60,* 83–94.

Amini, F., Lewis, T., & Lannon, R. et al. (1996). Affect, attachment, memory: contributions towards psychobiologic integration. *Psychiatry, 59,* 213–239.

Barlow, D. H. (2002). *Anxiety and Its Disorders: The Nature and Treatment of Anxiety and Panic* (2nd ed.) New York: Guilford.

Benjamin, J. (1990). An outline of intersubjectivity: the development of recognition. *Psychoanalytic Psychology, 7* [suppl], 33–46.

Blatt, S. J. (1992). The differential effects of psychotherapy and psychoanalysis with anaclitic and introjective patients: the Menninger Psychotherapy Research Project revisited. *J Am Psychoanal Assoc,*

40, 691–724.

Brenner, C. (1976). *Psychoanalytic Technique and Psychic Conflict*. New York: International University Press.

Cooper, A. M. (1989). Concepts of therapeutic effectiveness in psychoanalysis: a historical review. *Psychoanalytic Inquiry, 9*, 4–25.

Fonagy, P. (1999). The process of change, and the change of processes: what can change in a "good" analysis? *Keynote address to the spring meeting of Division 39 of the American Psychological Association*, April 16.

Fonagy, P., & Target, M. (2000). Playing with reality, III: the persistence of dual psychic reality in borderline patients. *Int J Psychoanal, 81*, 853–873.

Gabbard, G. O. (1995). When the patient is a therapist: special challenges in the analysis of mental health professionals. *Psychoanal Rev, 82*, 709–725.

Gabbard, G. O. (1996). *Love and Hate in the Analytic Setting*. Northfield, NJ: Jason Aronson.

Gabbbard, G. O. (1997). A reconsideration of objectivity in the analyst. *Int J Psychoanal, 78*, 15–26.

Gabbard, G. O. (2000a). On gratitude and gratification. *J Am Psychoanal Assoc, 48*, 697–716.

Gabbard, G. O. (2000b). Psychodynamic Psychotherapy in Clinical Practice(3rd ed.). Washington, D.C.: American Psychiatric Press.

Gabbard, G. O. (2001). Overview and commentary. *Psychoanal Q, 70*, 287–296.

Gabbard, G. O., & Bartlett, A. B. (1998). Selective serotonin reuptake inhibitors in the context of an ongoing analysis. *Psychoanalytic*

Inquiry, 18, 657–672.

Gabbard, G. O., & Westen. D. (2003). Rethinking therapeutic action. *Int J Psychoanal, 84* [pt 4], 823–841.

Greenberg, J. R. (1986). The problem of analytic neutrality. *Contemp Psychoanal, 22,* 76–86.

Holmes, J. (1998). The changing aims of psychoanalytic therapy: an integrated perspective. *Int J Psychoanal, 79,* 227–240.

Jacobs, T. J. (1990). The corrective emotional experience–its place in current technique. *Psychoanalytic Inquiry, 10,* 433–454.

Jones, E. E. (1997). Modes of therapeutic interaction. *Int J Psychoanal, 78,* 1135–1150.

Jones, E. E. (2000). *Therapeutic Action.* Northfield, NJ: Jason Aronson.

Kohut, H. (1971). *The Analysis of the Self.* New York: International University Press.

Kohut, H. (1984). How Does Analysis Cure? A. Goldberg (Ed.). Chicago, IL: University of Chicago Press.

Levy, S., & Inderbitzin, L. (1997). Safety, danger, and the analyst's authority. *J Am Psychonal Assoc, 45,* 377–394.

Lyons–Ruth K and members of the Change Process Study Group (1998). *Implicit relational knowing: its role and development in psychoanalytic treatment infant Ment Health J 19,* 282–289.

Mitchell, S. A. (1977). *Influence and Autonomy in Psychoanalysis.* Hillsdale, NJ: Analytic Press.

Pine, F. (1998). *Diversity and Direction in Psychoanalytic Technique.* New Haven, CT: Yale University Press.

Pulver, S. E. (1992). Psychic change: insight or relationship? *Int J Psychoanal, 73,* 199–208.

Raphling, D. L. (1995). Interpretation and expectations: the anxiety of influence. *J Am Psychoanal Assoc, 43,* 95–111.

Rogers, C. (1959). A theory of therapy, personality, and interpersonal relationships, as development in the client-centered framework. In Edited by S. Koch, *Psychology: A Study of a Science, Vol 3: Formulations of the Personal in the Social Context,* 184–255. New York: McGraw-Hill.

Siegel, R. S., & Rosen, I. C. (1962). Character style and anxiety tolerance: a study of intrapsychic change. In Edited by H. Strupp, L. Luborsky, *Research in Psychotherapy, Vol 2,* 206–217. Washington, D.C.: American Psychological Association.

Steiner, J. (1989). The aim of psychoanalysis. *Psychoanalytic Psychotherapy, 4,* 109–120.

Stern, D. N., Sander, L. W., & Nahum, J. P. et al. (1998). Non-interpretive mechanisms in psychoanalytic therapy: the "something more" than interpretation. *Int J Psychoanal, 79,* 903–921.

Tronick, E. Z. (1989). Emotions and emotional commmunication in infants. *Am Psychol, 44,* 112–119.

Wachtel, P. (1997). *Psychoanalysis, Behavior Therapy, and the Relational World.* Washington, D.C.: American Psychological Association.

Wallerstein, R. S. (1986). *Forty-Two Lives in Treatment: A Study of Psychoanalysis and Psychotherapy.* New York: Guilford.

Winnicott, D. W. (1976). The aims of psychoanalytic treatment [1962]. *In The Maturational Processes and the Facilitating Environment,* 166–170. London: Hogarth Press.

▪ ▪ 제6장 저항 다루기

Freud, S. (1958). The dynamics of transference [1912]. In J. Strachey (Ed.), *The Standard Edition of the Complete Psychological Works of Sigmund Freud*, Vol 12, 99–108. London: Hogarth Press.

Freud, S. (1958). On beginning the treatment [1913]. In J. Strachey (Ed.), *The Standard Edition of the Complete Psychological Works of Sigmund Freud*, Vol 12, 123–144. London: Hogarth Press.

Freud, S. (1958). Remembering, repeating, and working through [1914]. In J. Strachey (Ed.), *The Standard Edition of the Complete Psychological Works of Sigmund Freud*, Vol 12, 147–156. London: Hogarth Press.

Friedman, L. (1991). A reading of Freud's papers on technique. *Psychoanal Q, 60,* 564–595.

Gabbard, G. O. (1982). The exit line: heightened transference–counter-transference manifestations at the end of the hour. *J Am Psychoanal Assoc, 30,* 579–598.

Gill, M. M. (1982). Theory and Technique. *Analysis of Transference,* Vol 1. New York: International University Press.

Gray, P. (1990). The nature of therapeutic action in psychoanalysis. *J Am Psychoanal Assoc*, 38, 1083–1096.

Kohut, H. (1984). *How Does Analysis Cure? Edited by Goldberg A.* Chicago, IL: University of Chicago Press.

Paniagua, C. (1998). *Acting in revisited: Int J Psychoanal, 79,* 499–512.

■ ■ 제7장 역동정신치료 시 꿈과 판타지의 사용

Book, H. E. (1988). *How to Practice Brief Psychodynamic Psychotherapy: The Core Conflictual Relationship Theme Method*. Washington, D.C.: American Psychological Association.

Coen, S. J. (1992). *The Misuse of Persons: Analyzing Pathological Dependency*. Hillsdale, NJ: Analytic Press.

Freud, S. (1953). The interpretation of dreams, Parts 1 and 2 [1900]. In J. Strachey (Ed.), *The Standard Edition of the Complete Psychological Works of Sigmund Freud*, Vols 4 and 5, 1–625. London: Hogarth Press.

Gabbard, G. O. (1996). *Love and Hate in the Analytic Setting*. Northvale, NJ: Jason Aronson.

Gabbard, G. O. (2000). *Psychodynamic Psychiatry in Clinical Practice* (3rd ed.). Washington, D.C.: American Psychiatric Press.

Hobson, J. A. (1988). *The Dreaming Brain*. New York: Basic Books.

Le Guin, U. K. (1979). *The Language of the Night: Essays on Fantasy and Science Fiction*. New York: Putnam.

Luborsky, L. (1984). *Principles of psychoanalytic Psychotherapy: A Manual for Supportive Expressive Treatment*. New York: Basic Books.

Person, E. S. (1980). Sexuality as a mainstay of identity. In C. R. Stimpson, E. S. Person (Eds.), *Women–Sex and Sexuality*, 36–61. Chicago, IL: University of Chicago Press.

Person, E. S. (1995). *By Force of Fantasy: How We Make Our Lives*. New York: Basic Books.

Person, E. S., Terestman, N., & Myers, W. A. et al. (1989). Gender differences in sexual behaviors and fantasies in a college population. *J Sex Marital Ther, 15*, 187–198.

Reiser, M. F. (2001). The dream in contemporary psychiatry. *Am J Psychiatry, 158,* 351–359.

Smith, K., & Eyman, J. (1988). Ego structure and object differentiation in suicidal patients. In H. D. Lerner, & P. M. Lerner (Eds.), *Primitive Mental States of the Rorschach,* 176–202. Madison, CT: International Universities Press.

Smith, S. (1977). The golden fantasy: a regressive reaction to separation anxiety. *Int J Psychonal, 58,* 311–324..

Stoller, R. (1979). *Sexual Excitement: Dynamics of Erotic Life.* New York: Pantheon.

Wright, L. B. (Ed.) (1948). *Four Comedies by William Shakespeare.* New York: Simon & Schuster.

■ ■ 제8장 역전이의 발견과 작업

Bion, W. R. (1962a). *Learning From Experience.* London: Heinemann.

Bion, W. R. (1962b). The psycho–analytic study of thinking, II: a theory of thinking. *Int J Psychoanal, 43,* 306–310. [Reprinted in Bion WR: Second Thoughts: Selected Papers on Psychoanalysis. London, Heinemann, 1967, pp. 110–119]

Carpy, D. V. (1989). Tolerating the countertransference: a mutative process. *Int J Psychoanal, 70,* 287–294.

Chused, J. F. (1991). The evocative power of enactments. *J Am Psychoanal Assoc, 39,* 615–639.

Gabbard, G. O. (1994). Sexual excitement and countertransference love in the analyst. *J Am Psychoanal Assoc, 42,* 1083–1106.

Gabbard, G. O. (1995). Countertransference: the emerging common ground. *Int J Psychoanal, 76,* 475–485.

Gabbard, G. O. (1996). *Love and Hate in the Analytic Setting.* Northvale, NJ: Jason Aronson.

Gabbard, G. O. (2000). *Psychodynamic Psychotherapy in Clinical Practice*(3rd ec.). Washington, D.C.: American Psychiatric Press.

Gabbard, G. O., & Wilkinson, S.M. (1994). *Management of Countertransference With Borderline Patients.* Washington, D.C.: American Psychiatric Press.

Gabbard, G. O., Horwitz, L., & Allen, J. G. et al. (1994). Transference interpretation in the psychotherapy of borderline patients: a high–risk, high–gain phenomenon. *Harv Rev Psychiatry, 2* (1), 59–69.

Greenberg, J. R. (1995). Self–disclosure: is it psychoanalytic? *Contemp Psychoanal, 31,* 193–205.

Jacobs, T. J. (1993a). The inner experiences of the psychoanalyst: their contribution to the analytic process. *Int J Psychoanal, 74,* 7–14.

Jacobs, T. J. (1993b). Insight and experience: commentary on Morris Eagle's enactments, transference, and symptomatic curing. *Psychoanalytic Dialogues, 3,* 123–127.

Kernberg, O. F. (1970). Factors in the psychoanalytic treatment of narcissistic personalities. *J Am Psychoanal Assoc, 18,* 51–85.

Klein, M. (1975). Notes on some schizoid mechanisms [1946]. In Envy and Gratitude and Other Works, 1946–1963, 1–24. New York: Delacorte Press/Seymour Laurence.

McLaughlin, J. T. (1991). Clinical and theoretical aspects of enactment. *J Am Psychoanal Assoc, 39,* 595–614.

Modell, A, H, (1991). The therapeutic relationship as a paradoxical experience. *Psychoanalytic Dialogues, 1,* 13–28.

Ogden, T. H. (1979). On Projective identification. *Int J Psychoanal, 60,* 357–373.

Ogden, T. H. (1982). *Projective identification and Psychotherapeutic Technique.* New York: Jason Aronson.

Ogden, T. H. (1983). The concept of internal object relations. *Int J Psychoanal, 664,* 227–241.

Ogden, T. H. (1986). *The Matrix of the Mind: Object Relations and the Psychoanalytic Dialogue*. Northvale, NJ: Jason Aronson.

Ogden, T. H. (1992). *The dialectically constituted/decentred subject of psychoanal, 73,* 613–626.

Pine, F, (1986). Supportive psychotherapy: a psychoanalytic perspective. *Psychiatr Ann, 16,* 526–529.

Racker, H. (1968). *Transference and Countertransference.* New York: International Universities Press.

Renik, O. (1993). Analytic interaction: conceptualizing technique in light of the analyst' s irreducible subjectivity. *Psychoanal Q, 62,* 553–571.

Rosenfeld, H. A. (1955). Notes on the psycho–analysis of the superego conflict of an acute schizophrenic patient. *Int J Psychoanal, 31,* 111–131 Reprinted in Klein M (Ed.), New Directions in Psycho–Analysis, 180–219. London: Tavistock.

Roughton, R. E. (1993). Useful aspects of acting out: repetition, enactment, and actualization. *J Am Psychoanal Assoc, 41,* 443–472.

Schafer, R. (1997). Vicissitudes of remembering in the countertransference: fervent failure, colonization, and remembering otherwise. *Int J Psychoanal, 78,* 1151–1163.

Scharff, J. S. (1992). *Projective and Introjective Identification and the Use of the Therapist's Self.* Northvale, NJ: Jason Aronson.

Smith, S. (1977). The golden fantasy: a regressive reaction to separation anxiety. *Int J Psychoanal, 58,* 311–324.

Symington, N. (1990). The possibility of human freedom and its transmission [with particular reference to the thought of Bion]. *Int J Psychoanal, 71,* 95–106.

Winnicott, D. W. (1971). *Playing and Reality.* New York: Basic Books.

■ ■ 제9장 훈습 과정과 종결

Aron, L. (1991). Working through the past–working toward the future: relational perspectives and working through. *Contemp Psychoanal, 27,* 81–108.

Beck, N. C., Lambert, J., & Gamachei, M. et al. (1987). Situational factors and behavioral self–predictions in the identification of clients at high risk to drop out of psychotherapy. *J Clin Psychol, 43,* 511–520.

Feiner, A. H. (1979). Countertransference and the anxiety of influence, in Countertransference. Edited by L. Epstein, & A. H. Feiner, pp. 108–128. New York: Jason Aronson.

Fonagy, P. (2001). *Attachment Theory and Psychoanalysis.* New York: Other Press.

Gabbard, G. O. (2000). On gratitude and gratification. *J Am Psychoanal Assoc, 48,* 697–716.

Gabbard, G. O. (2003). Miscarriages of psychoanalytic treatment with suicidal patients. *Int J Psychoanal, 84,* 249–261.

Goldberg, A. (1999). Between empathy and judgment. *J Am Psychoanal Assoc, 47,* 351–365.

Gorkin, M. (1985). *The Uses of Countertransference.* Northvale, NJ: Jason

Aronson.

Luborsky, L. (1984). *Principles of Psychoanalytic Psychotherapy: A Manual for Supportive Expressive Treatment.* New York: Basic Books.

Menninger, K. A. (1958). *Theory of Psychoanalytic Technique.* New York: Basic Books.

Shafer, R. (1983). *The Analytic Attitude.* New York: Basic Books.

Wallerstein, R. (1986). *Forty–Two Lives in Treatment.* New York: Guilford.

■ ■ 제10장 지도감독의 이용

Betcher, R. W., & Zinberg, N. E. (1988). Supervision and privacy in psychotherapy training. *Am J Psychiatry, 147,* 796–803.

Chrzanowski, G. (1984). Can psychoanalysis be taught? In L. Caligor, P. M. Bromberg, & J. D. Meltzer, *Clinical Perspectives on theSupervision of Psychoanalysis and Psychotherapy.* New York: Plenum.

Doehrman, M. J. G. (1976). Parallel processes in supervision and psychotherapy. *Bull Menninger Clin, 40,* 3–104.

Gabbard, G. O. (1996). Lessons to be learned from the study of sexual boundary violations. *Am J Psych. other, 50,* 311–322.

Gabbard, G. O. (2000). Consultation from the consultant's perspective. *Psychoanalytic Dialogues, 10,* 209–218.

Gabbard, G. O., & *Lester, E. P.* (2003). *Boundaries and Boundary Violations in Psychoanalysis.* Washington, D.C.: American Psychiatric Publishing.

Gabbard, G. O., & Wilkinson, S. M. (1994). *Management of Countertransference With Borderline Patients.* Washington, D.C.: American Psychiatric Press.

Gediman, H. K., & Wolkenfeld, F. (1980). The parallelism phenomenon in psychoanalysis and supervision: its reconsideration as a triadic system. *Psychoanal Q, 49,* 234–255.

Greben, S. E., & Ruskin, R. (1994). Introduction: significant aspects of the supervisor–supervisee relationship and interaction. In S. E. Greben, & R. Ruskin (Eds.), *Clinical Perspectivies on Psychotherapy Supervision,* 1–10. Washington, D.C.: American Psychiatric Press.

Greenberg, L. (1980). Supervision from the perspective of the supervisee. In A. K. Hess (Ed.), *Psychotherapy Supervision: Theory, Research, and Practice.* New York: Wiley.

Hantoot, M. S. (2000). Lying in psychotherapy supervision. *Acad Psychiatry, 24,* 179–187.

Issacharoff, A. (1984). Countertransference in supervision: therapeutic consequences for the supervisee. In L. Caligor, P. M. Bromberg, & J. D. Meltzer (Eds.), *Clinical Perspectives on the Supervision of Psychoanalysis and Psychotherapy.* New York: Plenum.

Lomax, J., Andrews, L. B., & Burruss, J. W. (in press). Psychotherapy supervision. In G. Gabbard, J. Beck, & J. A. Holmes, *Concise Oxford Textbook of Psychotherapy.* Oxford, UK: Oxford Press.

Waldinger, R. J. (1994). Boundary crossings and boundary violations: thoughts on navigating a slippery slope. *Harv Rev Psychiatry, 2,* 225–227.

Wallace, E., & Alonso, A. (1994). Privacy vs. disclosure in psychotherapy supervision. In S. E. Greben, & R. Ruskin (Eds.), *Clinical Perspectives on Psychotherapy Supervision,* 211–230. Washington, D.C.: American Psychiatric Press.

▪ ▪ 제11장 장기 역동정신치료의 핵심 능력 평가

Beitman, B. D., & Yue, D. (1988). *Leaning Psychotherapy.* New York: WW Norton.

Bienenfled, D., Klykylo, W., & Knapp, V. (2000). Process and product: development of competency-based measures for psychiatric residency. *Acad Psychiaty, 24,* 68-76.

New Shorter Oxford English Dictionary on Historical Principles, Vol. 1. (1993) Edited by Brown L. Oxford, UK, Clerendon Press.

Weerasekera, P. (2000). Competency-based psychotherapy training: can we get there? Paper presented at the annual meeting of the American Association of Directors of Psychiatric Residency Training, San Juan, Puerto Rico.

찾아보기

인 명

내 용

저자 소개

글렌 O. 가바드(Glen O. Gabbard)

베일러대학교 의과대학 정신과 석좌교수
베일러대학교 대학병원 정신과 외래과장
정신치료교육 디렉터
국제정신분석저널 공동 편집위원장

역자 소개

노경선

연세대학교 의과대학 졸업
브라운대학교, 맥길대학교, 미시간대학교,
컬럼비아대학교에서 정신과와 소아청소년정신과 수련,
컬럼비아대학교, 메릴랜드 주립 대학교 의과대학,
일리노이 주립대학교 의과대학, 북시카고 의과대학 교수,
강북삼성병원 정신과 과장, 성균관대학교 의과대학 정신과 임상교수,
대한 소아청소년 정신과 학회장
대한 소아청소년 정신과학회 수련심사위원장 역임
현재 미국 소아청소년 정신과 전문의 및 평생 펠로우
대한 소아정신과학회지 편집자문위원
한국놀이치료학회 편집위원
한국가족치료학회 이사 및 슈퍼바이저
연세대학교, 성균관대학교, 가톨릭대학교, 아주대학교 등에서 강의
노경선 정신치료연구회 회장

김창기

연세대학교 의과대학 졸업
정신과 전문의
강북삼성병원 소아정신과 전임의
현재 김창기 정신과의원 원장
연세대학교, 성균관대학교, 아주대학교 의과대학 정신과 외래교수

장기 역동정신치료의 이해

Long-Term Psychodynamic Psychotherapy

2007년 11월 20일 1판 1쇄 발행
2024년 7월 25일 1판 10쇄 발행

지은이 • Glen O. Gabbard
옮긴이 • 노경선 김창기
펴낸이 • 김 진 환
펴낸곳 • (주) 학지사
04031 서울특별시 마포구 양화로 15길 20 마인드월드빌딩 5층
대표전화 • 02) 330-5114 팩스 • 02) 324-2345
등록번호 • 제313-2006-000265호
홈페이지 • http://www.hakjisa.co.kr
인스타그램 • https://www.instagram.com/hakjisabook

ISBN 978-89-5891-566-9 93180

정가 14,000원

역자와의 협약으로 인지는 생략합니다.
파본은 구입처에서 교환하여 드립니다.